Eberhard Schultz
Feindbild Islam und institutioneller Rassismus

W0180700

Eberhard Schultz streitet seit fast vier Jahrzehnten als engagierter Rechtsanwalt und Menschenrechtler für seine MandantInnen und gegen Menschenrechtsverletzungen. Er ist Vorstandsmitglied der Internationalen Liga für Menschenrechte und Gründer und Vorstandsmitglied der Eberhard-Schultz-Stiftung für soziale Menschenrechte und Partizipation.

Eberhard Schultz

Feindbild Islam
und institutioneller Rassismus

Menschenrechtsarbeit in Zeiten
von Migration und Anti-Terrorismus

VSA: Verlag Hamburg

www.vsa-verlag.de

www.sozialemenschenrechtsstiftung.org

Inhalt

Vorwort

Auch wenn sie nicht mehr als Hexen auf Scheiterhaufen verbrannt werden, nachdem sie von der »heiligen Inquisition« verhört, gefoltert und an den Pranger gestellt werden oder wie – im letzten Jahrhundert – die Juden, Roma und Sinti als »minderwertige Untermenschen« verfolgt und vergast werden, um sie auszurotten, gibt es auch heute, im 21. Jahrhundert, Menschen und Gruppen, die in westlichen Demokratien als innere und äußere Feinde öffentlich an den Pranger gestellt werden. Und deren Rechte tendieren »gefährlich gegen Null«, wie es *Heinz Düx* 2003 für Ausländer formuliert hat,[1] als er die Konsequenzen aus der Verarbeitung der Anschläge vom 11.9.2001 auf unser Rechtssystem untersuchte. Diese Entwicklung befeuert wiederum den alltäglichen Rassismus der Mehrheitsgesellschaft »weißer« Deutscher; beide zusammen fungieren als »geistige Brandstifter«, die immer wieder Hass, Gewalt und Anschläge, unter bestimmten Bedingungen auch Massenmorde und Pogrome, hervorbringen.

Daran zu erinnern besteht auch heute Anlass, mehr als 25 Jahre nach den rassistischen Pogromen in Rostock-Lichtenhagen und Hoyerswerda sowie den Anschlägen in Lübeck, Wuppertal und anderswo, und fünf Jahre nach der Selbstentlarvung des »Nationalsozialistischen Untergrunds« (NSU). Das Phänomen ist nicht neu, Kritik und Widerstand dagegen ebenso wenig. Auf einer Veranstaltung im November 1991 in Bremen habe ich in dem Zusammenhang an meinen ersten Fall wegen eines rassistischen Mordes in Koblenz erinnert und u.a. ausgeführt: »Generelle ›Ausländerfeindlichkeit‹ ist nicht das Problem (amerikanische Geschäftsleute und britische Offiziere sind wohlgelitten in diesem Lande) – die Anschläge richten sich gezielt gegen sog. ›Scheinasylanten‹ und angebliche ›Wirtschaftsflüchtlinge‹. Rassistische Hetze und Terror sind gewachsen auf dem Boden einer jahrelangen Abschreckungspolitik der verantwortlichen Politiker, Behörden und Justiz, begleitet von den Massenmedien und anderen Einpeitschern nach dem Motto: ›Das Boot ist voll!‹ und immer neuen Schreckensvisionen angeblicher Flüchtlingswellen und Völkerwanderungen aus dem Süden und Osten. Diese Saat war längst ausgesät, bevor sie auf dem Boden der Ex-DDR wegen der dortigen wirtschaftlichen und sozialen Probleme aufging: Im Dezember 1990 wurde der 18-jährige Kurde Nihat Y. in Hachenburg (d.h. in einer Kleinstadt bei Koblenz, d. Verf.) von drei jugendlichen Neonazis ermordet. Das Erschrecken war noch groß und spontan, 3.000 Menschen erschienen zur Beerdigung, der Bürgermeister hielt in seiner Rede fest, dass die Stadt nicht einmal im Dritten Reich rassistische, politisch motivierte Morde erlebt hatte. (…) Nach

---

[1] Vgl. dazu näher Teil 1 und Fußnote 84.

den monatelangen Hetzkampagnen von Politikern und Massenmedien in diesem Jahr steigerten neonazistische oder andere rassistische Kräfte die Anschläge zu bundesweiten Pogromen, mehr als ein Dutzend Morde, mehr als 500 gewalttätige Anschläge sind die vorläufige Bilanz, deren Höhepunkt noch keineswegs überschritten scheint.«[2]

Die historische Kontinuität rassistischer Brandstiftung ist bis heute also offensichtlich, bedarf aber genauerer Analyse, um Parallelen und Unterschiede zu sehen und Ursachen bekämpfen zu können.

Auch heute braucht Deutschland offenbar immer noch äußere wie innere »Feinde«, die für gesellschaftliche Probleme und Defizite verantwortlich gemacht werden. An die Stelle »des Juden« war bald nach dem Zweiten Weltkrieg »der Kommunist« getreten, in den 1970er Jahren kam der linksradikale, später der ausländische »Terrorist« hinzu, seit dem 2001 ausgerufenen »Krieg gegen den internationalen Terrorismus« der islamische Fundamentalist bzw. »Islamist«, in den letzten Jahren zunehmend in der Gestalt des »Salafisten«. Damals wie heute ist ein wesentliches Instrument die Konstruktion und Verfestigung von Vorurteilen, mit deren Hilfe Feindbilder geschaffen und Eigenschaften zugeschrieben werden. Dabei spielt der Antisemitismus gegenüber Juden als Bodensatz immer noch eine wichtige Rolle, auch der Antiziganismus gegenüber Sinti und Roma. Rassismus wird und kann immer wieder rekonstruiert werden, wie die 2014 losgetretene menschenverachtende Kampagne gegen Roma und Sinti aus anderen EU-Ländern: »Wer betrügt, fliegt!« (entsprechend der NPD-Parole im Wahlkampf zum EU-Parlament 2014 »wir sind nicht das Sozialamt Europas« – oder in den Worten des späteren CSU-Chefs Seehofer: »Wir sind nicht das Sozialamt der Welt«). Auch die Abschiebungen von Roma-Familien machen dies deutlich – ganz zu schweigen von den rassistischen Anschlägen auf Geflüchtete und ihre Unterkünfte, auf Moslems und ihre Moscheen, die in den letzten Jahren immer stärker angestiegen sind und immer gewalttätiger und brutaler wurden.

Letztendlich geht es um Krisen und Katastrophen, um Demokratie und die universelle Geltung der Menschenrechte, die immer noch – oder wieder – verstärkt von tief sitzenden Rassismen bedroht werden, auch wenn dies von vielen nicht wahrgenommen bzw. geleugnet wird. Das Schweigen und die Blindheit für den in unserer Gesellschaft verankerten und wachsenden antimuslimischen Rassismus ist hier ein besonderes Beispiel. In dieser Dokumentation zeige ich anhand von zwei Dutzend ausgewählten Fällen der letzten zwei Jahrzehnte aus

---

[2] Eberhard Schultz: »Anti-Terror-Gesetze und Bremer Abschiebewelle«, in: Bremer Aufruf gegen Abschiebung, Dokumentation über eine Veranstaltung des Flüchtlingsrates Bremen am 23.11.1991, S. 34

meiner Praxis als Menschenrechtsanwalt, wie dieser sich aus einer langen historischen Tradition immer deutlicher auch in den Institutionen festsetzt.

Mit dem Außerkraftsetzen der NS-Gesetze durch die alliierten Siegermächte nach dem Ende des Zweiten Weltkrieges und der Ächtung des Antisemitismus ist die offene völkische Herrenrasse-Ideologie mit ihren pseudowissenschaftlichen Konstrukten aus dem Bereich des institutionellen Rassismus weitgehend verschwunden, wenn auch keineswegs vollständig. Um es an einem Beispiel zu verdeutlichen, der bis in die heutige Zeit noch weit verbreiteten Praxis von Ausländerbehörden bei der Schätzung des Alters von unbegleiteten minderjährigen Geflüchteten zeigt: Diese wird auch zum Teil von Gerichten abgesegnet. Dabei müssen die Betroffenen sich häufig radiologischen Knochenmessungen von Schlüsselbein und Kiefer oder einer Genitaluntersuchung unterziehen; die dadurch erworbenen Messwerte werden dann mit Erkenntnissen aus Wachstumsstudien verglichen, die allerdings nicht nur häufig rechtswidrig erlangt sind, sondern vor allem in Vergleichsstudien von europäischen oder nordamerikanischen Jugendlichen durchgeführt worden sind, die nicht ohne weiteres übertragbar sind.[3]

Trotz dieser zunächst positiven Entwicklung ist also auch der völkische Rassismus keineswegs verschwunden, sondern äußert sich heute in einer vorwiegend anderen Erscheinungsform. Vor allem wird er überlagert von den neuen Formen des kulturell oder religiös konnotierten antimuslimischen Rassismus. So haben in der letzten Zeit mehrere Ereignisse verdeutlicht, dass hier unter einer relativ ruhigen Oberfläche gewaltige Sprengkräfte schlummern: Zunächst die rassistische Ermordung der muslimischen Dresdener Apothekerin aus Ägypten, Marwa El Sherbiny – erkennbar schwanger und in Gegenwart ihres vierjährigen Sohnes im Gerichtssaal des Landgerichts – im Jahre 2009 (siehe dazu unten S. 115ff.), später die Selbstentlarvung des rechtsterroristischen NSU mit neun rassistischen Morden in den vorangegangenen Jahren und einem völligen »Versagen der Ermittlungsbehörden« aufgrund rassistischer Scheuklappen und der mutmaßlichen Unterstützung durch Geheimdienste (siehe dazu S. 118ff.); die wachsende Zahl von rassistischen Anschlägen auf Flüchtlingsunterkünfte und Menschen, die als Moslems angesehen wurden, offen rassistische und offen antimuslimische Bewegungen des rechten Randes von den »Hooligans gegen Salafisten« (HOGE-SA), deren Gründer laut Spiegel Online ein V-Mann des Verfassungsschutzes

---

[3] Herrnkinds Beitrag zum 40. Strafverteidigertag, der auch erwähnt, dass der BGH (Bundesgerichtshof) für Zivilsachen noch im Jahre 1989 unter Bezugnahme auf ein medizinisches Blutgruppengutachten, das dem Rassekonzept der 1920er und 30er Jahre verpflichtet war, eine »mitteleuropäische Rasse« halluziniert habe, der der Kindsvater als »Perser« nicht angehören könne (BGH NJW-RR1989, 707/708).

gewesen sein soll,[4] bis hin zu rechtspopulistischen, rassistischen Bewegungen wie »Patriotische Europäer gegen die Islamisierung des Abendlandes« (PEGIDA), und deren lokalen Ablegern LEGIDA, BÄRGIDA usw.

Es ist nicht leicht, diese auf den ersten Blick widersprüchlichen und scheinbar unvereinbaren Haltungen bei vielen Angehörigen der sogenannten Mehrheitsgesellschaft – einerseits das Selbstverständnis als lupenreiner und toleranter Demokrat, der es empört zurückweist, Rassist zu sein, andererseits die zum Teil unbewusste Reproduzierung von Stereotypen der modernen rassistischen Zuschreibungen – zu durchschauen. Erst recht fällt es schwer zu akzeptieren, dass das Selbstverständnis, ein lupenreiner und toleranter Demokrat zu sein, keineswegs ausschließt, in rassistisch diskriminierenden Kategorien zu denken und zu handeln. Das geht natürlich an die Wurzeln des Selbstverständnisses. Darauf soll im Zusammenhang mit der Begriffsbestimmung des modernen Rassismus im Teil 1 näher eingegangen werden. Anders ausgedrückt: Erst wenn die Bereitschaft zu einer selbstkritischen Überprüfung vorhanden ist oder geweckt werden kann, ist es möglich, die Formen rassistischer Diskriminierung bewusst zu machen. Als Referent habe ich zu den Themen »Rassismus und Feindbild Islam« in den letzten Jahren gerade auch bei akademischem Publikum die Erfahrung gemacht, dass immer wieder eingewandt wird, die von mir kritisierten rassistischen Diskriminierungen der Mehrheitsgesellschaft seien doch in allen Gesellschaften und Kulturen anzutreffen, gerade auch in den arabischen und türkischen, also in den »muslimischen Communities« par excellence, oft auch als für den Menschen natürliche Angst vor dem Fremden verstanden o.ä., anscheinend verbunden mit einer Relativierung im Sinne einer »anthropologischen Grundkonstante« oder einer tiefenpsychologischen Gesetzmäßigkeit der menschlichen Sozialisation.

Das halte ich für fragwürdig. Wird doch immer wieder von einer anderen, alternativen Erfahrung berichtet: von einer selbstverständlichen, für uns kaum vorstellbaren, ja umwerfenden Form von Gastfreundschaft, verbunden mit Neugier und Aufgeschlossenheit gegenüber dem »Fremden«, gerade in den ländlichen, aus westlich-europäischer Sicht zurückgebliebenen Gegenden, berichten doch Reisende aus dem Nahen und Mittleren Osten auch heute nach wie vor darüber.

Ähnlich ist auch der Einwand zu entkräften, diskriminierende, rassistische Einstellungen gebe es doch auch umgekehrt bei Menschen etwa aus den arabischsprachigen Ländern und Menschen aus der Türkei, und auch der Kontinent Afrika sei nicht von Rassismen frei – nur: rechtfertigt dies den bei uns herrschenden Rassismus, ausgerechnet im »christlich-abendländischen Europa«, dessen Meinungsführer sich so gerne auf unsere Werte der Aufklärung und

---

[4] Aus der Handakte des Autors.

Toleranz berufen, die uns doch den anderen »Kulturen« gegenüber so überlegen machen sollen!*?* Der renommierte Vorurteils-Forscher *Wolfgang Benz*, der lange Zeit die Antisemitismusforschung an der Berliner Technischen Universität geleitet hat, bezeichnet es im Vorwort seines 2012 erschienenen Taschenbuchs »Die Feinde aus dem Morgenland – Wie die Angst vor den Muslimen unsere Demokratie gefährdet« als »düsteres Bild«, »dass in den letzten Jahren ein Konstrukt der Abwehr entstand, das den Philosemitismus der politischen Kultur Deutschlands mit der Abneigung gegen Muslime verknüpft: Neuerdings werden gegenüber dem Islam die Traditionen eines christlich-jüdischen Abendlandes beschworen. Als hätten Juden und Christen in Europa zwei Jahrtausende lang in tiefstem Frieden und höchster Harmonie gelebt, im Bewusstsein gemeinsamer Werte und gemeinsamer religiöser Tradition. Die Gemeinsamkeiten gibt es, aber jahrhundertelang haben erst christliche Antijudaisten und dann rassistische Antisemiten alles dazu getan, um sie zu leugnen. Nach der Ermordung von sechs Millionen Juden im Zeichen einer verbrecherischen Ideologie die überlebenden Juden unter der Parole ›christlich-jüdisch‹ dazu zu benutzen, um muslimische Bürger auszugrenzen, ist absurd.«[5]

Das Thema ist also nicht nur »brandaktuell« im wahrsten Sinne des Wortes. Der Zusammenhang von antimuslimischem, institutionellem Rassismus und Terrorismus, besser Anti-Terrorismus, wird auch in meiner Analyse der beiden größten Skandale, die die Republik in den letzten Jahren erschüttert haben, zu einem entscheidenden Faktor. Beim NSU-Komplex, den ich auf den Seiten 118ff. behandle, liegt dies auf der Hand.

Bei den im Rahmen des »NSA-Komplexes« aufgedeckten Skandalen ist der Zusammenhang von institutionellem Rassismus und Terrorismus auf einer anderen Ebene wirksam. Auch die verfassungs- und menschenrechtswidrige Totalüberwachung der Bevölkerung und der Einsatz von Kampfdrohnen in dem unerklärten völkerrechtswidrigen Krieg mithilfe der Steuerung von deutschem Boden aus durch westliche Geheimdienste sind damit zu rechtfertigen versucht worden, dass nach 9/11 der »internationale islamistische Terrorismus« nicht anders wirksam bekämpft werden könne. Zu diesen beiden Umständen – dem Rassismus und dem Antiterrorismus – kommt ein weiterer Gesichtspunkt hinzu, wie in den letzten Jahren immer deutlicher geworden ist: Die zunächst als »Flüchtlingskrise« bezeichnete weltweite Fluchtbewegung hat nicht nur in Teilen der Zivilgesellschaft zu erheblichen Widersprüchen gegen die Abschottungspolitik und einer ungeahnten Unterstützungsbewegung geführt, sondern

---

[5] Wolfgang Benz: »Die Feinde aus dem Morgenland. Wie die Angst vor Muslimen unsere Demokratie gefährdet«, München 2012, S. 8

auch innerhalb der politischen Klasse zu Widersprüchen und Irritationen, befeuert von einer neuen rechtspopulistischen Bewegung. Wurden doch unter den Geflüchteten immer mehr angebliche »Gefährder«, »gefährliche Gewalttäter« und schließlich Terroristen ausgemacht, die mit dem »Fremden« unser Land nicht nur zu »überschwemmen«, sondern zu zerstören drohten. Deshalb werden nicht nur immer neue Gesetzesverschärfungen, sondern auch das Asyl- und Ausländerrecht und gleichzeitig die militärische Abschirmung Europas vorangetrieben und die »Festung Europa« ausgebaut.

Thesenhaft zusammengefasst ließe sich daher sagen, es handelt sich um eine Art Krieg nach außen und nach innen. Der im »Feindbild Islam« wirksame antimuslimische und institutionelle Rassismus befeuert dabei diese verfassungs- und völkerrechtswidrige »Terrorismusbekämpfung« und umgekehrt.

Die folgenden Ausführungen sind Erkenntnisse aus meiner jahrzehntelangen Tätigkeit als Rechtsanwalt mit den Schwerpunkten Ausländer- und Asylrecht bzw. dem Aufenthaltsrecht, wie es heute heißt, sowie Strafverteidigung – zum Teil in umfangreichen »Terrorismus-Verfahren« gegen Mitglieder von Vereinigungen mit Auslandsbezug – und als Verteidiger von Menschenrechten, die ich im Rahmen von Prozessbeobachtungen und Delegationen in mehreren Ländern gewonnen habe. Sie haben mein kritisches Interesse an heute noch virulenten und wieder verstärkt auftretenden Formen von institutionellem Rassismus in der Justiz, selbst in formal mehr oder weniger rechtsförmigen Verfahren, geweckt. Wie eine Reihe von Veröffentlichungen und Referaten auf öffentlichen Veranstaltungen der letzten Jahre lebt auch dieser Beitrag von der (notwendigerweise gekürzten und zusammengefassten) Dokumentation von Fällen, in denen ich Betroffene vertreten habe.[6] Die Arbeit an dieser Dokumentation habe ich 2014 begonnen, zunächst sollte sie zusammen mit einem wissenschaftlichen Beitrag zum heutigen Rassismus in Form einer Broschüre erscheinen. Aus editorischen Gründen, infolge meiner Beschäftigung mit anderen menschenrechtlichen Anliegen, aber vor allem wegen der sich überstürzenden Ereignisse im Bereich des »Islamismus« und damit verbundener neuer Entwicklungen bei der juristischen Aufarbeitung sowie daraus resultierenden zahlreichen neuen »Fällen« aus meiner Praxis hat sich die Bearbeitung des Manuskripts über drei Jahre hingezogen. Daraus resultierende Überschneidungen und teilweise Wiederholungen verstärken vielleicht den Eindruck eines unfertigen Projektes aus der Werkstatt einer Rechtsanwaltskanzlei, sind aber bewusst so gelassen worden.

---

[6] Die Namen meiner Mandanten habe ich nur dann genannt, wenn diese ohnehin in der Öffentlichkeit bekannt waren; für eine Überprüfung der Fakten und Zitate zu wissenschaftlichen Zwecken bin ich gerne bereit, Zugang zu den Akten zu ermöglichen, soweit das gesetzlich zulässig ist.

Außerdem erscheint es mir aufgrund meiner Erfahrungen bei den erwähnten Vortragsveranstaltungen unabdingbar, die historischen und gesellschaftlichen Zusammenhänge zu beleuchten, ohne die die Dynamik und Gefährlichkeit der Entwicklungen nicht begriffen und vor allem nicht die richtigen Konsequenzen gezogen werden können. An einigen Stellen habe ich zur Illustration und leichteren Lesbarkeit Nachdrucke von aufschlussreichen Dokumenten eingefügt. Zu Recht sprechen verschiedene AutorInnen auch aus dem eher konservativen bzw. liberalen Lager in der aktuellen Debatte von der »Entfesselung eines – (zunächst) verbalen – Bürgerkrieges der Besitzenden gegen die »Habenichtse« – so ausdrücklich der langjährige FAZ-Feuilleton-Chef *Patrick Bahners*.[7] Dieser verbale Bürgerkrieg hat zu einer großen Zahl von Gewalttaten und Anschlägen auf Moscheen und muslimische Einrichtungen geführt, nur ein Teil davon wird statistisch überhaupt als solcher erfasst (vgl. hierzu die Ausführungen zum »NSU-Komplex« u.a.). Es bleibt also eine tief verankerte Islamfeindschaft, ein antimuslimisch ausgerichteter Rassismus, der nur schwer zu bekämpfen ist, weil er historisch und sozialpsychologisch tief verwurzelt ist und mit z.t. unbewussten Zuschreibungen funktioniert, institutionell verstärkt, durch eine neue Form des »Antiterrorismus« verbrämt und immer noch weitgehend geleugnet wird. Im Unterschied zum historischen Antisemitismus gibt es heute aber nicht nur ein international verbindliches völkerrechtliches Regelwerk gegen rassistische Diskriminierung und eine weltweite Aufmerksamkeit gegenüber diesem Phänomen, die sich langsam auch bei uns in der Wissenschaft, der Zivilgesellschaft, in antirassistischen Initiativen, ja auch in einflussreichen Verbänden verbreitet. Die MigrantInnen und PoC (Abkürzung des in den angelsächsischen Ländern verwendeten Begriffs »People of Color«) der zweiten und dritten Generation werden zu Recht zum Teil als »selbstbewusste neue Elite« verstanden und entwickeln eine neue Perspektive bei uns oder wandern einfach aus und haben mit der globalen Gemeinschaft und internationalen Bewegungen von AntirassistInnen und ExpertInnen eine nicht zu unterschätzende Gegenmacht, mit deren Hilfe auch bei uns das Schlimmste wohl verhindert werden kann.

Mit den folgenden Ausführungen soll also nicht verkannt werden, dass es auch in Deutschland eine vielfältige antirassistische Bewegung und umfangreiche Kritik in der Politik, in Wissenschaft, in Gewerkschaften, Kirchen und Verbänden, ja selbst innerhalb von Institutionen auf allen Ebenen gibt. Weite Teile der Gesellschaft und auch der offizielle Diskurs gestehen inzwischen mehr oder weniger ein, dass wir in einer »Einwanderungsgesellschaft« leben – was gegenüber dem früher vorherrschenden Standpunkt sicherlich ein wesent-

---

[7] Patrick Bahners: »Die Panikmacher: Die deutsche Angst vor dem Islam«, München 2011

licher Fortschritt ist. Trotzdem existiert und wuchert der Rassismus in seinen verschiedenen Formen weiter. Der tief sitzende, zum Teil unbewusste Rassismus wird vor allem in Zeiten ökonomischer und sozialer Konflikte dazu benutzt, von gesellschaftlichen Ursachen abzulenken, solange sein Wesen, seine Ursachen und Wirkungsmechanismen nicht erkannt und konsequent bekämpft werden. Die positiven Tendenzen führen aber auch zu Gegenbewegungen in Politik, Medien und Öffentlichkeit und werden daher hier nur am Rande behandelt, soweit sie für das Verständnis neuer Entwicklungen von Bedeutung sind, weil sie sich jedenfalls bisher nicht haben durchsetzen können und noch nicht zu einer grundsätzlichen Aufarbeitung und Kritik des vorherrschenden Rassismus geführt haben.

Der Schwerpunkt der folgenden Ausführungen liegt auf dem Rassismus in der zurzeit vorherrschenden Form des antimuslimischen Rassismus. Dies bedeutet keineswegs, dass andere Rassismen, wie etwa gegenüber Sinti und Roma oder gegenüber schwarzen Menschen und Geflüchteten (»Flüchtlingen«), allgemein nicht mehr virulent und für die Betroffenen nicht genauso verletzend wären und ebenfalls bekämpft und geächtet werden müssen (vgl. hierzu die Standardwerke von *Klaus-Michael Bogdal,* »Europa erfindet die Zigeuner – eine Geschichte von Faszination und Verachtung«,[8] und das Buch der bekannten TV-Moderatorin *Noah Sow,* »Deutschland Schwarz Weiß«[9]).

Inzwischen gibt es eine Reihe menschenrechtlicher Instrumente, vor allem die UN-Konvention gegen rassistische Diskriminierung, zahlreiche wissenschaftliche Veröffentlichungen, auch bei uns, die sich zum Teil sehr grundsätzlich und kritisch mit den Formen des modernen (Kultur-)Rassismus, der vorwiegend religiös konnotiert ist, auseinandersetzen. Zu erwähnen sind auch die Arbeiten des Forums Menschenrechte, des Deutschen Instituts für Menschenrechte (DIMR), des Türkischen Bundes Berlin-Brandenburg (TBB) bzw. des Netzwerks gegen Diskriminierung und Islamfeindlichkeit, Inssan e.V. (vgl. dazu auch die Ausführungen in den Falldokumenten). Es gibt eine große Zahl antirassistischer Initiativen, Bündnisse und Zusammenschlüsse von Betroffenen, die hier nicht im Einzelnen behandelt und gewürdigt werden können, aus Berlin sei hier nur beispielhaft die KOP (Kampagne für Opfer rassistischer Polizeigewalt) erwähnt, die die Fälle rassistischer Polizeigewalt dokumentiert und Verfahren vor Gericht begleitet hat. Es gibt mehrere Netzwerke, die sich der Aufgabe gestellt haben, den Rassismus wirksam zu bekämpfen, wie etwa das »Netz gegen Rassismus, für gleiche Rechte« mit der Koordinierungsstelle beim DGB

---

[8] Klaus-Michael Bogdal: »Europa erfindet die Zigeuner – eine Geschichte von Faszination und Verachtung«, Berlin 2011

[9] Noah Sow: »Deutschland Schwarz Weiß – Der alltägliche Rassismus«, München 2015

Bundesvorstand, oder das Informations- und Dokumentationszentrum für Antirassismusarbeit e.v. (IDA); selbst JuristInnen beginnen sich auf dem Gebiet zu engagieren, so die Zeitschrift »Kritische Justiz« und der Strafverteidigertag, der auf seinem (40.) jährlichen Treffen 2016 in Frankfurt/Main zum ersten Mal eine Arbeitsgruppe zum Thema »Rassismus im Strafverfahren« durchgeführt hat. Ende 2016 erschien auch das verdienstvolle Standardwerk »Rassismuskritik und Widerstandsformen«, herausgegeben von *Karim Fereidooni* und *Meral El*, mit einer großen Zahl ausgezeichneter Beiträge in sieben Kapiteln von Alltagsrassismus bis zum kritischen Weiß-Sein.[10]

In diese moderne aufklärerische Bewegung gegen den Rassismus reiht sich die vorliegende Falldokumentation ein. Während also auf der einen Seite umfangreiche wissenschaftliche Untersuchungen und Instrumentarien sowie eine klare UN-Konvention und internationale Rechtsprechung vorliegen, versucht die herrschende Meinung bei uns immer noch, den weit verbreiteten antimuslimischen und institutionellen Rassismus zu leugnen oder zu bagatellisieren und als Problem »einiger schwarzer Schafe« hinzustellen. Dabei sind Brandanschläge, Todesdrohungen und Gewalttaten nur die Kehrseite der Medaille einer gerade in der gegenwärtigen globalen Krisensituation gefährlichen Entwicklung der Demokratie in Deutschland.

---

[10] Karim Fereidooni und Meral El: »Rassismuskritik und Widerstandsformen«, Wiesbaden 2017. Darin auch ein Beitrag des Autors, Eberhard Schultz: Der Fall Sarrazin im Kontext des antimuslimischen und institutionellen Rassismus, S. 629ff.

Teil 1
Institutioneller und antimuslimischer Rassismus zu Beginn des Jahrhunderts und heute

1. Ausgangsthesen

Meine Ausgangsthesen zum untrennbaren Zusammenhang zwischen dem antimuslimischen und institutionellen Rassismus und dem Anti-Terrorismus sowie dem Regime zur Abwehr von »Flüchtlingen«, die ich mit der kritischen Dokumentation aus meiner Praxis belegen will, können etwa so zusammengefasst werden:

Erstens: Obwohl es heute keine ausdrückliche gesetzliche »weiße Norm« im Sinne des völkischen Rassismus mehr gibt, ist dieser inzwischen wieder in den Behörden und der Justiz fest verankert. Bestimmte Rechtsgebiete sind ausdrücklich zur Bekämpfung von »Gefahren für die innere Sicherheit, unsere verfassungsrechtliche Ordnung usw.« und zur »Abwehr des islamistischen Terrorismus« als Sonderrechtssystem etabliert und werden zügig ausgebaut, insbesondere im Ausländer- und Asylrecht, in Teilen des Strafrechts, in Vereinsverbotsverfahren u.a. Das heißt, Ausländer, bzw. bestimmte Gruppen und unter das rassistische Feindbild fallende Menschen (»Hassprediger«, »Salafist« usw.), werden zu Unpersonen ohne wirkliche Rechte gemacht und sind auch ohne ausdrückliche Nennung in der Rechtsnorm Gegenstand einer rassistischen Ausgrenzung im Gesetz, der Verwaltungsverordnung und der Praxis.

Umgekehrt sind eine Reihe begünstigender Normen, die formell allgemein gültig sind, auf bestimmte als Feinde markierte Gruppen nicht anwendbar – angeblich, weil sie nicht »Gleiche« sind, sondern im Sinne des »partiellen Universalismus« (vgl. Wallerstein, siehe S. 36) als »Verfassungsfeinde«, »Gefährder« usw. bestimmt werden.

Zweitens: Der Rassismus ist – unabhängig von der besonderen Herrschaftsform – ein zentrales Mittel, um in den Nationalstaaten der Moderne nicht nur Minderheiten auszugrenzen und zu unterdrücken, und er ist in seiner zugespitzten Form ideologische und politische Begründung für die völlige Rechtlosigkeit bestimmter Bevölkerungsgruppen in der unheilvollen Tradition des Ausnahmezustandes.

Drittens: Im öffentlichen Diskurs wird Rassismus heute immer noch überwiegend mit der völkischen Herrenrassen-Ideologie von der Überlegenheit der arischen Rasse gleichgesetzt; also als Rassismus werden vor allem die Ansichten des Auftretens und Aussehens von Neonazis wahrgenommen und bezeichnet; mit der Folge, dass die heute vorherrschenden Rassismen weitgehend nicht als solche wahrgenommen werden.

Die meisten Angehörigen der Mehrheitsgesellschaft werden zum Teil unbewusst von tief sitzenden rassistischen Einstellungen beherrscht, ohne diese als solche wahrzunehmen; sie sind oft sogar zutiefst überzeugt, keine Rassisten zu sein, und weisen es empört zurück, wenn sie auf ihre rassistischen Ansichten hingewiesen werden. Dabei geht es zunächst nicht um einen moralischen Vorwurf, sondern um eine wissenschaftlich fundierte Feststellung, die vom internationalen Recht gestützt wird.

Die völkische Herrenrassen-Ideologie ist gleichsam reduziert auf die zugrundeliegende tief verwurzelte Überzeugung von der Fortschrittlichkeit und der universellen Geltung unserer »abendländischen Werte«, obwohl diese bestenfalls idealistische Programme sind und keinesfalls gesellschaftliche Wirklichkeit; erst recht kein geltendes Recht für alle darstellen, geschweige denn durchgängig umgesetzt sind. Die in der Mehrheitsgesellschaft tief verwurzelten und in staatlichen sowie halbstaatlichen Institutionen festzustellenden, diskriminierenden Vorurteile werden durch einen vorwiegend kulturell und religiös konnotierten Rassismus geprägt.

Zugespitzt also: Demokratie und Menschenrechte werden unter dem Vorwand der »Terrorismusbekämpfung« in wichtigen Bereichen mithilfe rassistischer Ausgrenzungen für wichtige Teile der Bevölkerung schon jetzt weitgehend außer Kraft gesetzt, mit der Tendenz, den bereits existierenden autoritären Sicherheitsstaat in den Modus eines umfassenden Polizeinotstandes und damit in eine Art Staat des permanenten Ausnahmezustandes zu verwandeln.

Viertens: Der heute vorherrschende antimuslimische Rassismus tritt in der medialen Öffentlichkeit auch weniger als offener Rassismus auf, sondern vorwiegend als »Islamkritik«, im Rahmen von Debatten über »Integrationsdefizite« usw., zum Teil unter dem Deckmantel eines »Kampfes um Meinungsfreiheit«, ja sogar ausdrücklich in der Form einer Ablehnung des Antisemitismus. Dabei wird in vielen Bereichen auf alt bekannte Stereotype zurückgegriffen.

Der öffentlich geführte anti-islamische rassistische Diskurs teilt sich in eine »fundamentale« Richtung, die den Islam insgesamt zum Feindbild macht und einen Gegensatz zum »Christlichen Abendland« konstruiert; während eine andere, sich tolerant gebende Richtung anerkennt, dass »der Islam zu Deutschland gehört« oder zumindest »die Moslems« zu Deutschland gehören. Gleichzeitig aber werden wesentliche Teile von ihnen als »fundamentalistische Richtungen«, »Islamisten«, »Salafisten«, »dschihadistische Moslems« usw., d.h. als gewaltbereite Verfassungsfeinde konstruiert, ausgegrenzt und diskriminiert.

Damit werden letztlich wieder alle, denen die Eigenschaft, Moslem zu sein, zugeschrieben wird, unter Generalverdacht gestellt, weil die Grenzen zwischen den friedlichen und den gewaltgeneigten Moslems fließend seien. Die von Verfassungsgerichten und Verfassungsrechtlern betonte Religionsausübungsfreiheit und Zulässigkeit des Missionierens auch für »fundamentale Glaubensrichtungen« wird so in ihr Gegenteil verkehrt.

Fünftens: Seit den Anschlägen vom 11.9.2001 und ihrer Verarbeitung mithilfe des Konstrukts des »Kampfes der Kulturen« (Huntington) ist der Rassismus gegenüber der moslemischen Minderheit, auch in Deutschland, eine unheilvolle Verbindung mit dem unter dem US-Präsidenten George W. Bush begonnenen und als endlos ausgerufenen »Krieg gegen den internationalen islamistischen Terrorismus« eingegangen. Mit der Berufung auf die angebliche Notwendigkeit dieses andauernden »antiterroristischen« Krieges nach außen und innen werden antimuslimischer und der institutioneller Rassismus wiederum verstärkt und die rechtspopulistische bis faschistoide »Islamkritik« zur geistigen Brandstiftung in Stellung gebracht. Zum anderen wird dieser »Kampf gegen den islamistischen Terror« zum Vorwand für den Abbau demokratischer Strukturen und Menschenrechte genutzt.

Sechstens: Bei diesen diskriminierenden, rassistischen Zuschreibungen werden nicht nur die internationalen Standards der modernen Wissenschaft zur Vorurteils- und Rassismusforschung unterschlagen, sondern auch verbindliche internationale völkerrechtliche Normen missachtet – insbesondere die infolge der Allgemeinen Erklärung der Menschenrechte und der UN-Charta entwickelten Rechtsnormen gegen rassistische Diskriminierung auf EU- und UN-Ebene.

Unter Berufung auf die Meinungs- und Pressefreiheit wurden auch rassistische antimuslimische Äußerungen der Strafbarkeit (als Volksverhetzung oder Beleidigung u.a.) entzogen und Ansprüche auf Unterlassung derartiger Äußerungen von den Zivilgerichten abgelehnt, obwohl der Europäische Gerichtshof für Menschenrechte in seiner bisherigen Rechtsprechung wiederholt entschieden hat, dass Strafen wegen anti-islamischer Äußerungen keine Verletzung des Rechts auf Meinungsäußerungsfreiheit seien.

Anzumerken ist in dem Zusammenhang, dass strukturelle Defizite bei der Umsetzung der Menschenrechte in Deutschland dabei mitwirken, ohne dass sie hier genauer dargestellt werden könnten: Zum einen die vorherrschende Praxis im politischen Bereich der Menschenrechte, wonach deren Verletzung hauptsächlich und in erster Linie in anderen Staaten verortet wird, wie dies auch in der maßgeblichen Rolle der CDU-Politikerin und Funktionärin der Vertriebenen-Verbände, Erika Steinbach, zum Ausdruck kam.

Zum anderen die Tatsache, dass erst nach jahrzehntelangem Druck aus dem In- und Ausland die Etablierung des Deutschen Instituts für Menschenrechte als Institut des Parlaments erfolgte; im Besonderen nach der konsequenten Weigerung Deutschlands, die längst völkerrechtlich verbindliche Konvention von

1966 für wirtschaftliche, soziale und kulturelle Rechte (»UN-Sozialpakt«) zu ratifizieren und umzusetzen.[11]

Siebtens: Die Ausgrenzung und tendenzielle Rechtlosigkeit von Geflüchteten wird, vermengt mit dem »Antiterrorismus«, zum entscheidenden Instrument beim Auf- und Ausbau eines autoritären Hochsicherheitsstaates mit der Tendenz zum permanenten Ausnahmezustand, in dem die Rechte aller Bürgerinnen und Bürger gefährlich gegen Null tendieren.

Seitdem das »Feindbild Islam« in den Fokus der Terrorismusbekämpfung geraten ist, findet ein verstärkter Abbau von Grund- und Freiheitsrechten nicht nur der Terrorismusverdächtigen selbst statt: Moslems und Menschen, denen die Religion Islam zugeschrieben wird, werden zunehmend unter Generalverdacht gestellt, sie und andere Minderheiten, hier vor allem Geflüchtete, ausgegrenzt. Neue Formen der Verdachtsgenerierung durch Polizei und Geheimdienste, des Gesinnungsstrafrechts und anderer Methoden werden verstärkt seit 2015 im Kampf gegen die »IS-Terrormiliz« entwickelt und flächendeckend angewandt, eine Gefährdung durch islamistische Terroranschläge auch in Deutschland zum Vorwand für den weiteren Abbau von Grund- und Freiheitsrechten missbraucht und polizeiliche Notstandsübungen exerziert.

Dabei spielen Verfassungsschutz und Geheimdienste eine maßgebliche, praktisch unkontrollierbare Rolle. Wenn sich – wie im Fall des Bremer »Islamischen Kulturzentrums« im Nachhinein herausstellt, dass die Durchsuchung mangels konkreten Verdachts von Anfang an rechtswidrig war, wird dies nicht etwa zum Anlass einer selbstkritischen Korrektur genommen, sondern führt zu Forderungen nach besserer Vernetzung, schlagfertigeren Sonderstrukturen von Polizei und Geheimdiensten mit weiteren problematischen Überschreitungen der verfassungsrechtlich gebotenen Trennung von Polizei und Geheimdiensten – ja, nach dem Einsatz der Bundeswehr im Inneren.

Dazu werden neue Formen der Verbrechensbekämpfung und neue Straftatbestände in Form einer Gesinnungsjustiz eingeführt, eine immer weiter ausufernde geheimdienstliche Überwachung praktiziert, die zu nahezu flächendeckender Überwachung und Infiltrierung in muslimische Gemeinden führt. Einzelne und ganze Gruppen von Moslems werden mit dem Konstrukt des »Gefährders« unter ein neues, mehr als fragliches Repressionssystem gestellt.

Die im Grundgesetz garantierte Religionsausübungsfreiheit umfasst auch das Recht auf Missionieren für den eigenen Glauben. Dieses Grundrecht wird Moslems, moslemischen Vereinigungen und Imamen, die einem »fundamentalistischen Islam« zugeschrieben werden, zunehmend vorenthalten. Sie wer-

---

[11] Näheres dazu auf der Homepage der Eberhard-Schultz-Stiftung für soziale Menschenrechte und Partizipation: www.sozialemenschenrechtsstiftung.org

den vom Verfassungsschutz als Verfassungsfeinde an den Pranger gestellt, in den Massenmedien immer wieder beleidigt, verleumdet und in ihren Persönlichkeitsrechten verletzt. Hierbei spielen die in der Zeit der Kommunistenverfolgung entwickelten Konstrukte der »Kontaktschuld« oft eine verhängnisvolle Rolle. Gerichte neigen dazu, den dagegen erforderlichen Rechtsschutz unter Berufung auf die Meinungsäußerungsfreiheit zu verweigern, solange die »Werturteile« sich auf irgendwelche Indizien stützen können.

Parallel dazu werden den MitbürgerInnen, denen die Zugehörigkeit zu einer »Salafistischen Szene« zugeschrieben wird, zunehmend wichtige Menschenrechte und zivile Rechtspositionen im Alltag beschnitten, sei es bei der Eröffnung eines Bankkontos, bei dem Versuch, eine Wohnung anzumieten, ins Ausland zu reisen bzw. von dort nach Deutschland zurückzukehren, Arbeitsstellen zu erhalten bzw. behalten zu können u.v.a.m.

Achtens: Der Kampf gegen diese Entwicklung wird auf zahlreichen Ebenen in der Zivilgesellschaft, der Wissenschaft und der Politik sowie auch an der juristischen Front geführt.

Gegenwärtig sind Erfolge an der juristischen Front nur sehr schwer und oft nur um den Preis zu erzielen, dass die betroffenen Muslime und muslimischen Verbände auf Forderungen eingehen, die andere Religionsgemeinschaften nicht akzeptieren würden – Stichwort »gläserne Moschee« – und die auch von anderen nicht verlangt werden; in Verwaltungs- und Gerichtsverfahren oft um den Preis der freiwilligen Einschränkung der Religionsausübungsfreiheit – konkret: der Ausbreitung ihrer religiösen Überzeugungen vor Behörden und Gerichten, um ihre »Ungefährlichkeit« zu beweisen, wobei die Gesinnungstests im Sinne der Kommunistenverfolgung im Kalten Krieg (insbesondere unter McCarthy in den USA und der Bundesrepublik) die Berufsverbote in den Schatten stellen.

Zur wirksamen Abwehr dieser Entwicklung, die den demokratischen Rechtsstaat in seinen Grundfesten erschüttert, ist ein weiterer Ausbau der vorhandenen Netzwerke und antirassistischen Dokumentationsstellen ebenso nötig wie die engagierte Vertretung und Verteidigung auf menschenrechtlicher und anwaltlicher Grundlage. Die dazu vorhandenen Ansätze gilt es auszubauen und zu verstärken.

Besonders wichtig ist eine aufgeklärte und empathische Berichterstattung in den Massenmedien – wie sie etwa ab 2014 eine Zeitlang im Zusammenhang mit dem Marsch der Geflüchteten durch Deutschland zum Berliner Oranienplatz möglich war –, damit der übliche Kreislauf durchbrochen werden kann. Regelmäßig werden Verdächtige in großer Aufmachung und teilweise mit Falschbehauptungen als gefährliche Täter vorverurteilt und so zur Verfestigung des Feindbildes instrumentalisiert, während mühsam errungene Freisprüche oder erfolgreiche Kämpfe gegen Abschiebungen und Ausweisungen unterschlagen werden; dazu kommt die Schwierigkeit, diskriminierende Berichterstattungen vor Gericht in die Schranken zu weisen – von der praktischen Unmöglichkeit einer Rehabilitierung ganz zu schweigen.

Neuntens: Die »Flüchtlingskatastrophe« wird benutzt, um Flucht zu kanalisieren und möglichst mit polizeilichen und militärischen Mitteln zu verhindern. Statt die Fluchtursachen – ungerechte Weltwirtschaftsordnung, Umweltzerstörung, Rüstungsexporte und Kriege – zu bekämpfen, werden die Flüchtenden und Geflüchteten bekämpft, an den Grenzen mit einem militärischen Abschottungsregime und mit dem Auf- und Ausbau der »Festung Europa«, was einem staatlichen Massenmord gleichkommt.

Gleichzeitig werden im Inneren Maßnahmen zur Kriminalisierung vorbereitet, etwa durch die Pflicht von NGOs zur Registrierung bei staatlichen Behörden, wenn sie in Flüchtlingsunterkünften helfen. Die als Reaktion angesichts des Todes von tausenden Flüchtenden im Mittelmeer spontan entstandene »Willkommenskultur«, eine Basisbewegung, die zeitweilig weit über zehn Millionen Menschen erfasst hat, wird zunehmend missbraucht, um das Versagen staatlicher und kommunaler Behörden kostengünstig abzumildern, und gleichzeitig werden die AktivistInnen von Rechtspopulisten als »Gutmenschen« bekämpft. Vorfälle wie die Silvesternacht in Köln (2015/16) mit Hunderten von Strafanzeigen wegen sexueller Belästigung weißer deutscher Frauen durch angebliche Horden von »nordafrikanischen muslimischen Männern« werden im öffentlichen Diskurs gegen den Islam in Stellung gebracht und verstärken den reflexartigen Ruf nach schärferen Gesetzen, will sagen: weiteren repressiven Maßnahmen auf Verdachtsebene.

Im Anschluss an diese Ausgangsthesen möchte ich zunächst eine Begriffsbestimmung der hier zu behandelnden Rassismen aus heutiger Sicht, also insbesondere auch des institutionellen und antimuslimischen Rassismus, entwickeln. Die historische Tradition des antimuslimischen Rassismus wird anhand der Darstellung verschiedener ExpertInnen skizziert, nach einer kurzen Übersicht über das Ausländer- und Asylrecht nach dem Zweiten Weltkrieg, gefolgt von Ausführungen über den Zusammenhang von Terrorismusverfolgung und der Konstruktion eines neuen Feindbildes »islamistischer Terrorismus«, die ich für das Verständnis des modernen Rassismus und die Möglichkeiten seiner Bekämpfung für unabdingbar halte.

2. Institutioneller und antimuslimischer Rassismus

In dem bereits erwähnten Buch von *Wolfgang Benz* wird »das aktuelle Phänomen Islamfeindschaft [definiert] als Ressentiment gegen eine Minderheit von
Bürgern bzw. in unserer Gesellschaft lebender Menschen, die mit religiösen,
kulturellen und politischen Argumenten diskriminiert und ausgegrenzt werden.
Es geht nicht um die Terrorakte radikaler Islamisten oder um Modernisierungs-
defizite in islamischen Staaten oder Gesellschaften. Gegenstand sind Ressentiments gegen Muslime in unserer Gesellschaft, die diskriminiert werden, weil
sie Muslime sind. Gegen sie werden Feindbilder konstruiert (...).«[12]
    Der von *Wilhelm Heitmeyer* und anderen verwandte Begriff der »gruppen-
bezogenen Menschenfeindlichkeit« (GMF) fasst eine Reihe von Phänomenen
zusammen, scheint mir aber als Oberbegriff unzureichend und missverständ-
lich; er ist zu unscharf und vermengt subjektive und objektive Elemente: Rassisten müssen keineswegs »Menschenfeinde« im Allgemeinen sein. *Hendrik Cremer*, wissenschaftlicher Mitarbeiter am Deutschen Institut für Menschenrechte
(DIMR), hat die Problematik der Diskussion über Rassismus in Deutschland
vor dem Hintergrund der Sarrazin-Debatte so zusammengefasst:
    »Die Sarrazin-Debatte hat schließlich deutlich gezeigt, dass in Deutschland
ein zu enges Verständnis von Rassismus vorherrscht. So werden in Deutschland
mit dem Begriff ›Rassismus‹ oft die Menschheitsverbrechen des Nationalsozialismus assoziiert. Von Rassismus ist häufig nur dann die Rede, wenn es um politisch organisierten Rechtsextremismus geht. Ein solch enges Verständnis von
Rassismus wurde in den vergangenen Jahren gleich von mehreren internationalen Fachgremien zur Bekämpfung von Rassismus kritisiert.
    Der UN-Ausschuss gegen Rassismus, der die Umsetzung der UN-Anti-Rassis-
mus-Konvention überprüft, hat Deutschland im Jahr 2008 empfohlen, den Ras-
sismusbegriff und den Ansatz in der Bekämpfung von Rassismus zu erweitern.
Gleiches hat die Europarat-Kommission gegen Rassismus im Jahre 2009 ebenso angemahnt wie der UN-Sonderberichterstatter gegen Rassismus in seinem im
Juni 2010 im UN-Menschenrechtsrat vorgestellten Bericht über Deutschland.
    Gewiss sind Stereotypisierungen, Ausgrenzungen und Diskriminierungen,
die in demokratischen Gesellschaften existieren, nicht mit den systematischen
und monströsen Verbrechen zur Zeit des Nationalsozialismus gleichzusetzen.
Ein Verständnis von Rassismus, das sich auf politisch organisierten Rechtsextremismus beschränkt, blendet jedoch den Stand der Wissenschaft und der internationalen und europäischen Debatte aus. Hier lässt sich bereits seit einiger

---

[12] Wolfgang Benz: »Die Feinde aus dem Morgenland. Wie die Angst vor Muslimen unsere Demokratie gefährdet«, München 2012, S. 41

Zeit eine Erweiterung im Verständnis von Rassismus ausmachen. Immerhin gibt es auf der politischen Ebene erste Anzeichen in diese Richtung. So hat etwa die Bundesregierung in ihrem Aktionsplan gegen Rassismus von Oktober 2008 anerkannt, dass sich auch jenseits des rechtsextremistischen Lagers rassistische Ressentiments und Stereotype finden und dass sich die Bekämpfung von Rassismus nicht in der Bekämpfung des Rechtsextremismus erschöpft, sondern auf die Gesellschaft insgesamt beziehen muss.

Rassismus ist im 21. Jahrhundert oft kulturalistisch begründet. Rassismus setzt kein Gedankengut voraus, das auf biologistischen Theorien von Abstammung und Vererbung basiert. Es ist erst recht nicht erforderlich, dass Menschen dabei begrifflich nach unterschiedlichen ›Rassen‹ eingeteilt werden. Rassistische Argumentationsmuster der Gegenwart verlaufen – wenn man so will – häufig versteckter.

Typischerweise basieren sie auf Zuschreibungen aufgrund unterschiedlicher ›Kulturen‹, ›Nationen‹, ›Ethnien‹ oder Religionszugehörigkeit. Kennzeichnend für Rassismus ist die Konstruktion von Gruppen, nach der in ›Wir‹ und die ›Anderen‹ unterteilt wird. Es handelt sich um Konstruktionen, weil vermeintlich homogene Gruppen gebildet werden, deren individuellen Mitgliedern pauschal bestimmte Eigenschaften zugeschrieben werden.

Die Konsequenz solcher Zuschreibungen ist damit auch, dass die jeweiligen Menschengruppen sozusagen in ihnen ›gefangen‹ gehalten und nicht mehr als Individuen wahrgenommen werden. Solche Kategorisierungen von Menschen erreichen jedenfalls dann rassistische Dimensionen, wenn sie mit Hierarchisierungen oder Abwertungen einzelner Gruppen einhergehen.«[13]

Dieser Begriff des »Kulturrassismus« wird inzwischen auch bei uns von vielen Autoren verwendet, unter anderem von dem Migrationsforscher *Klaus Jürgen Bade*, auf den ich mich in Teilen meiner folgenden Ausführungen stütze.[14] Hieraus wird deutlich, dass eine Kritik des (antimuslimischen) Rassismus keineswegs eine Kritik der Religion des Islam, seiner Inhalte und Geschichte oder verschiedenen Lehrmeinungen ausschließt. Einer wissenschaftlichen Religionskritik sollte sich ohnehin jede Religion stellen.[15]

---

[13] Hendrik Cremer: »Stellungnahme zu Aussagen von Thilo Sarrazin, Mitglied im Vorstand der Deutschen Bundesbank«, Deutsches Institut für Menschenrechte 2010; www.institut-fuer-menschenrechte.de/uploads/tx_commerce/stellungnahme_zu_aussagen_v_thilo_sarrazin__02_09_2010.pdf.

[14] Vgl. auch Klaus Jürgen Bade in seinem Beitrag zur Tagung »Angst wovor? Über Fremdheit, Unsicherheit, Populismus, Kultur, Rassismus«; kjbade.de/wp-content/uploads/2014/12/2014-12-16_-tagung-angst-wovor_BOELL.pdf

[15] Vgl. hierzu die Broschüre: Nützlicher Feind: Der »Faktor Islam«, Freidenker, 74. Jg., 4/2015

Vielmehr geht es darum, den weit verbreiteten kulturell und religiös konnotierten institutionellen, vorwiegend antimuslimischen Rassismus aufzuzeigen und mit den international längst anerkannten wissenschaftlichen und bei uns gültigen Menschenrechts-Standards zurückzuweisen. Rassismus kann und muss auch an der juristischen Front bekämpft werden, wie hoffentlich auch mit dieser kritischen Dokumentation verdeutlicht werden kann.

Als *institutioneller Rassismus* (oft mit ähnlicher Bedeutung struktureller Rassismus genannt) werden Rassismen bezeichnet, die von Institutionen der Gesellschaft, von ihren Gesetzen, Normen und staatlichen Institutionen ausgehen, unabhängig davon, inwiefern Akteure innerhalb der Institutionen absichtsvoll handeln oder nicht. Zur aufschlussreichen Vorgeschichte hier so viel: Am 22. April 1983 hatten Unbekannte in London den 18-jährigen Steven Lawrence getötet, der schwarze junge Mann wurde Opfer eines rassistischen Angriffs. Die nachlässigen Polizeiermittlungen hatten zur Folge, dass erst Anfang 2012 zwei der mutmaßlichen Täter verurteilt werden konnten. 1997 hatte die Regierung eine unabhängige Untersuchung in Auftrag gegeben.

Institutioneller Rassismus wurde von der Macpherson-Kommission der britischen Regierung (!) schon 1999 definiert als das kollektive Versagen einer Organisation, Menschen aufgrund ihrer Hautfarbe, Kultur oder ethnischen Herkunft eine angemessene und professionelle Dienstleistung zu bieten. Er [institutioneller Rassismus] kann in Prozessen, Einstellungen und Verhaltensweisen gesehen und aufgedeckt werden, die durch unwissentliche Vorurteile, Ignoranz und Gedankenlosigkeit zu Diskriminierung führen, und durch rassistische Stereotypisierungen, die Angehörige ethnischer Minderheiten benachteiligen. Er überdauert aufgrund des Versagens der Organisation, seine Existenz und seine Ursachen offen und in angemessener Weise zur Kenntnis zu nehmen und durch Programme, vorbildliches Handeln und Führungsverhalten anzugehen. Ohne Anerkennung und ein Handeln, um solchen Rassismus zu beseitigen, kann er als Teil des Ethos oder der Kultur der Organisation weit verbreitet sein.[16]

Der institutionelle Rassismus kann also als ein Pendant zum strukturellen Rassismus in der Mehrheitsgesellschaft verstanden werden, der sich beispielsweise im alltäglichen Rassismus und im Rechtsextremismus in Vorurteilen oder Gewalt ausdrückt. Institutionellen Rassismus erfahren Menschen durch Ausgrenzung, Benachteiligung oder Herabsetzung, auch in gesellschaftlich relevanten Einrichtungen wie beispielsweise bei der politischen Beteiligung (Wahlrecht, fehlende Repräsentanz in politischen Einrichtungen), im Bildungs- und Gesund-

---

[16] www.gov.uk/government/uploads/system/uploads/attachment_data/file/277111/4262. pdf

heitssystem, auf dem Arbeitsmarkt und auf dem Wohnungsmarkt; in diesen Bereichen sind rassistische Diskriminierungen offensichtlicher, nicht ernsthaft bestreitbar und Gegenstand umfangreicher Untersuchungen.

Ich will mich hier auf den institutionellen Rassismus in Normen und den staatlichen Bereichen Justiz, Polizei und Geheimdienste konzentrieren, wo er bisher wenig untersucht wurde und noch nicht Gegenstand einer breiteren kritischen öffentlichen Debatte wurde. Ansätze dazu finden sich in der verdienstvollen Broschüre »Institutioneller Rassismus« des Migrationsrates Berlin Brandenburg (MR) 2012,[17] der Broschüre zu der Veranstaltungsreihe des MR »Rassismus und Justiz« 2014[18] und dem öffentlichen, von der Internationalen Liga für Menschenrechte, dem »Arbeitskreis kritischer JuristInnen (akj)«, den bereits erwähnten Vereinen »KOP« (Kampagne für Opfer rassistischer Polizeigewalt) u.a. 2013 an der Humboldt-Universität veranstalteten Hearing (deren umfangreiches Material leider bisher nur teilweise veröffentlicht wurde).[19]

Auch das Deutsche Institut für Menschenrechte, das endlich die seit Langem geforderte gesetzliche Grundlage erhalten hat und damit formal unabhängig geworden ist, widmet sich regelmäßig diesem Thema und hat hierzu wichtige wissenschaftliche Arbeiten durchgeführt;[20] die Bundesregierung ist dabei, den vom UN-Ausschuss gegen rassistische Diskriminierung angeforderten Staatenbericht zur Umsetzung der internationalen Aufgaben und Forderungen für das Jahr 2017 zusammen mit zivilgesellschaftlichen Organisationen vorzubereiten, worauf noch zurückzukommen sein wird.

Hierzu an dieser Stelle noch ein Hinweis: Die von Cremer erwähnte Sonderberichterstattung der UN beruht auf der auch von Deutschland ratifizierten Konvention gegen rassistische Diskriminierung – ihr Inhalt wird noch genauer dargestellt (siehe Teil 3), – zu deren Anwendung der deutsche Staat und seine Behörden also völkerrechtlich verpflichtet sind, und deren Erfüllung in den einzelnen Staaten regelmäßig kontrolliert wird. Selbst bei Wikipedia findet sich unter dem Stichwort:»Institutioneller Rassismus«Bemerkenswertes: 2009, heißt es dort, besuchte Githu Muigai, der UN-Sonderberichterstatter zu Rassismus, Deutschland und bemängelte Defizite im Kampf gegen den Alltagsrassismus in Politik und Gesellschaft. So werde in Deutschland immer noch Rassismus

---

[17] »Institutioneller Rassismus – Ein Plädoyer für deutschlandweite Aktionspläne gegen Rassismus und ethnische Diskriminierung«, Migrationsrat Berlin Brandenburg e.V., Dezember 2011, www.mrbb.de/dokumente/pressemitteilungen/LAPgR_Brosch%C3%BCre.pdf.

[18] »Rassismus und Justiz«, Eine Veranstaltungsreihe des Migrationsrat Berlin Brandenburg e.V., www.migrationsrat.de/dokumente/pressemitteilungen/MRBB_Broschuere_Rassismus%20und%20Justiz.pdf.

[19] Homepage des Autors: www.Menschenrechtsanwalt.de.

[20] www.institut-fuer-menschenrechte.de/publikationen.

mit Rechtsextremismus gleichgesetzt und damit nicht ausreichend wahrgenommen. Hier seien ähnliche Mängel wirksam wie beim institutionellen Rassismus in Deutschland:»Polizei, Behörden und Gerichte müssen noch einiges tun.« Kritisiert wurde auch die geringe Präsenz von People of Colour im öffentlichen Leben der Republik und ihre geringe politische Teilhabe.[21]

Antimuslimischer Rassismus bezeichnet den Rassismus gegenüber Muslimen, denen als Gruppe bestimmte negative Eigenschaften zugeschrieben werden, sowie deren kategorische Abwertung und Benachteiligung. Im internationalen wissenschaftlichen Kontext ist die Bezeichnung *Islamophobie* (engl. Islamophobia) üblich, die aber z.T. wegen ihrer psychologisierenden Dimension kritisiert wird – ganz abgesehen davon, dass es sich weniger um eine Angst vor dem Islam als um ein Überlegenheitsgefühl handelt. Im deutschen Sprachraum wird auch der Begriff Islamfeindlichkeit benutzt (vgl. dazu auch das Stichwort bei Wikipedia, wo der antimuslimische Rassismus als ein relativ neues Phänomen beschrieben wird). Zu den wichtigsten Elementen dieser Zuschreibung gehören das generalisierende Bild vom Muslim als gewalttätig, übersexualisiert, frauenfeindlich und unzivilisiert sowie die Vorstellung eines angeblich unüberwindbaren Antagonismus zwischen christlichem und aufgeklärtem Abendland und einem romantisierten und ursprünglichen, aber auch irrationalen muslimischen Orient.[22]

Sarrazins rassistische Thesen

Bezogen auf Deutschland sind seit vielen Jahren zwei Hauptargumente zu erkennen, die zum rassistischen Vorurteil von der angeblichen Nicht-Integrationsfähigkeit von Muslimen beitragen: ihre (angebliche) Schädlichkeit für Wirtschaft und Sozialsysteme in Deutschland sowie ihre Terrorismus-Affinität. Zur Illustration an dieser Stelle zwei Zitate *Thilo Sarrazins*, die auch in der »Sarrazin-Debatte« für Jahre eine zentrale Rolle gespielt haben (auch hinsichtlich der Menschenrechtsverletzungen werden sie in Teil 2 näher behandelt, sodass ich mich auf die in dem Zusammenhang zentrale Komponente des institutionellen Rassismus konzentriere):

■ In einem Interview mit der Zeitschrift»Lettre International« aus dem Jahre 2009 hetzte Sarrazin gegen muslimische Migranten aus der Türkei und den

---

[21] de.wikipedia.org/wiki/Institutioneller_Rassismus. In welch erschreckendem Maße diese Konvention missachtet und damit die Verpflichtung, jede Form des Rassismus zu bekämpfen, verletzt wird, zeige ich im Teil 3 anhand des Schicksals der Strafanzeige gegen rassistische Diskriminierungen des früheren Finanzsenators von Berlin, Bundesbank- und SPD-Mitglieds Dr. Thilo Sarrazin.

[22] de.wikipedia.org/wiki/Islamfeindlichkeit

arabischen Ländern und meinte,»türkische Wärmestuben« könnten Berlin nicht voranbringen;»wir müssen niemanden anerkennen, der vom Staat lebt, diesen Staat ablehnt, für die Ausbildung seiner Kinder nicht vernünftig sorgt und ständig neue kleine Kopftuchmädchen produziert.«[23] Noch im Juni 2012 hatte er bei einer Veranstaltung in Darmstadt die Befürchtung geäußert, das schwächere Bildungsniveau vieler Zuwanderer wirke sich negativ auf Deutschland aus:»Wir werden auf natürlichem Weg durchschnittlich dümmer«, so Sarrazin. Zuwanderer»aus der Türkei, dem Nahen und Mittleren Osten und Afrika« seien weniger gebildet als Migranten aus anderen Ländern.

■ Wegen der Äußerungen im Interview der Zeitschrift»Lettre International« hatte der Türkische Bund Berlin Brandenburg (TBB) Strafanzeige wegen Volksverhetzung und Beleidigung erstattet, die von der Berliner Staatsanwaltschaft u.a. unter Berufung auf das Grundrecht der Meinungsfreiheit abgelehnt wurde. Die daraufhin gegen die BRD beim UN-Ausschuss gegen rassistische Diskriminierung eingereichte Beschwerde war erfolgreich und soll in Teil 3 näher behandelt werden.

In seinem später erschienenen einflussreichen rassistischen Standardwerk »Deutschland schafft sich ab« hat Thilo Sarrazin ein weiteres Schlüsselthema so formuliert:»Aufgrund der Tatsache, dass sich der Islam in der großen Mehrheit seiner Strömungen der Aufklärung verweigert und dem Pluralismus ablehnend gegenüber steht, kann er nicht gedacht werden ohne Islamismus und Terrorismus, auch wenn 95% der Muslime friedliebend sind. Die Übergänge sind zu verschwommen, die Ideologien zu stark und die Dichte gewalttätiger und terroristischer Ereignisse ist zu groß.«[24]

Jürgen Link kommentiert dies so:»Weil eine klare statistische Grenze (angeblich) nicht gezogen werden kann, müssen 95% friedliche Muslime in den Verdacht des Terrorismus genommen werden. Im Grunde handelt es sich um die Erklärung eines»totalen Kulturkrieges« an den Islam.«[25]

Dieser Generalverdacht, unter den nicht nur die Gläubigen dieser Weltreligion gestellt werden, sondern meist auch Menschen, die aus arabischen Ländern oder der Türkei kommen, denen die Glaubenszugehörigkeit unterstellt wird, speist sich also ganz offen aus dem Anti-Terrorismus, also dem nicht er-

---

[23] Lettre International 2009, LI 086, S. 197ff.

[24] Thilo Sarrazin:»Deutschland schafft sich ab – Wie wir unser Land aufs Spiel setzen«, München 2010, S. 270

[25] Jürgen Link:»Sarrazins Deutschland – Ein Streifzug durch ein protonormalistisches Manifest«, in: Sebastian Friedrich (Hrsg.):»Rassismus in der Leistungsgesellschaft«, Münster 2011, S. 190

klärten »Krieg gegen den internationalen Terrorismus« im Weltmaßstab und wirkt innergesellschaftlich, indem er den vorhandenen antimuslimischen Rassismus stärkt und befeuert.

Jürgen Link macht in einer Fußnote dazu eine interessante Rechnung auf: »Ganz abgesehen davon, dass 5% der 1,5 Milliarden Muslime immerhin 75 Millionen machen. Etwa so viele wie Nicht-Muslime in Deutschland wohnen sind also Terroristen, in Deutschland immerhin etwa 200.000, wenn man von vier Millionen Muslimen ausgeht, sonst noch mehr. 200.000 beziehungsweise insgesamt 75 Millionen Terroristen!«[26]

Machen wir die Gegenrechnung auf: Wie groß ist die Gefahr, von terroristischen Anschlägen getroffen zu werden, etwa für einen US-Bürger in den USA, denn hierzu gibt es dankenswerterweise wissenschaftliche Untersuchungen? Sie konnten in der US-amerikanischen Zeitschrift »Foreign Affairs« nachgelesen werden: Dort vergleicht John Müller die Opfer sämtlicher Anschläge bis 2006 seit dem 11.9.2001 mit anderen Zahlen und schreibt unter anderem: »Seit 2001 kamen durch Al Qaida und ähnliche Gruppen nicht mehr Menschen zu Tode als jährlich in amerikanischen Badewannen ertrinken. Die Wahrscheinlichkeit für einen Amerikaner, Opfer des Terrorismus zu werden, liegt bei eins zu 80.000 – gleich wahrscheinlich wäre etwa der Tod durch einen Kometen- oder Meteoriteneinschlag.«[27]

Für Deutschland dürfte die Bilanz ähnlich ausfallen. Damit sollen natürlich nicht Opferzahlen aufgerechnet werden, sondern es soll nur die völlige Unhaltbarkeit der imaginierten Gefahr illustriert werden, die zentrale Grundlage des antimuslimischen Rassismus geworden ist.

Diese beiden zentralen Argumente für pseudowissenschaftliche rassistische Diskriminierungen gegenüber muslimischen Migrantinnen und Migranten sind nicht von Sarrazin erfunden, sondern vorher ähnlich von verschiedenen Autoren vertreten und von Netzwerken der »Islamkritiker« verbreitet worden. Neu an Sarrazin ist: Er hat seine rassistischen Thesen pseudowissenschaftlich zu begründen versucht und konnte dank der Medienpräsentation in allen führenden Massenmedien – von der *Bild*-Zeitung über den *Spiegel* bis zur *FAZ* und in zahllosen Veranstaltungen und Talkshows – eine bis dahin beispiellose Breitenwirkung erzielen; sein Buch hat in kürzester Zeit eine Rekordauflage von über vier Millionen Exemplaren erreicht. Die weitere Besonderheit besteht darin, dass durch die Verbreitung seines Machwerkes der antimuslimische Rassismus eine größere Breitenwirkung erzielte, in weiten Teilen der Gesellschaft und insbesondere der selbsternannten, (akademischen u.a.) Eliten hoffähig wurde, wie

---

[26] Ebd.: S. 190f.

[27] »Wer hat Angst vor Osama?«, *Rheinischer Merkur*, Nr. 35/2006, S. 6

sich aus den *Heitmeyer*-Langzeitstudien[28] ergibt – auch wenn dieser Befund dem Selbstverständnis vieler Angehöriger der akademischen Elite diametral widerspricht, verstehen sie sich doch als überzeugte Demokraten, die die Menschenrechte aller achten und niemanden diskriminieren würden.

Mark Terkessidis hat in seinem Standardwerk »Die Banalität des Rassismus« 2004 die Ergebnisse seiner Untersuchungen zum Thema »Migranten zweiter Generation entwickeln eine neue Perspektive« veröffentlicht. Er stellt die Frage, wie der Unterschied, wie »Fremdheit« heute produziert wird, und entwickelt in dem Zusammenhang auch eine Perspektive, die »den moralischen Druck herausnimmt«, der bei vielen wohlmeinenden AkademikerInnen und anderen Mitmenschen darauf beruht, dass sie »Rassismus« als eine Art Schuldvorwurf verstehen. Er schreibt:

»Ich habe versucht zu zeigen, dass die Institutionen Arbeitsmarkt, Staatsbürgerschaft und kulturelle Hegemonie Menschen einbeziehen, indem sie sie gleichzeitig ausschließen. So machen sie in ihrem ›normalen‹ Funktionieren eine Gruppe mit dem Namen ›Ausländer‹ sichtbar. (…) Und so zeigte sich, dass ›Deutsch-Sein‹ eine Kategorie ist, die Menschen anderer Herkunft per se ausschließt. Da hierzulande im Alltagsbewusstsein die Zugehörigkeit mit der Abstammung verkoppelt wird, stecken die Migranten zweiter Generation in einem Teufelskreis. (…)

In Akten der Verweisung, in so selbstverständlichen Fragen wie ›Woher kommst Du?‹, erfahren sie, dass der Ort, an dem sie leben, nicht der Ort ist, an den sie gehören (…). Und im Akt der Entgleichung schließlich bemerken sie, dass ihnen Defizite unterstellt werden – man sieht sie nicht als Gleiche und so werden sie zur Konkurrenz erst gar nicht zugelassen. (…) Indem über das Dasein der Migranten spekuliert wird, entsteht ein negativer Spiegel, in dem die Einheimischen ihre positiven Eigenschaften betrachten können: Weil ›sie‹, die nicht hierher gehören und eigentlich woanders leben, traditionell, sexistisch, fanatisch und kriminell sind, erscheinen ›wir‹ als beheimatet, weltoffen, gleichberechtigt, tolerant und anständig. So werden beide Gruppen in einem Prozess erzeugt und positioniert. (…)

Doch mit dieser Bezeichnung wird eben nicht wie gewöhnlich ein moralischer Vorwurf begründet. Indem ich sage, dass die Gesellschaft rassistisch ist, weise ich auf ein Ungleichheitsverhältnis hin – genauso wie ich darauf hinweisen könnte, dass die Gesellschaft aus sozialen Klassen oder Schichten besteht und Frauen strukturell benachteiligt werden. Es mag zunächst erschreckend klingen, dass die Gesellschaft rassistisch ist, aber im zweiten Moment wird da-

---

[28] Wilhelm Heitmeyer (Hrsg.): »Deutsche Zustände«, Folge 10, Berlin 2012, vgl. insbesondere S. 172f., 184ff.

durch moralischer Druck herausgenommen und der Blick geöffnet auf Probleme, die sich bearbeiten lassen.«[29] In diesem Sinne ist Rassismus für Terkessidis ein »entscheidender struktureller Faktor bei der Produktion von Unterschieden«.[30] Zu übersehen ist auch nicht der indirekte Einfluss des französischen Philosophen *Michel Foucault* auf die moderne Rassismustheorie. In seinen historischen Studien hat er den Rassismus als Konstrukt des modernen Staates und als Teil, Effekt oder notwendige Bedingung der »Bio-Macht« dargestellt und als eine Art Schnittstelle zwischen vormodernem und modernem Machtsystem beschrieben. Ausgangspunkt ist seine These von der Transformation der Macht über den Tod in Zeiten der Bio-Macht, wie er es in seinem Standardwerk »Der Wille zum Wissen« in Bezug auf den Krieg beschrieben hat: »Kriege werden nicht mehr im Namen eines Souveräns geführt, der zu verteidigen ist, sondern im Namen der Existenz aller. Man stellt ganze Völker auf, damit sie sich im Namen der Notwendigkeit ihres Lebens gegenseitig umbringen.«[31]

Der politische Feind wird im rassistischen Diskurs zu einem biologischen und die »Kriegsaussage« lautet hier: »Der Tod des anderen, der Tod der schlechten Rasse, der minderwertigen Rasse oder des Degenerierten oder des Anormalen wird das Leben im allgemeinen gesünder und reicher machen.«[32]

Nur im Nazismus haben für Foucault Souveränitätsmacht und Bio-Macht absolut zusammengewirkt: »Es handelt sich um einen absolut rassistischen Staat, einen absolut mörderischen Staat und einen absolut selbstmörderischen Staat.«[33]

Aber Foucault warnt davor, den Rassismus mit der Zerschlagung des Faschismus für überwunden zu halten, denn »dieses Spiel zwischen dem souveränen Recht des Tötens und dem Mechanismus der Biomacht«, dessen Exzess der Nazismus gewesen sei, sei allen modernen Staaten inhärent, und insofern sei auch der Rassismus »grundlegender Mechanismus« jeglicher politischer Macht.[34]

Wir stehen also vor der Aufgabe, den institutionellen Rassismus im Sinne der modernen Rassismustheorien ohne moralischen Druck genauer zu analysieren. Beginnen möchte ich mit den historischen Traditionen, deren Einfluss gar nicht überschätzt werden kann.

Bevor die Wirkungsmächtigkeit dieser zentralen antimuslimischen Rassismen genauer bewertet werden kann, müssen die Bereiche des institutionellen

---

[29] Mark Terkessidis: »Die Banalität des Rassismus – Migranten zweiter Generation entwickeln eine neue Perspektive«, Bielefeld 2004, S. 210-212
[30] Ebd., S. 213
[31] Michel Foucault: »Sexualität und Wahrheit«, Bd. 1, Frankfurt a.M. 1986, S. 163; zit. nach Angelika Magiros: »Foucaults Beitrag zur Rassismustheorie«, Hamburg, Berlin 1995, S. 107
[32] Zit. nach Magiros, ebd.: S. 108
[33] Ebd., S. 109
[34] Ebd., S. 109

Rassismus und die bereits in den letzten Jahrzehnten entwickelten Instrumentarien näher beleuchtet werden.

Exkurs: Zum Phänomen des antimuslimischen Rassismus im Kontext des Kolonialismus und Neokolonialismus

Die Islamfeindlichkeit, die sich auf eine seit den mittelalterlichen Kreuzzügen entwickelte Ideologie stützt, und die von den westlichen Ländern immer wieder zur Rechtfertigung von Gräueltaten, Massakern und kolonialen Kriegen bis hin zu genozidalen Aktivitäten benutzt wurde, ist wissenschaftlich gründlich untersucht und dokumentiert (vgl. etwa das umfassende historisch-soziologische Standardwerk von *Achim Bühl*, »Islamfeindlichkeit in Deutschland – Ursprünge, Akteure, Stereotypen«[35] oder *Werner Rufs* »Islam – Schreckensbild des Abendlands«[36]). Darin ist auch ausgeführt, dass viele moderne Errungenschaften des »Abendlandes« – von der Algebra über die Technik bis zur Medizin – nicht denkbar sind ohne den Islam und die gesellschaftliche und kulturelle Entwicklung in den vorrangig von Moslems bewohnten Ländern des Osmanischen Reiches; bekanntlich ist sogar ein Großteil der antiken Kultur der alten Griechen über diesen Umweg wieder nach Europa gelangt.

Beginnen wir mit *Jean Paul Sartre* und seinen Studien über den Antisemitismus in Frankreich und den französischen Kolonialismus in Algerien. Sein Anspruch, das Schweigen der französischen Gesellschaft über die Verbrechen an den Juden und die weitgehende Mitwirkung am Holocaust zu brechen, bedeutet für ihn die Erfindung eines neuen politischen Raumes mit der Bemerkung: »wir sagen, dass der Antisemitismus kein jüdisches Problem ist: es ist unser Problem« und: »kein Franzose wird frei sein, solange die Juden nicht im Besitz ihrer vollen Rechte sind, kein Franzose wird in Sicherheit sein, solange noch ein Jude in Frankreich und in der ganzen Welt um sein Leben fürchten muss«.[37]

Der bekannte US-amerikanische Soziologe *Immanuel Wallerstein*, der bereits 1988 zusammen mit dem französischen Philosophen *Étienne Balibar* über den Zusammenhang von »Rasse, Klasse, Nation«[38] diskutiert hatte, widmete 2003

---

[35] Achim Bühl: »Islamfeindlichkeit in Deutschland – Ursprünge, Akteure, Stereotypen«, Hamburg, 2010; vgl. dazu auch die zutreffende Kritik von Opratko in: »Das Argument«, 2014, S. 939ff., wonach der Autor seinen Anspruch, theoretische, politische und historische Dimensionen des Themas herauszuarbeiten, nicht vollständig erfüllt.

[36] Werner Ruf: »Der Islam – Schrecken des Abendlands: wie sich der Westen sein Feindbild konstruiert«, Berlin 2012

[37] Eric M. Vogt: »Jean Paul Sartre und Frantz Fanon: Antirassismus, Antikolonialismus. Politiken der Emanzipation«, Wien 2012, S. 43

[38] Étienne Balibar, Immanuel Wallerstein: »Rasse, Klasse, Nation – Ambivalente Identitäten«, Hamburg 1990 (ein Grundlagenwerk der Rassismustheorie – Anmerkung d.A.)

in seinem Buch »Absturz oder Sinkflug des Adlers?« ein Kapitel dem Islam: »Der Islam, der Westen und die Welt«.[39] Im Gegensatz zu Samuel Huntington, der den Westen und den Islam als zwei antithetische »Zivilisationen« ansieht, die in einem lang dauernden geopolitischen Konflikt stünden, fragt Wallerstein, wie es komme, »dass die christliche Welt offenbar gerade die islamische zu ihrem speziellen Feindbild erkoren hat, und das nicht erst vor kurzem, sondern schon seit der Entstehung des Islams«.[40] In diesem immer noch wirksamen historischen Faktor sieht er die Fortsetzung einer Art »innerfamiliären Streits um Erbschaft und Wahrheit«. Der Kampf um weite Gebiete der damaligen Welt (Kreuzzüge, Trikont, die Ausdehnung des Osmanischen Imperiums auf dem Balkan) habe bei der späteren Expansion Europas im 16. und 17. Jahrhundert dazu geführt, dass diese »die islamische Welt weitgehend aus[ließ], oder zumindest ihr Kernland im Nahen Osten«. Europäische Mächte seien nach Westen vorgedrungen, hätten Afrika umschifft, auch weil die »islamische Welt (...) eine harte Nuss zu sein« schien, die nicht zu knacken war.

Die spätere Kolonisierung Amerikas, des größten Teils Afrikas, des größten Teils Süd- und Südostasiens sowie Ozeaniens habe wichtige Gebiete ausgespart: Osteuropa, den fernen und mittleren Osten. Diese waren nur »Halbkolonien‹ (...): Sowjetunion, (...) Volksrepublik China (und Nordkorea), und de[r] ›Islam‹. Letzterer ist natürlich kein Staat, sondern eine in einem Gebiet verankerte Religion, und Iran, Irak und Libyen stehen nur ganz oben auf der Liste der Staaten, die mit der paneuropäischen Welt in heftigem Konflikt liegen. Aufgrund der Spannungen zwischen diesen drei Regionen und Europa ist es verständlich, dass die Feindbilder in der europäischen Metaphorik dort lokalisiert wurden: Kommunismus, die gelbe Gefahr, der islamische Terrorismus. Heute erscheint das Gespenst des Kommunismus im Westen wie eine historische Erinnerung und China als ein schwieriger, aber kultivierter Freund – sogar Verbündeter. Was bleibt, ist hauptsächlich der *islamische Terrorismus* – ein im Westen viel diskutierter und viel gefürchteter *Dämon*, aber letztlich ein *unpräzises Konstrukt*, ein verschwommenes Bild der Wirklichkeit.««[41]

Für Wallerstein ist die westliche Bezeichnung bestimmter Strömungen als »fundamentalistisch« keineswegs auf den Islam beschränkt, gab es doch neben

---

[39] Immanuel Wallerstein: »Islam, der Westen und die Welt«, in: Ders.: »Absturz oder Sinkflug des Adlers? Der Niedergang der amerikanischen Macht«, Hamburg 2004 (Originaltitel »The Decline of American Power«, New York 2003), S. 94-113. In seiner kleinen Schrift »Die Barbarei der Anderen« (Berlin 2011) kritisiert Wallerstein grundsätzlich die Tradition des »europäischen Universalismus« als lediglich partiellen eurozentristischen Universalismus, der sich in einer Art Selbsttäuschung über andere Kulturen und Religionen erhebe.

[40] Wallerstein: »Islam, ...«, ebd., S. 95
[41] Ebd., S. 98 – Hervorhebung d.A.

dem christlichen und islamischen Fundamentalismus im 20. Jahrhundert jüdische, buddhistische und hinduistische Versionen desselben, die zwei gemeinsame Züge tragen: Neben der Ablehnung moderner, säkularisierter Tendenzen
eine Opposition gegenüber den Machtstrukturen des modernen Weltsystems.
Es sei diese Kombination einer reformistischen Forderung nach einer Rückkehr
zu dem »Fundamentalen« und eine antisystemische Rhetorik, die über die nur
religiösen Ziele hinausgehe, die ihre Bedeutung ausmache. Nach dem Niedergang der beiden anderen großen antisystemischen Bewegungen zwischen 1850
und 1945, den sozialen Bewegungen (bestehend aus den Sozialdemokraten und
Kommunisten) und den nationalen, sei nur noch die dritte, die islamische, üb-
rig geblieben, deren Aufstieg mit dem Scheitelpunkt des Aufstiegs der USA zur
Weltmacht und der »68er-Weltrevolution« zusammenfalle. Deren Hauptzüge,
die soziale Service-Funktion und die Attraktivität des Islamismus für junge In-
genieure und Wissenschaftler zeigen, dass Islamisten keineswegs Romantiker
sind, Nostalgiker einer vergangenen agrikulturellen Gesellschaft. Sie stehen
vielmehr für eine alternative Form der Modernität, die der Technologie gegenüber offen ist, aber die Säkularität und deren Werte ablehnt.[42]
   In einem anschließenden Überblick über die islamistischen Bewegungen der
letzten Jahrzehnte betont Wallerstein deren gemeinsames Anliegen, die konservativen Regime in arabischen Ländern loszuwerden.
   Nach Wallerstein gibt es drei Elemente in dieser Politik: Eines ist der historische Antisemitismus der christlichen Welt, wie er von Beginn des Christentums
an vorhanden war, einen moralischen Tiefpunkt im Nazismus und Holocaust
erreichte und dadurch eine sehr tiefe Reaktion der Schuld provozierte; es wäre
ein Fehler, die Rolle, die dieses christliche Schuldgefühl in der gegenwärtigen
Situation spielt, zu unterschätzen. Sie hat zu dramatischen Änderungen in der
Rhetorik der wesentlichen sozialen Gruppen im Westen geführt – säkulare Intellektuelle, die katholische Kirche, fundamentalistische protestantische Sekten,
von denen manche jetzt einer Notwendigkeit der Existenz des Staates Israel als
einer Voraussetzung für die zweite Wiederkunft Christi das Wort reden.[43] Seit
den israelischen Kriegen von 1967 sei dieses Element vorherrschend. Wallerstein wörtlich:»Jedenfalls hat die Kombination aus christlichen Schuldgefüh-
len über den Antisemitismus, weltweiter Unterstützung Israels durch die Juden
und der in den Augen des Westens bestehenden Nützlichkeit Israels als Element der politischen Stabilisierung in der Region mit dem größten Ölvorkom-
men der Erde dazu geführt, dass der so genannte islamische Terrorismus zum
großen Feindbild der 1990er Jahre erhoben wurde. Dies wurde noch dadurch

---

[42] Siehe ebd.: S. 107ff.
[43] Siehe ebd.: S. 110

verstärkt, dass die Feindbilder des Sowjetkommunismus und der Gelben Gefahr sich offenbar in Luft aufgelöst haben. Und das Maß, in dem der Islam mit dem Christentum kulturell verwandt ist – im Gegensatz zum Buddhismus oder Hinduismus –, macht es umso leichter, ihn zu dämonisieren. Die Atmosphäre der Familienfehde trägt noch zur Irrationalität und Hartnäckigkeit der Dämonisierung bei. Ein weiteres Element, aufgrund dessen der Islam zum Feindbild auserkoren wurde, ist die Tatsache, dass der größte Teil des islamischen Kernlands nie wirklich kolonialisiert war. In einem entscheidenden Sinn ist der Westen recht selbstsicher im Umgang mit ehemaligen Kolonien. Schließlich hat man diese Gebiete einst militärisch erobert und regiert und glaubt ihre Schwächen zu kennen. Die nichtkolonialisierten oder nur halbkolonialisierten Regionen bewahren eine Aura der Rätselhaftigkeit und damit der Gefahr.«[44]

Abschließend beantwortet Wallerstein die Frage, ob der Westen auch ohne einen solchen Dämon auskommen könne: Dies bezweifelt er momentan, da der Westen »mit einer massiven Krise konfrontiert [ist] – nicht nur in wirtschaftlicher, sondern auch in grundlegender politischer und sozialer Hinsicht. Die kapitalistische Weltwirtschaft als historisches soziales System befindet sich in der Krise.« Der Westen sei ebenso wie die islamische Welt in einer historischen Periode der Konfusion und der Selbstzweifel, eine Situation, die immer einen Dämon brauche. Wallerstein sieht deshalb »Bedarf an einem echten Dialog, oder Multilog, über die wesentlichen Begrenztheiten unseres existierenden Weltsystems und die Parameter unserer historischen Alternativen«.[45] Solche Trialoge aber können meines Erachtens nur dann erfolgreich sein, wenn wir es lernen, den »partiellen Universalismus« zu erkennen und die Haltung von der »Barbarei der anderen« – so der treffende Titel einer historischen Schrift Wallersteins[46] – zu überwinden, der den westlichen Diskurs beherrscht, mit dem die natürliche Vorherrschaft des weißen Mannes seit der Kolonialzeit begründet wird.

Gazi Çağlar hatte 1997 in seiner Replik auf Samuel P. Huntingtons »Kampf der Kulturen« unter dem Titel »Der Mythos vom Krieg der Zivilisationen – Der Westen gegen den Rest der Welt« einen weiteren zugrundeliegenden Aspekt herausgearbeitet: den ideengeschichtlichen Hintergrund im Denken in Dichotomien und dem cartesianischen Weltbild. In dem Abschnitt »Aufklärung und Rassismus« beleuchtet er die andere Seite der Emanzipation in der Aufklärung, die im heute vorherrschenden Diskurs von den historischen Errungenschaften des »Christlichen Abendlandes« vollkommen untergegangen ist und verleugnet

---

[44] Ebd., S. 110f.
[45] Ebd., S. 111
[46] Immanuel Wallerstein: »Die Barbarei der Anderen«, Berlin 2011

wird – ganz besonders auch in den Veröffentlichungen von Verfassungsschutz und selbsternannten Terror-Experten. Er beleuchtet die entgegengesetzte Seite: »Diese andere Seite, die ich hier im Gegensatz zum Emanzipatorischen das Sklavische der Aufklärung nennen möchte, soll an dieser Stelle am Beispiel der deutschen Aufklärung in Erinnerung gerufen werden, um den Einfluss des rationalistischen Denkens auf die Denktraditionen der Aufklärung hervorzuheben.

Die deutsche Geistes- und Kulturgeschichte verbindet das Zeitalter der Aufklärung mit Namen wie Immanuel Kant und Georg Friedrich Wilhelm Hegel. Die beiden Philosophen und deren Äußerungen zum Thema dieses Kapitels sollen hier als Beispiele dienen, da die von Kant und Hegel repräsentierte wissenschaftliche Perspektive die bürgerliche Neuordnung der Gesellschaft begleitete und dokumentierte. Immanuel Kant war einer der bedeutendsten Protagonisten der Rationalität der Aufklärung. Sein Weltbild ist durchsetzt von der Ambivalenz des damaligen Fortschrittsbegriffs für diejenigen, die nicht das Privileg hatten, von der bürgerlich-kapitalistischen Entwicklung/Rationalisierung zu profitieren. In seiner Schrift ›Physische Geographie‹ überträgt er die aufklärerische Rationalität eines mit spezifischen Wertigkeiten versehenen Ausmusterungsprozesses auf vorgeblich naturwissenschaftlich begründete Logik und trifft von hier aus die folgenden Aussagen über den Menschen: ›In den heißen Ländern reift der Mensch in allen Stücken früher, erreicht aber nicht die Vollkommenheit der temperierten Zonen. Die Menschheit ist in ihrer größten Vollkommenheit in der Race der Weißen. Die gelben Indianer haben schon ein geringeres Talent. Die Neger sind weit tiefer und am tiefsten steht ein Theil der amerikanischen Völkerschaften.‹ Weiter heißt es da: ›Der Einwohner des gemäßigten Erdstriches, vornehmlich des mittleren Theiles desselben, ist schöner an Körper, arbeitsamer, scherzhafter, gemäßigter in seinen Leidenschaften, verständiger, als irgend eine andere Gattung in der Welt.‹ (...)

Hegel urteilt über den ›Neger‹ in einer Sprache, in der der Schwarze als die träge Materie in der rationalistischen Konstruktion erscheint: ›Jenes eigentliche Afrika ist, soweit die Geschichte zurückgeht, für den Zusammenhang mit der übrigen Welt verschlossen geblieben; es ist das in sich gedrungene Goldland, das Kinderland, das jenseits des Tages der selbstbewußten Geschichte in die schwarze Farbe der Nacht gehüllt ist.‹ Das Urteil über den ›Neger‹ ist einige Seiten weiter zu lesen: ›Der Neger stellt (...) den natürlichen Menschen in seiner ganzen Wildheit und Unbändigkeit dar; von aller Ehrfurcht und Sittlichkeit, von dem, was Gefühl heißt, muß man abstrahieren, wenn man ihn richtig auffassen will: es ist nichts an das Menschliche Anklingende in diesem Charakter zu finden.‹

Die Wahrnehmung und Bewertung außereuropäischer Gesellschaften und Kulturen ist die eine Seite der zum Teil auf biologischem Rassismus beruhenden Hierarchisierung und Wertung von Menschengruppen durch die Aufklärung. Die andere Seite bildet sicherlich die Herabsetzung unterdrückter europäischer Menschengruppen, die in binneneuropäischen Prozessen von Menschen zu Bürgern und Produktivkräften abgerichtet und erzogen wurden. Im Diskurs der Aufklärung gab es nicht umsonst eine strukturelle Gemeinsamkeit des von der Frau und dem ›Wilden‹ gezeichneten Bildes: ›Beide, Wilde und Frauen, werden charakterisiert durch das, was ihnen mangelt im Vergleich zum ›Zivilisierten‹, zum Mann. Als (noch) nicht Zivilisierte werden sie betrachtet als Naturwesen – Wesen, die der Natur nahe stehen und deren Bestimmung sich aus ihrer ›Natur‹ ableitet.‹ Die Ableitung der ›Bestimmung der Wilden und Frauen aus ihrer Natur‹ ist eine logische Fortsetzung des Cartesianischen Dualismus zwischen Geist und Körper, der den Körper der Herrschaft des Geistes ausliefert. Im Weltbild der Aufklärung sind Frauen ebenso wie ›Wilde‹ und Kinder ›Naturwesen‹, die es als solche in einem rationalen Kreuzzugsprogramm neben der Natur zu beherrschen gilt!«[47]

Çağlar fasst zusammen:»Rassismus, biologisch oder kulturell ›begründet‹, war keinesfalls eine Nebenerscheinung in der Periode der Aufklärung, sondern wesentliches Konstitutivum der Weltbetrachtung der Aufklärung, die die andere Seite der europäischen, von Selbstlob strotzenden Eigenbetrachtung als deren definitorische Voraussetzung lieferte. Kant und Hegel sind hier nur exemplarisch erwähnt für eine Reihe von Aufklärern. Andere ließen sich ohne Mühe aufführen.«

Die Entwicklung des Feindbildes Islam beschreiben *Gazi Çağlar* und *Hakan Ateş Bakar* in ihrem Buch»USA im Nahen Osten – Geschichte und Gegenwart einer imperialistischen Beziehung« zunächst ähnlich wie Wallerstein ausgehend vom Standpunkt einer kritischen Geschichtswissenschaft. Im Kapitel»Das neue globale Böse: Islamismus« weisen auch sie auf den verblüffenden Umstand hin: Dieses Feindbild entstand just in dem Moment, in dem der gemeinsame Feind des kapitalistischen Westens und des konservativen Islamismus, nämlich der Sozialismus in Form seiner bürokratisch-autoritären Version der Sowjetunion, von der Bühne der Geschichte abgetreten sei. Im weiteren Verlauf wenden sich die Autoren gegen den herrschenden Diskurs, in dem der Islam als Religion zum Beispiel nicht mit dem Christentum oder dem Judentum, sondern mit der Moderne verglichen wird, beispielsweise wird die Rolle der Frauen im Islam nicht im Vergleich zur Rolle der Frau im Christentum betrachtet, sondern der westlichen Frau gegenübergestellt, als ob die einflussrei-

---

[47] Gazi Çağlar:»Der Mythos vom Krieg der Zivilisationen: Der Westen gegen den Rest der Welt. Eine Replik auf Samuel P. Huntingtons ›Kampf der Kulturen‹«, München 1997, S. 103-105

che westliche Frau eine Schöpfung des Christentums wäre. Dieses Vorgehen konstruiere die islamische Frau und die westliche Frau, die in der Realität jedoch gar nicht existierten.[48] Der Rassismus hat noch eine Reihe anderer Konstrukte entwickelt, auf die wir auch in der Falldokumentation stoßen werden. Ein besonders markantes Beispiel ist das des »Schläfers«. Die Konstruktion dieses antimuslimischen Feindbildes hat *Sabah Alnasseri* analysiert und dabei das besonders prägnante Konstrukt des »Schläfers« angemessen gewürdigt : »Die Konstruktion des Schläfers als ›tickende Zeitbombe‹ vergiftet den Alltag der Menschen in perfider Weise, indem in einem Klima der ebenso unspezifischen wie absoluten Skepsis Verdächtigungen gegenüber den anderen geschürt werden, die seit je ausgegrenzt sind. Auf geradezu psychotische Art und Weise wird den Menschen die Möglichkeit genommen, ihre eigenen Erfahrungen mit dem ›Fremden‹ unverstellt zu erleben, ihren alltäglichen zwischenmenschlichen Beziehungen zu vertrauen (…). Für die ›Einheimischen‹ wird der Andere nicht als ein differenter ›bürgerlicher Mensch‹, sondern als ein ›ewiger Fremder‹ produziert: Gerade die perfekt ›Angepassten‹ werden als Bedrohung inszeniert, also nicht die Angst vor den Nicht-Assimilierten, den Nicht-Assimilierungswilligen beziehungsweise -fähigen, sondern infamer Weise gerade die immer ›anderen‹ MigrantInnen stellen in diesem Diskurs eine Bedrohung für den gesellschaftlichen Zusammenhang dar (…). Die Elastizität der Konstruktion ›Schläfer‹ und ihre globale Ausdehnung ermöglicht/legitimiert die prinzipielle Abschottung gegenüber und die Kriminalisierung der seit der imperialen Offensive der 1990er Jahre global verursachten Migrationsbewegung. Anders ausgedrückt: Der 11.9. beziehungsweise dessen bedrohliche Inszenierung schürt die Angst der metropolen Spezies vor dem emigrierten ›Menschen‹ aus dem Süden: Der neue Imperialismus ist primär ein Nord-Süd-Verhältnis.«[49]

Zurück zur antimuslimischen Tradition, zugespitzt in der These des Politikwissenschaftlers und Anthropologen *Mahmood Mamdani*, der an der New Yorker Columbia Universität lehrt: Die zivilisatorischen Errungenschaften der europäischen Moderne wie gewaltfreie Konfliktlösung bzw. (humanitäres) Kriegsrecht usw. hatten seit jeher Gültigkeit nur gegenüber den »zivilisierten« europäisch-nordamerikanischen Gesellschaften beansprucht, während die unzivilisierten ethnisch-rassisch definierten Barbaren des Südens bzw. Orients quasi

---

[48] Gazi Çağlar und Hakan Ateş Bakar:»USA im Nahen Osten. Geschichte und Gegenwart einer imperialistischen Beziehung«, Münster 2005, S. 106
[49] Sabah Alnasseri (Hrsg.):»Politik jenseits der Kreuzzüge. Zur aktuellen politischen Situation im Nahen und Mittleren Osten«, Münster 2004, S. 184ff.

naturgesetzlich mit brutalster Gewalt, kolonial geprägter Ausrottung und Bombardierung traktiert werden durften.[50] Letztere wurde »ursprünglich als eine Methode der Kriegsführung angesehen, die ausschließlich auf unzivilisierte Feinde anzuwenden sei« (was dann erstmals kurz nach Ende des Ersten Weltkrieges in Somalia und dem Irak geschah).[51] Mamdani beschreibt die Auslöschung des Hererovolkes in (Deutsch-) Südwestafrika als »ersten Genozid des 20. Jahrhunderts, in dessen Konzentrationslagern medizinische Experimente zur Begründung einer ›Wissenschaft der Rassenvermischung‹ stattfanden, um die Unterlegenheit von Herero-Abkömmlingen gegenüber reinrassigen Deutschen ›nachzuweisen‹«.»In ›Über den Kolonialismus‹ (1951) schrieb Aimé Césaire, dass im ›ach so distinguierten, ach so humanen, ach so christlichen Bürger des zwanzigsten Jahrhunderts‹ ein Hitler schlummert und dennoch der europäische Bourgeois Hitler nicht vergeben kann, weil ›der Anwendung kolonisatorischer Praktiken auf Europa bisher nur die Araber Algeriens, die Kulis in Indien und die Neger Afrikas ausgesetzt waren‹«.[52] Des Weiteren weist Mamdani nach, wie die entfesselte Kolonialgewalt sich seit den Kreuzzügen zunehmend gegen den Moslem richtet.[53]

Der italienische Philosoph *Domenico Losurdo* schließlich analysiert in verschiedenen Werken historische Beispiele dieser Barbarei als keineswegs auf das Mittelalter, die Kolonialkriege oder den nationalsozialistischen Vernichtungskrieg und Genozid an den Juden und die faschistischen Vernichtungskriege beschränkte Ereignisse, sondern konstitutive Merkmale der westlichen Kultur und ihrer Imperien. In seinem Aufsatz »Fundamentalismus im Islam und anderswo« führt er aus, dass der Fundamentalismus keineswegs eine Besonderheit des Islam ist, sondern ebenso in den anderen beiden Religionen des Nahen Ostens durchaus bis in unsere Zeit virulent ist. Er zitiert Papst Johannes Paul II. mit dessen Worten: »Die Autorität wird von der moralischen Ordnung postuliert und kommt von Gott. Wenn ihre Gesetze (…) im Gegensatz zu dieser Ordnung und damit im Gegensatz zum Willen Gottes stehen, können sie das Gewissen des Einzelnen nicht zwingen (…), in diesem Fall hört die Autorität sogar auf, eine solche zu sein und wird vielmehr zum Missbrauch.«[54] Auch die Kategorie des »heiligen Krieges«, »die als eine Charakteristik des islamischen Fundamentalismus betrachtet wird, findet sich ausdrücklich und spielt eine bedeutende Rolle im

---

[50] Mahmood Mamdani: »Guter Moslem, böser Moslem. Amerika und die Wurzeln des Terrors«, Hamburg 2006, S. 12ff.

[51] Ebd., S. 15

[52] Ebd.

[53] Ebd., S. 25ff.

[54] Domenico Losurdo: »Fundamentalismus im Islam und anderswo«, in: »Islam – Islamismus – Politischer Islam«, Freidenker Nr. 3-13, September 2013, S. 12ff.

amerikanischen politischen Denken und in der amerikanischen Außenpolitik dieses Jahrhunderts (des 20. Jahrhunderts, d. Verf.), besonders bei Wilson«.[55]

Hierfür bringt Losurdo historische Beispiele bis hin zum Jugoslawienkrieg der USA und ihrer westlichen Verbündeten, der nach vorherrschender Meinung im Widerspruch zum Völkerrecht, zum UNO- und sogar zum NATO-Statut gestanden habe, weswegen er ausdrücklich mit »der Respektierung der Menschenrechte und der geheiligten Normen der Moral«[56] gerechtfertigt wurde. Losurdo hierzu: »Dieser Vorrang des Heiligen gegenüber dem Weltlichen wird auf feierliche Weise in Proklamationen des US-Präsidenten betont, wenn diese unfehlbar mit der rituellen Anrufung enden: God bless America! Gott segne Amerika!«[57]

Und wenn der »islamische Fundamentalismus« als obskurantistische Auflehnung gegen die westliche Moderne kritisiert werde, zeige selbst die bescheidenste soziologische Analyse, dass es sich um Bewegungen handelt, die ihre soziale Massenbasis vor allem in den Städten haben, und »dass das einzige Land im Nahen und Mittleren Osten, in dem er gesiegt hat, der Iran ist, und d.h. das sowohl auf wirtschaftlich-sozialem als auch auf politischem Gebiet modernste Land«.[58] Losurdos Fazit: »Islamischer Fundamentalismus« sei nicht »vormodern«; vielmehr sei er als eine Art Abstoßungsreaktion zu sehen, eine »Abstoßungsreaktion einer Kultur gegenüber einer anderen, und die Tendenz, beide als etwas Naturhaftes aufzufassen. (…). Natürlich haben die Opfer des Rassismus gegen die Schwarzen und die des Antisemitismus eine ganz unterschiedliche Geschichte hinter sich und weisen eine ganz andere Stufe der Homogenität und der inneren Geschlossenheit auf. Um noch zu bekräftigen, dass sie der Gesellschaft, die sie jahrhundertelang deportiert und unterdrückt hat und noch heute in mehrerer Hinsicht diskriminiert und demütigt, fremd gegenüberstehen, sind die Abkömmlinge der schwarzen Sklaven dazu geneigt, ihre Identität als ›Nation of Islam‹ neu zu definieren: sie greifen dabei auf eine Religion zurück, die zwar nicht die ihrer Vorfahren ist, die aber in jedem Fall der Gesellschaft der Weißen (Christen und Juden) fernsteht und in Wahrheit auf Bewegungen verweist, die sich im Kampf gegen den Westen befinden.«[59]

Vor allem aber wendet sich Losurdo in seinem Beitrag – und das ist im Zusammenhang mit dem institutionellen Rassismus von großer Bedeutung – gegen die Verteufelung des »islamischen Fundamentalismus« in der jüngeren Geschichte: »Besonders nach 1989 scheint das westliche Selbstbewusstsein keine

---

[55] Ebd., S. 12-13
[56] Ebd., S. 18
[57] Ebd., S. 14
[58] Ebd.
[59] Ebd., S. 15

Zweifel und keine Zwiespältigkeit mehr aufzuweisen, und es schreibt den Fundamentalismus immer und ausschließlich seinen Feinden zu oder all dem, was von Mal zu Mal dem heiligen und exklusiven Raum der Zivilisation gegenüber anders auftritt. Gerade diese manichäische Haltung ist allerdings eine der Voraussetzungen des Fundamentalismus.«[60] Diesen wichtigen Aspekt führt Losurdo in einem anderen Artikel näher aus, den ich im Zusammenhang dokumentieren möchte:

Domenico Losurdo
»Barbarei der Unsrigen« in der Geschichte der Moderne

»Während die Indianer dazu bestimmt sind, als platzraubender Ballast von der Erdoberfläche gedrückt zu werden, sind die Schwarzen nützliches Vieh und nur dann zum Tode verurteilt, wenn sie sich mit ihrer Versklavung nicht abfinden und gegen ihre Herren rebellieren. In diesem Fall muss die Exekution der Schuldigen als pädagogisches Exempel dienen wie 1811 bei der Unterdrückung einer Revolte schwarzer Sklaven in Louisiana: Ihre Köpfe wurden auf Pfähle gespießt, am Ort der Missetat ausgestellt.

Zu diesem Verfahren greift das Abendland besonders gerne gegenüber den arabischen und islamischen Völkern, die heute als Kopfabschneider par excellence gelten. Im Laufe seiner Ägypten-Expedition ›befahl Bonaparte‹ angesichts der Weigerung eines ägyptischen Notablen, den Invasoren einen beträchtlichen Teil seines reichen Erbes zu überlassen, ›ihm den Kopf abzuschlagen und diesen durch alle Straßen Kairos zu tragen mit dem Schild: ›So werden alle Verräter und Eidbrüchigen bestraft‹, und trotzdem scheiterte der Versuch, die Bevölkerung zu terrorisieren. An einem Ort kam es zu Aufständen (…) einige Stunden nach der Strafexpedition war auf dem Hauptplatz von Kairo das seltsame Schauspiel einer langen Reihe von mit Säcken beladenen Eseln zu sehen: Die Säcke wurden geöffnet und auf den Platz rollten die Köpfe der hingerichteten Männer des aufständischen Stammes.‹

Die Praxis des Kopfabschlagens und des Zurschaustellens der Köpfe zu pädagogisch-terroristischen Zwecken hört mit der Niederlage Napoleons nicht auf (…). 1890 bereist Joseph Conrad Afrika und den Kongo und sammelt dort die Informationen und Eindrücke, die dann in seine Romane ›Herz der Finsternis‹ und in die darin enthaltene Beschreibung der Schrecken der Kolonialexpansion und -herrschaft einfließen (…).

Die hier summarisch heraufbeschworene unselige Tradition wird auch während des Zweiten Weltkriegs spürbar. Während einerseits die Japaner die weiße und westliche Herrenrasse nachahmen und sich der schrecklichsten Verbrechen vor allem gegen die Chinesen und die Völker Ostasiens schuldig machen, werden sie andererseits von ihren Feinden, die den authenti-

---

[60] Ebd., S. 15

schen Westen zu verkörpern behaupten, für Barbaren gehalten und sogar Tieren gleichgestellt (...).

Kurz nach Ende des Krieges, im Februar 1946, gibt die US-Zeitschrift Atlantic Monthly zu: ›Wir haben kaltblütig auf die Gefangenen geschossen, die Krankenhäuser zerstört, die Rettungsboote mit MGs durchlöchert, die feindlichen Zivilisten getötet und misshandelt, die Verwundeten erledigt, die Sterbenden zusammen mit den Toten in die Grube geworfen, und im Pazifik haben wir die Schädel der Feinde gekocht und so das Fleisch entfernt, um damit Nippsachen für die Verlobten zu machen, oder wir haben aus den Knochen Brieföffner geschnitzt.‹«

Losurdo beschreibt, wie diese unselige Tradition auch nach Ende des Zweiten Weltkrieges keineswegs nachließ:

»Gewiss ist, dass die weiße Herrenrasse von ihren Gewohnheiten auch in Indochina Jahrzehnte nach dem Zusammenbruch des ›Dritten Reiches‹ nicht gelassen hat, (...) jedenfalls nach dem zu urteilen, was ein amerikanischer Dozent in einer amerikanischen Zeitschrift über einen CIA-Agenten berichtet, der in Laos ›in einem Haus gewohnt hat, das geschmückt war mit einem Kranz von Ohren, die toten (indonesischen) Kommunisten abgeschnitten worden waren‹. Die Köpfe und Körper der Barbaren verdienen nicht einmal nach dem Tode Respekt. Und in diesen Tagen hören wir aus Bagdad von einem Video, ›das eine lachende (US-)Patrouille zeigt, die mit dem Leichnam eines Irakers ihre Späße treibt, der in seinem Lieferwagen kalt gemacht wurde‹. Alle Umstände lassen vermuten, dass das Opfer irrtümlich ums Leben kam. Aber das tut der guten Laune der Besatzer keinen Abbruch (...). ›Laß ihn mit dem Händchen Tschüß sagen‹, meint sein Kumpan zu ihm. Und er nimmt die Hand des ›Toten für die letzte Entwürdigung‹. Doch weder diese Entwürdigung noch jene Schandtaten, die in Abu Ghuraib begangen wurden und weiterhin täglich im Irak begangen werden, hindern die Schuldigen daran, die Feinde, die sich das Imperium und die Herrenrassen auf ihrem Weg nach und nach machen, als ›Kopfabschneider‹ und ›Halsabschneider‹ abzustempeln.«[61]

Ähnliche barbarische Folterpraktiken westlicher Geheimdienste und Militärs sind auch aus Guantanamo[62] und andernorts bekannt geworden und umfangreich dokumentiert. Nach Ansicht zahlreicher Experten haben sie – ähnlich wie Tausende unbeteiligte Zivilisten, die durch US-Kampfdrohnen umgebracht wur-

---

[61] Domenico Losurdo, in: Junge Welt, 17./18.12.2005 – angesichts der momentanen Verharmlosung des IS als schlimmste »Terroristen« wegen ihrer barbarischen Verbrechen ein Hinweis darauf, dass derartige Barbarei auch dem »christlichen Abendland« nicht ganz fremd ist.

[62] Vgl. den Beitrag des Autors: Hans Eberhard Schultz: »Endstation Guantanamo. Gefangenschaft jenseits des Rechts«, in: Blätter für deutsche und internationale Politik, 4/2005

den, eine wichtige Rolle bei den barbarischen terroristischen Aktivitäten gespielt (siehe Michael Lüders, Anm. 83 auf S. 54), ohne sie damit rechtfertigen
oder auf die gleiche Stufe stellen zu wollen. Es wäre aber falsch, derartige barbarische Morde bzw. Massenmorde als bloße Konsequenz und Ausgeburt des
»islamistischen Fundamentalismus« darzustellen.

Abschließend möchte ich hierzu aus der Einleitung zu dem von *Iman Attia*
herausgegebenen Standardwerk »Orient- und Islambilder – interdisziplinäre
Beiträge zu Orientalismus und antimuslimischen Rassismus« zitieren. Darin
werden die wichtigsten Aspekte des aktuellen wissenschaftlichen Forschungs-
standes zum antimuslimischen Rassismus bezogen auf Deutschland in verständ-
licher Form hervorragend zusammengefasst und insbesondere der hegemonia-
le Aspekt und die Fallstricke des eurozentristischen partiellen Universalismus
(im Sinne Wallersteins, siehe oben) betont.

»Kritischen Analysen zufolge hatte der Islam schon vor 9/11 den Kommunismus als politisches Schreckgespenst abgelöst. Ihm zufolge konnte das politische Feindbild Islam effektiv aktiviert werden, da es an eine andere, vor allem religiös und kulturell geprägte Tradition anknüpft. Die Selbstwahrnehmung
als christliches Abendland, die sich gegenwärtig in Wertediskussionen und politischen Entscheidungen niederschlägt, schließt an die zentrale Rolle von Religionen im Mittelalter an, die das Denken und Leben der Menschen prägte.
Auch damals wurden Muslime als ›das Andere‹, als Gegenpol zur urchristli-
chen Identität und Gemeinschaft definiert und diffamiert. Religiöse Abgrenzun-
gen gingen mit politischen einher und gipfelten in den Kreuzzügen.« Wie Attia ausführt, wurde das Feindbild später durch den aktuellen Bezug im Kontext
der osmanischen Kriege modifiziert. Seitdem wurde die Abgrenzung Europas
von seinen Nachbarn entlang politischer Kategorien definiert, auch wenn die
religiösen Zuordnungen im gesellschaftlichen Kontext weiterhin Bestand haben und wirkungsmächtig blieben und zur Legitimation politischer Entscheidungen jederzeit abgerufen werden konnten. Unpopuläre Entscheidungen, die
mit eigenen Interventionen einhergingen oder zum eigenen Nutzen eingerichtet
wurden, verlangten nach entlastenden Rechtfertigungen. Als Erklärungs- und
Unterscheidungsmerkmal konnte stets der Islam – erfolgreich – aktiviert werden.

Indem »Despotismus« oder »Fanatismus« aus dem eigenen normativen Ko-
ordinatensystem herausgelöst wurden, konnte die eigene Verantwortung und
Aggression geleugnet werden. Bei der Gelegenheit konnte das Eigene gleichzeitig als höherwertig bestätigt und gefeiert werden. Am Beispiel des »Oriental-
despoten« kann dies in einem kolonialistischen Kontext daher ebenso gezeigt
werden wie gegenseitig am Beispiel des »islamischen Terrorismus«. Nach wie
vor koexistiere das religiös definierte Gegenbild neben dem nationalen. Es ge-
winne heute jedoch wieder an Bedeutung und knüpft damit an die Rolle von

Religion an, die sie im Mittelalter hatte. Sowohl Religion als auch Nation würden heute wieder beide kulturalisiert und zu wesentlichen Bestandteilen der kulturellen Selbst- und Fremdbezeichnung verschmelzen. Derart definiert, diene Kultur als zentrale Analyse- und Erklärungskategorie für soziale, gesellschaftliche und politische Prozesse.[63]

Die Geflüchteten als Inbegriff der rechtlosen »Fremden«

Wie dargelegt knüpft Rassismus an der Ausgrenzung des »Fremden« an, an seiner Konstruktion zur Konstituierung des »Wir«. Deshalb gibt es in der modernen Gesellschaft einen untrennbaren Zusammenhang zwischen dem Konstrukt des Geflüchteten im Rahmen des institutionellen Rassismus, der sich vor allem im Rechts-Raum für Ausländer und Geflüchtete niederschlägt.

Vorab ist zu erinnern an die Ausführungen der jüdischen Philosophin *Hannah Arendt* in einem lange Zeit wenig beachteten Essay aus dem Jahr 1943, »Wir Flüchtlinge«, in dem sie zunächst die Geschichte, die aktuellen Entwicklungen der jüdischen Verfolgung, Vertreibung und Emigration vor dem Faschismus beschreibt und so zusammenfasst: »Offensichtlich will niemand wissen, dass die Tagesgeschichte eine neue Bewertung von Menschen geschaffen hat – Menschen, die von ihren Feinden in Konzentrationslager und von ihren Freunden ins Internierungslager gesteckt werden.« Anschließend folgen die warnenden Worte: »Doch ehe jemand den ersten Stein auf uns wirft, sollte er sich zuvor daran erinnern, dass wir als Juden keinerlei rechtlichen Status in dieser Welt besitzen. Wenn wir damit anfingen, die Wahrheit zu sagen, nämlich dass wir nichts als Juden sind, dann würden wir uns dem Schicksal bloßen Menschseins aussetzen; wir wären dann von keinem spezifischen Gesetz und keiner politischen Konvention geschützt, nichts weiter als menschliche Wesen.«[64]

Sie beschreibt mitfühlend und kritisch die Versuche der Juden und Jüdinnen, sich im Exil zu assimilieren und eine neue Identität zu schaffen, um dann über die wenigen Flüchtlinge zu schreiben, »die darauf bestehen, die Wahrheit zu sagen, auch wenn sie anstößig ist: Die Geschichte ist für sie kein Buch mit sieben Siegeln und Politik kein Privileg der Nichtjuden mehr. Sie wissen, dass unmittelbar nach der Ächtung des jüdischen Volkes die meisten europäischen Nationen für vogelfrei erklärt wurden. Die von einem Land ins andere vertriebenen Flüchtlinge repräsentieren die Avantgarde ihrer Völker – wenn sie ihre Identität aufrechterhalten. Zum ersten Mal gibt es keine separate jüdische Geschichte mehr; sie ist verknüpft mit der Geschichte aller anderen Nationen.»*Und die Gemeinschaft der europäischen Völker zerbrach, als – und*

---

[63] Siehe Iman Attia: »Orient- und Islambilder«, Münster 2007, S. 9
[64] Hannah Arendt: »Wir Flüchtlinge«, Stuttgart 2016, S. 12

weil – sie den Ausschluss und die Verfolgung seines schwächsten Mitglieds zuließ.«[65] (Hervorhebung d.A.)

Diese mahnenden Worte sind angesichts der sich wieder zuspitzenden Ausgrenzung anderer Minderheiten und Geflüchteter in Europa hochaktuell und es ist sicher kein Zufall, dass der gegenwärtige Prozess des Auseinanderbrechens der EU an den Problemen der Behandlung dieser Minderheiten manifest wird. In ihrer Studie »Elemente und Ursprünge totaler Herrschaft« hat Arendt den fehlenden Rechtsstatus der (jüdischen) Flüchtlinge so zusammengefasst: »Dass es so etwas gibt wie ein Recht, Rechte zu haben – und dies ist gleichbedeutend damit, in einem Beziehungssystem zu leben, in dem man aufgrund von Handlungen und Meinungen beurteilt wird –, wissen wir erst, seitdem Millionen von Menschen aufgetaucht sind, die dieses Recht verloren haben und zufolge der neuen globalen Organisation der Welt nicht imstande sind, es wiederzugewinnen.«[66]

Günter Frankenberg erinnert in einem jüngst erschienenen Beitrag mit aktuellen Überlegungen zur Diskussion über die Normalisierung des Ausnahmezustandes an die »engen Verwandten« der Lager, die Kolonie und Plantage »als Brutstätten der Dehumanisierung und des unvorstellbaren Horrors« – das Recht zu töten steht normativ im Zentrum.[67] Er schreibt weiter: »Im Spiegel des Rassenwahns der Kolonialherren, Sklavenhalter und Lagerkommandanten erscheinen die Unterworfenen als Menschen zweiter Klasse, Wilde, Subalterne, kommen Tieren gleich, sind Unfreie. (…) Die Kolonie kombiniert Belagerungs- und Ausnahmezustand mit dem Rassenwahn der Kolonialherren.«[68]

Das von Hannah Arendt u.a. proklamierte *Recht, Rechte zu haben*, ist angesichts der weitgehenden Rechtlosigkeit ausgegrenzter Menschen im Rahmen des »Internationalen Krieges gegen den islamistischen Terrorismus« und in der Debatte um die sogenannte Flüchtlingskatastrophe also brandaktuell – im wahrsten Sinne des Wortes –, auch wenn im Grundgesetz mit der Einführung des unbeschränkten Grundrechts auf Asyl eine bitter notwendige Lehre gezogen werden sollte. Diese aber wurde nicht konsequent umgesetzt, sondern auf vielen Gebieten konterkariert. Eine der wichtigsten Ursachen dafür dürfte die personelle Kontinuität der Richterschaft in den Westzonen und der späteren Bundesrepublik sein.

Konzentrieren wir uns hier zunächst auf das Ausländer- und Asylrecht und die Institution Ausländerbehörde im vergangenen Jahrhundert nach 1945. Die-

---

[65] Ebd., S. 35f.

[66] Hannah Arendt: »Element und Ursprünge totaler Herrschaft. Antisemitismus, Imperialismus, Totalitarismus«, München 2001, S. 614

[67] Günter Frankenberg: »Im Ausnahmezustand«, in: Kritische Justiz, Heft 1/2017, S. 9f.

[68] Ebd., S. 10

ser Bereich erscheint geradezu prädestiniert für die institutionelle Ausgrenzung des »Fremden« als eine Art offizieller Hort des Institutionellen Rassismus.

Bereits im letzten Jahrhundert hatte der bekannte Experte im Ausländer- und Asylrecht, Rechtsanwalt Hans Heinz Heldmann, das Ausländerrecht als »obrigkeitsstaatliches polizeiliches Abwehrrecht« gegen unerwünschte Ausländer charakterisiert.[69] Dies gilt nicht nur für Institute wie Aufenthalts- und Ausweisungsrecht, Abschiebungshaft und vieles andere mehr, sondern auch die praktische Behandlung der Betroffenen.

In welcher Behörde sonst wäre es denkbar, dass die Betroffenen ungefragt geduzt und von völlig überfordertem Personal in jeder Hinsicht entwürdigend behandelt werden? Noch vor gut zehn Jahren war es in mehreren Städten üblich, dass die betroffenen Ausländer sich zur Nachtzeit zu Hunderten versammeln mussten, um am folgenden Vormittag überhaupt an die Reihe zu kommen, häufig nur um dann zu erfahren, dass ihr Fall noch nicht abschließend bearbeitet werden konnte und sie in ein paar Wochen oder Monaten wieder vorsprechen müssten – ähnliche Zustände wie sie 2015 nicht nur in Berlin wieder in den Aufnahmestellen für Geflüchtete (LaGeSo) bittere Realität wurden und zu massiver politischer Kritik, aber auch juristischen Konsequenzen geführt haben.[70] Oder wo wäre es möglich, dass Behördenmitarbeiter sich dazu »herablassen«, Menschen zu Hause aufzusuchen, sich Einlass in ihren Schlaf- und Badezimmern zu verschaffen und Betten und Bettdecken, Laken, Zahnputzbecher und Zahnbürsten zu zählen, um daraus auf angebliche »Scheinehen« schließen zu können – und dies auch noch stolz in Videobeiträgen für das öffentlich-rechtliche Fernsehen präsentieren, wie vor Jahren in Berlin geschehen, ohne dass es zu wirksamen öffentlichen Protesten gekommen wäre, bis diese rassistische Praxis aufgrund verschiedener höchstrichterlicher Entscheidungen endlich gestoppt werden konnte – nicht zuletzt aufgrund der Rechtsprechung des Europäischen Gerichtshofs für Menschenrechte zu dem Recht auf Achtung des Privat- und Familienlebens nach Artikel 8 der Europäischen Menschenrechtskonvention. Auf deren Grundlage sind eine Reihe von restriktiven, höchstrichterlichen Entscheidungen in Deutschland zu dem Komplex Überprüfung der »Scheinehe« ergangen.[71]

---

[69] H.H. Heldmann: »Ausländerrecht. Alphabetischer Wegweiser«, Köln 1980

[70] Vgl. auch die von RechtsanwältInnen im Dezember 2015 gestellte Strafanzeige gegen den Berliner Innensenator und den Leiter des LaGeSo, der sich auch der Autor angeschlossen hat.

[71] Vgl. die von Reinhard Marx angeführten Entscheidungen in seinem Standardwerk »Aufenthalts-, Asyl-, und Flüchtlingsrecht«, Handbuch, 5. Auflage, Baden-Baden 2015, § 6 Ehe und Familie, B. Nachzug zu Drittstaatsangehörigen Rn. 25ff.

Von offizieller Seite wurden die Praktiken und Zustände gerne als Ausdruck einer weit verbreiteten »Ausländerfeindlichkeit« oder »Fremdenfeindlichkeit« entschuldigt, die es leider auch noch in manchen Behörden gäbe. Ein völlig abwegiger Rechtfertigungsversuch – hatte doch niemand etwas gegen Ausländer allgemein, etwa gegen Ausländer aus den USA oder den westeuropäischen Staaten, die auch in den meisten Ausländerbehörden eigene Abteilungen haben, in denen sie unvergleichlich besser behandelt werden als die »Schwarzköpfe«, Menschen aus den südlichen Ländern und der Türkei, von Geflüchteten ganz zu schweigen. Vielmehr haben wir es hier mit rassistischen Einstellungen der weißen Mehrheitsgesellschaft zu tun, zu der eben auch Angehörige aus den angelsächsischen oder west- und nordeuropäischen Ländern gezählt werden können.

Damals wurde die Kritik an dem »polizeilichen Abwehrrecht gegen unerwünschte Ausländer« in der öffentlichen Debatte häufig mit einem Hinweis auf die angeblich höhere Kriminalität von »Asylanten« gekontert – zugespitzt in der Parole der Neonazis »Kriminelle Ausländer raus!« Inzwischen dürfte es sich bei allen, die sich ernsthaft damit beschäftigt haben, herumgesprochen haben: Diese Behauptungen sind wissenschaftlich völlig unhaltbar, eine Interpretation der Statistiken belegt das Gegenteil. Wenn nicht Äpfel mit Birnen verglichen werden sollen, heißt das zunächst, die »Kriminalität« junger männlicher Deutscher mit der von Asylbewerbern und anderen Ausländern zu vergleichen und weiter zu berücksichtigen, dass eine Reihe von Delikten mit einer großen Zahl von Delinquenten (wie etwa Verstöße gegen Vorschriften des Ausländerrechts, Residenzpflicht usw.) nur von Ausländern begangen werden können, und schließlich, dass nicht die (insoweit unzuverlässige) Polizeistatistik, sondern die Statistik von Strafverfahren zugrunde gelegt werden muss. Ist doch die Polizeistatistik wesentlich vom teilweise rassistisch motivierten Anzeigeverhalten verzerrt, weil gerade wegen des Alltagsrassismus Ausländer sehr viel häufiger in Verdacht geraten, angezeigt werden usw. und deshalb erst einmal strafrechtlich verfolgt werden, ohne dass tatsächliche Beweise vorliegen. Wird all dies berücksichtigt, ist die Kriminalität von »Asylanten« und anderen männlichen jugendlichen Ausländern erheblich geringer als die vergleichbarer Deutscher.

Trotzdem geistert diese Vorstellung immer noch durch die Republik, gestärkt von Massenmedien, die über Einzelfälle in großer Aufmachung negativ berichten und es immer noch für notwendig halten, die Staatsangehörigkeit bzw. die Migrationsgeschichte in Meldungen oder Berichten über mutmaßliche Straftäter ausdrücklich zu erwähnen, womit die Vorurteile weiter verstärkt werden.

Aber muss den Institutionen nicht die Beachtung des unbeschränkten Grundrechts auf Asyl nach Artikel 16 Grundgesetz zugutegehalten werden – zumindest bis zum sogenannten Asyl-Kompromiss der 1990er Jahre? Nach dem Buchstaben der vorläufigen Verfassung von 1949 ja, aber kritisch betrachtet war es schon bald nach seiner Verabschiedung zu einer ideologischen Waffe im »Kalten Krieg« geworden. In seinem Aufsatz »Politische Justiz im Asylrecht« hat der Kommentator des Asyl- und Ausländerrechts, *Reinhard Marx*, bereits 1982 in seiner Kritik an der Asylpraxis gegenüber Flüchtlingen aus der Türkei unter der damaligen Militärdiktatur ausgeführt, »dass das Recht der Bundesrepublik im Asylrecht bruchlos aus dem vom türkischen Staat gesetzten Recht abgeleitet und dies mit der ideologischen Klammer ›Rechtsordnungen der westlichen Staatsgewalt‹ (...) legitimiert wird. (...) Das Gewaltmonopol des Recht anwendenden Staates [wird] mit dem des verfolgenden Staates zur vollständigen Deckung gebracht«.[72] Er weist zudem auf die »imperialistische Funktion der ›fdGO- Formel‹« (freiheitlich demokratische Grundordnung – d.A.) hin und schreibt: »Dem auffälligen Verständnis für die Belange befreundeter Staaten entspricht eine moralische Verurteilung des politischen Gegners. So ist dem Bundesverwaltungsgericht der ›Unrechtsgehalt, den das kommunistische Regime einer Straftat beimißt‹, derart offenkundig, daß es eine dafür sprechende rechtliche Begründung für entbehrlich erachtet.«[73] Das effektive Rechtsschutzsystem wurde später dann speziell für Flüchtlinge systematisch abgeschafft (zunächst der bis dahin seit Jahrzehnten selbstverständliche dreistufige Instanzenzug nach einem zweistufigen Verwaltungsverfahren, später weitere »Beschleunigungs-« und Konzentrationsvorschriften).

Und es ist sicher nur die Spitze eines Eisberges, wenn ausgerechnet in der damals als »liberal« verschrienen Freien Hansestadt Bremen der für die Türkei zuständige Asyl-Richter in einer öffentlichen Diskussion erklärte, er würde ja angesichts der Zustände nach der Militärdiktatur in den 1980er Jahren gerne den Verfolgten Asyl gewähren, aber mehr als 90% der Betroffenen würden leider lügen. Über den darauf von mir gestellten Befangenheitsantrag in einem Asylverfahren mit der Türkei als Verfolgerstaat wurde nie entschieden, vielmehr ist diesem Richter ein halbes Jahr später im Rahmen des neuen Geschäftsverteilungsplanes die Zuständigkeit für Asylverfahren genommen wurden.

Über die faktische Abschaffung des Grundrechts auf Asyl durch den sogenannten Asyl-Kompromiss – Bade hat den Begriff »Migrationskompromiss« vorgeschlagen, weil er ihn für zutreffender hält[74] – durch die Einführung des neuen Artikel 16a des Grundgesetzes und die rassistischen Pogrome in Rostock und Hoyerswerda ist viel geschrieben worden, worauf verwiesen werden kann. Weniger bekannt aber dürfte sein, dass in den entsprechenden Sitzungen

---

[72] Reinhard Marx: »Politisches Asylrecht«, in: Informationsbrief Ausländerrecht 1982, Heft 6/1982, S. 238

[73] Zitiert nach »Informationsbrief Ausländerrecht«, Heft 6/1982, S. 238-241

[74] Vgl. Beiträge auf der Homepage von Prof. Dr. Klaus Jürgen Bade: kjbade.de/

der zuständigen Innenbehörden der Länder über die Auswahl der neu zu etablierenden Anlaufstellen für die Asylbewerber und die entsprechenden Unterkünfte nach der Wende der Vorschlag gemacht worden war, diese in den sozialen Brennpunkten der neuen Bundesländer anzusiedeln. Ein einziger Vertreter eines Bundeslandes, der damit nicht einverstanden war, hat daraufhin seinen Dienst dort quittiert und wieder seine Tätigkeit als Richter aufgenommen (wie er mir später am Rand eines Asylverfahrens anvertraute).

Auch deshalb ist der weit verbreitete Versuch abwegig, den in den 1990er Jahren zunehmend kritisierten Rassismus vorwiegend in den Zuständen der neuen Bundesländer zu verorten oder gar die Ursachen in einer Erblast der DDR zu suchen. Damit werden nicht nur die oben dargelegten wissenschaftlichen Erkenntnisse zur Bedeutung des Rassismusbegriffes in den westlichen Staaten ignoriert, sondern auch zwei wichtige Fakten unterschlagen: Auch im Westen gab es zur gleichen Zeit vergleichbare Anschläge (Wuppertal und Mölln) und die Anführer und Stichwortgeber der neonazistischen Hintermänner waren aus dem Westen»importiert« worden – ganz zu schweigen von meinen ersten anwaltlichen Befassungen mit rassistischen Anschlägen und Morden im Westen (vgl. Einleitung: Koblenz, später auch Hannover und Bremen). Diese wenigen Anmerkungen sollten genügen, um deutlich zu machen, dass die diskriminierende Ausgrenzung und politische Instrumentalisierung von Geflüchteten trotz der *unbeschränkten* Verheißung des Artikel 16 des Grundgesetzes,»politisch Verfolgte genießen Asylrecht«, die Banalität des Rassismus gleichsam auf ein anderes Niveau hebt.

Noch weniger im Bewusstsein der Öffentlichkeit als die erwähnten rassistischen Pogrome aber ist ein anderes Phänomen, das eng mit dem institutionellen Rassismus zusammenhängt: die schon im letzten Jahrhundert einsetzenden umfangreichen Restriktionen im Ausländerrecht und die Verfolgung von AusländerInnen und ihren Organisationen unter dem Vorwand der»Terrorismusverfolgung«, auf welchen die umfassende Fortsetzung und Fokussierung auf den»Islamismus« und den»islamistischen Terrorismus« nach den Anschlägen vom 11. September 2001 aufbauen konnte. Dies soll im Folgenden stichwortartig skizziert werden. Angesichts der oben aufgezeigten besonderen Rolle des Ausländer- und Asylrechts im Rahmen des institutionellen Rassismus ist es kein Wunder, dass schon kurz nach den Anschlägen vom 11. September 2001 die Konsequenzen gerade in diesem Rechtsbereich besonders gravierend waren.

3. »Terrorismusverfolgung« und Konstruktion des neuen Feindbildes Islam

Zunächst zwei notwendige Vorbemerkungen: Es gibt bisher keine verbindliche, allgemein anerkannte Definition des Begriffes »Terrorismus«. Daran scheiterte nicht nur der frühere Generalbundesanwalt, wie er freimütig zugab, sondern auch der UN-Ausschuss, der zu der Frage des Terrorismus eingerichtet wurde. Das ist auch kein Wunder, ist doch des einen »Terrorist« des anderen »Freiheitskämpfer« (wie der Friedensnobelpreisträger Nelson Mandela, der jahrzehntelang in der ganzen westlichen Welt als »Terrorist« verteufelt wurde, sagte).

Erst 1999 einigte sich der UN-Ausschuss und später die EU auf eine Umschreibung: danach soll es sich bei Aktionen, die darauf abzielen, den Tod oder schwere Verletzungen von Personen herbeizuführen, die nicht aktiv in bewaffnete Konflikte involviert sind, um damit die Öffentlichkeit, eine Regierung oder eine internationale Organisation aus politischen Gründen einzuschüchtern, um terroristische Akte handeln (Internationales Übereinkommen zur Bekämpfung der Finanzierung des Terrorismus, Art. 2 Abs. 1 lit. b).

Dies erscheint höchst problematisch, weil das auch auf andere Fälle, etwa die militärischen Interventionen von NATO oder anderen zutreffen dürfte, zumindest auf diejenigen, die sich nicht auf ein UN-Mandat stützen oder die massenweise Tötung von Zivilisten als »Kollateralschäden« in Kauf nehmen, was bekanntlich nicht nur im Jugoslawienkrieg häufig vorkam (siehe Teil 5).

Die Gefahren durch den *islamistischen Terrorismus* wurden – die Richtigkeit der pauschalen Zuschreibung einmal unterstellt – aufgebauscht und maßlos übertrieben. Ausgehend von den historisch-kritischen Betrachtungen beschränke ich mich an dieser Stelle zunächst auf zwei Hinweise:

a) So wurde 2011 über die Terroranschläge im vorangegangenen Jahr berichtet: von mehreren hundert Terroranschlägen in Europa im Jahr 2010 werden nur zwei »islamischen Terroristen« zugerechnet, während in Michigan/USA im vorangegangenen Jahr eine apokalyptische christliche Miliz (sog. Hutaree) vom FBI unterwandert und bei der Planung eines Bombenanschlages verhaftet wurde, die ein größeres Waffenarsenal besaß als alle seit dem 11. September 2001 verhafteten islamischen Terrorverdächtigen zusammengenommen.[75]

b) Die Zahl der Opfer von Anschlägen nicht staatlicher »terroristischer« Organisationen ist im internationalen Maßstab seit den 1970er Jahren bis heute sogar kontinuierlich zurückgegangen. Fast alle unabhängigen Beobachter sind sich inzwischen einig, dass die Sicherheit in den USA und Europa durch die Maßnahme des Anti-Terrorismus seit Ende 2001 nicht größer, sondern eher geringer

---

[75] Vgl. Lotta Suter, *der Freitag,* 28.7.2011

geworden ist – ganz zu schweigen von den Ländern, die im Rahmen des »Krieges gegen den internationalen Terrorismus« angegriffen und besetzt wurden.

Exkurs: »Antiterrorismus« made in USA – Terrorismusbekämpfung und Staatsterrorismus im 20. Jahrhundert

Der US-amerikanische Sachverständige Prof. Dr. *Edward Herman* hat die enge Zusammenarbeit der NATO-Geheimdienste und deren sorgfältige Vertuschung in der Öffentlichkeit jahrelang wissenschaftlich untersucht und ist in seinem Buch »The Terrorism-Industry« zu dem Ergebnis gekommen: »Die Terrorismus-Industrie wurde im Westen sehr stark benötigt, um die eigenen Aktivitäten und Verbrechen zu verhüllen; es ist erschreckend zu sehen, wie die westlichen Medien bei diesem schlimmen Unternehmen kooptiert wurden. Sie funktionieren als ein ›Transmissionsriemen‹ der Terrorismus-Industrie.«[76]

Der Journalist *Eckart Spoo* hat mit dem Sachverständigen und ehemaligen CIA-Agenten *Philip Agee* und anderen zusammen in dem Buch »Unheimlich zu Diensten – Medienmissbrauch durch Geheimdienste« zahlreiche Beispiele dafür veröffentlicht, wie die westeuropäische und deutsche Presse auf der gleichen Linie funktioniert, weshalb von ihr selten Aufklärung zu erwarten sei: Nicht nur, weil Journalisten für die bundesdeutschen Geheimdienste angeworben und von ihnen überwacht werden, sondern weil es auch eine Art freiwilliger Selbstzensur und massiven Druck gebe, Einzelfälle zu veröffentlichen und wie Geheimdienste mit systematischen Kampagnen usw. die öffentliche Meinung zu »machen«.[77]

Der Agent-Provokateur Peter Urbach aus Berlin

Der später enttarnte V-Mann und Agent des Berliner Verfassungsschutzes Peter Urbach hat bereits 1967 bei den Demonstrationen gegen den Springer-Verlag als Mitarbeiter des Verfassungsschutzes agiert. Unter anderem schaffte er Molotowcocktails heran, mit denen umgestürzte Springer-Lieferwagen in Brand gesetzt wurden. Zu seinem Rüstzeug gehörten weiter Schreckschusspistolen und großkalibrige Waffen, aber auch Drogen, Zeitzünderbomben, die beim Berlin-Besuch des amerikanischen Präsidenten Nixon 1969 an der Fahrtroute abgelegt, im jüdischen Gemeindehaus (1969) und beim Juristenball in Berlin (1970) deponiert wurden, jedoch nicht explodierten. Außerdem war er 1970 in die ersten Waffenbeschaffungsaktionen der gerade entstandenen Stadt-Gueril-

---

[76] Edward S. Herman & Gerry O'Sullivan: »The Terrorism-Industry«, New York 1989, S. 212

[77] Eckart Spoo u.a.: »Unheimlich zu Diensten. Medienmißbrauch durch Geheimdienste«, Göttingen 1986

la verwickelt. Der damalige Berliner SPD-Innensenator beurteilte dieses Verhalten seines Agenten später so:»Ich halte das in Anbetracht der Aufgabe, die Urbach zu erfüllen hatte, nicht für die Tätigkeit eines ›Agent-Provokateur‹.«[78] Zu erwähnen wäre in dem Zusammenhang auch der berüchtigte »Schmücker-Mordprozess«, in dem ein »Terrorist« wegen Totschlags verurteilt worden war, der BGH das Urteil aber aufhob und nach einer Neuauflage des Prozesses die erneute lebenslange Freiheitsstrafe wieder vom BGH aufgehoben wurde, sodass das Verfahren Westberlin Jahrzehnte in Atem hielt, bis herauskam, dass die Pistole, mit der die Todesschuss durchgeführt wurde, im Tresor des Westberliner Verfassungsschutzes lag.[79] Also musste das Verfahren sang- und klanglos ohne Verurteilung beendet werden.

Wenn heute über den NSU-Komplex und die möglichen Verwicklungen des Verfassungsschutzes in andere Skandale debattiert wird, werden diese historischen Fakten oft vergessen bzw. unterschlagen. Wer meint, das sei Vergangenheit, die inzwischen nicht mehr aktuell sei, dem ist entgegenzuhalten: Diese Serie nachweisbarer Verbrechen und rechtsstaatswidriger Aktivitäten westlicher Geheimdienste ist nie wirklich aufgearbeitet worden, geschweige denn ihre Ursachen analysiert und wirksame Maßnahmen zur Verhinderung in Angriff genommen worden.[80]

Allerdings sei auf eine verdienstvolle Dokumentation verwiesen, die unter dem Titel *»Mord-Report – Der Staatsterrorismus der USA vom US-Senat dokumentiert, von George W. Bush wieder legalisiert«* von der Zeitschrift »Ossietzky« neu herausgegeben wurde. Darin wird ausführlich der Inhalt, Hintergrund und die fehlenden Konsequenzen des einzigen Untersuchungsausschusses des US-amerikanischen Senats (Senatsausschuss zur Interventions- und Einmischungspolitik des US-Geheimdienstes im Ausland) aus dem Jahr 1975 dokumentiert. Zu Beginn wird aus der Rede des Leiters dieses Ausschusses, Senator Frank Church, zitiert, der darin auflistet, welche völkerrechtswidrigen Verbrechen in Lateinamerika, Afrika und Asien vom CIA begangen wurden.[81] Kritische Stimmen zum aktuellen »Anti-Terrorismus« behandle ich im Abschnitt über den »salafistischen Dschihad« in Teil 4 (S. 142-144).

---

[78] Rolf Gössner:»Das Anti-Terror-System«, Hamburg 1991, Seite 188f. Der Autor hatte bereits 1967 das zweifelhafte Vergnügen, diesen als »SDS- und Kommune-Aktivisten« kennenzulernen und einen seiner Agenteneinsätze zu verhindern, die bei seiner späteren Enttarnung eine Rolle spielten.

[79] Bernd Häusler:»Der unendliche Kronzeuge. Szenen aus dem Schmücker-Prozeß«, Westberlin 1987

[80] Siehe hierzu ausführlicher Hajo Funke:»Sicherheitsrisiko Verfassungsschutz. Staatsaffäre NSU: das V-Mann-Desaster und was daraus gelernt werden muss«, Hamburg 2018

[81] »Mord-Report«, in: *Ossietzky*, Berlin, Dezember 2001, S. 2f.

Diesen Exkurs möchte ich schließen mit dem Hinweis auf eine wissenschaftliche Analyse, die einen historischen Vergleich zwischen dem NS-Recht und dem heutigen »Anti-Terrorismus« zieht.

Giorgio Agamben u.a. haben in ihren Untersuchungen zum Verhältnis von Ausnahmezustand und Norm darauf hingewiesen, dass der »internationale Terrorist« im Sinne der Doktrin George W. Bushs vergleichbar ist mit dem nationalsozialistischen Rassebegriff. Ging es im Nationalsozialismus doch darum, alle »lebensunwerten Rassen«, die objektiv an keinerlei Kriterien sich feststellen ließen, sondern allein der virtuell zu jeder Zeit und an jedem Ort ihr Verdikt fällenden kompromisslosen Entscheidung des »Führers« unterlagen, »auszurotten« und von dieser Erde restlos zu »tilgen«. »Analog fordert nun Präsident Bush Befolgung und restlose Zerstörung der ›terroristischen Parasiten‹ bedingungslos von allen ›freiheitsliebenden Nationen‹ im Namen der Freiheit und Gerechtigkeit (bzw. des Rechts selbst) zu jeder Zeit und an jedem Ort der Welt.«[82] Auf Agamben und seine wissenschaftlichen Untersuchungen zum »Ausnahmezustand« wird später zurückzukommen sein.

Inzwischen gibt es auch vom ehemaligen US-Präsidenten Obama nach den Pariser Anschlägen vom Dezember 2015 vergleichbare Äußerungen. Leon Panetta, ehemaliger CIA-Chef und Verteidigungsminister von 2011 bis 2013, kommentierte den Beginn der amerikanischen Luftangriffe auf IS-Stellungen im Irak im August 2014 mit den Worten: »Ich denke, wir stehen vor einem neuen Dreißigjährigen Krieg«,[83] wie *Michael Lüders* berichtet und hinzufügt: »Im Klartext: Wir führen Krieg ohne zeitliche oder räumliche Begrenzung, wann und wo wir es für erforderlich halten (...). Der amerikanische Enthüllungsjournalist Glen Greenwald meint: ›Es ist mittlerweile nicht mehr vorstellbar, dass sich die USA nicht im Krieg befinden. Das wäre eine Sensation (...). Regierungsbeamte sagen es ganz offen: Der Begriff endloser Krieg ist keine rhetorische Floskel, sondern eine präzise Zustandsbeschreibung amerikanischer Außenpolitik. Warum, ist nicht schwer zu verstehen. Ein endloser Krieg rechtfertigt Geheimniskrämerei, den Machtzuwachs und die Aushöhlung von Bürgerrechten. Gleichzeitig werden Steuermittel in gewaltiger Höhe in die Homeland Security und die Waffenindustrie gesteckt.«[84]

---

[82] Nicolai Röschert: »Ausnahmezustand und Norm am Exempel der Politik der USA nach dem 11. September 2001«, Dissertation 2005, S. 11f.; vgl. auch die Thesen Agambens zum aktuellen Ausnahmezustand in Frankreich: Giorgio Agamben: »Vom Rechtsstaat zum Sicherheitsstaat«, in: Le Monde vom 23.12.2015. Siehe auch den Exkurs auf S. 210-213.

[83] Vgl. Michael Lüders: »Was westliche Politik im Orient anrichtet«, München 2015, S. 83

[84] Ebd.: S. 73f.

4. Die »Neujustierung von Freiheit und Sicherheit«

Sonderrechtssystem für »Terroristen« in der BRD

Das Phänomen einer Sonderjustiz mit speziellen Ermächtigungen entstand in Deutschland im »Kampf gegen den Terrorismus der RAF«. *Heinz Düx* hat diese Entwicklung in einem bemerkenswerten Aufsatz zusammengefasst: »Seit fast 25 Jahren findet in Deutschland ein systematischer Zersetzungsprozeß verfassungsrechtlich garantierter Freiheitsrechte statt (…). Beschleunigte Strafverfahren, um nicht zu sagen, Schnellverfahren am Fließband, weniger strenge Voraussetzungen für den Erlaß eines Haftbefehls, Vorbeugehaft, Kronzeugenregelung, Kontaktsperregesetz, die Zulässigkeit des Einsatzes verdeckter Ermittler und deren Verwertung im Strafprozeß ohne Zeugenaussagen, Beobachtende Fahndung, Rasterfahndung, Schleierfahndung, Anzeigepflicht der Banken über Kontenvorgänge, kleine und große Lauschangriffe und Telefonüberwachungen, Überwachung von Auslandsgesprächen, Dateien von Personen, die aufgrund ihrer ›Persönlichkeit‹ in Zukunft Straftaten begehen könnten, Ausweisung von Ausländern auf Verdacht hin, Isolationshaft. Hier handelt es sich nur um herausragende Instrumente, die es schon vor dem 11.09.2001 gab. Über diese Maßnahmen gibt es keinerlei Erfolgskontrolle vor dem Hintergrund ihrer behaupteten Effektivität. Bekannt ist, daß Deutschland mit 1,4 Millionen überwachten Telefongesprächen per anno (das heißt: 2001, d. Verf.) an der Spitze aller ›demokratischen Staaten‹ steht.«[85]

Das wesentliche Ziel der »Terroristenverfolgung« mit dem ausgedehnten Sonderrechtssystem war damit zunächst erreicht: Die Möglichkeit, neben den radikalen deutschen auch ausländische Organisationen, ihre Anhänger und Funktionäre als »Terroristen« zu verfolgen, zu kriminalisieren und zu diskriminieren, auch wenn ihnen selbst keinerlei Beteiligung an Gewalttaten vorgeworfen werden konnte (weil schon die Gründung einer »terroristischen Organisation« und deren Unterstützung durch bloße humanitäre Forderungen ausreichte), verbunden mit einem ausgefeilten Sonderrechtssystem und einer flächendeckenden Überwachung, Durchleuchtung und Kontrolle und dem vereinsrechtlichen Verbot und seiner Durchsetzung, Sonderhaftbedingungen in Hochsicherheitstrakten usw.

---

[85] Heinz Düx: »Globale Sicherheitsgesetze und weltweite Erosion von Grundrechten«, ZRP 2003, S. 189ff.

Der neue Anti-Terrorismus nach den Anschlägen vom 11. September 2001 in New York – die Entwicklung des antimuslimischen institutionellen Rassismus

Die weltweiten Debatten über den »Terrorismus« als Hauptgefahr für die Menschheit und über die Notwendigkeit, der »internationalen Allianz gegen den Terrorismus« beizutreten und der Bush-Administration »bedingungslose Solidarität« zu versprechen, schlugen bald auch auf die Gesetzgebung und Rechtsprechung der BRD durch. Die von der rot-grünen Regierung ausgehandelten Gesetzesvorhaben aufgrund von Otto Schilys »Anti-Terror-Paketen« (die Ende 2001 verabschiedet wurden und zum 1. Januar 2002 in Kraft traten) wurden von den Bürgerrechts- und Datenschutzorganisationen zu Recht als »Katastrophe« abgelehnt. 17 der wichtigsten Bürgerrechtsorganisationen sprachen von einer »Demontage des Rechtsstaats«. Selbst der Bund deutscher Kriminalbeamter stellt fest: »Mit den von Schily vorgesehenen Maßnahmen [wären] die Anschläge vom 11.09. niemals verhindert worden.«

Am rigidesten und auch zeitlich nicht befristet ist das Antiterrorismusgesetz im Ausländerbereich. Im Grunde tendieren nunmehr die Rechte von Ausländern in der Bundesrepublik Deutschland gefährlich gegen Null: Das gesamte Ausländergesetz und die Durchführungsverordnungen werden verschärft, die Möglichkeiten der Vereinsgründung für Ausländer beschränkt, das Ausweisungsrecht ausgedehnt, das Asylverfahrensrecht verschärft, das Ausländerzentralregistergesetz und die Ausländerdatenverordnung weiter ausgebaut (Dateien dürfen an ausländische Stellen weitergegeben werden, die Sicherheitsorgane dürfen den gesamten Datenbestand über Ausländer jederzeit und ohne Grund in einem automatisierten Verfahren abrufen.) Nach Düx werden damit zwei Klassen von Menschen gebildet.[86]

Ein weiterer Meilenstein in der Entwicklung war die Einführung eines neuen Straftatbestandes im Strafgesetzbuch, §129 b StGB gegen terroristische Auslandsvereinigungen: Sie wurde am 26.4.2002 beschlossen. Damit soll erstmals auch die »Bildung und Beteiligung an kriminellen und terroristischen Vereinigungen im Ausland« bestraft werden, während bisher zumindest eine selbständige Teilorganisation in der BRD festgestellt werden musste (s.o.), wird jetzt unter Berufung auf »gemeinsame Maßnahmen des EU-Rates« vom 21.12.1998 (!) eine uferlose Ausdehnung beabsichtigt. Die Verfolgung ausländischer Organisationen setzt neue grenzüberschreitende Tatermittlungen voraus.

Mit dem Zuwanderungsgesetz, das am 1. Januar 2005 in Kraft getreten ist, wurden die sicherheitspolitischen Maßnahmen massiv verschärft. Statt wie jahrelang angekündigt ein modernes Einwanderungsgesetz zu schaffen, wurde der Charakter eines »Fremden-Polizeirechts« vordemokratischen Gepräges in zen-

---

86 Heinz Düx, ebd. unter Bezugnahme auf Seiffert

tralen Bereichen ausgebaut. Sicherheitspolitischer Kern des neuen Gesetzes ist die Verschärfung des Ausweisungsrechts. Unter den verschiedenen neuen Ausweisungsgründen findet sich nun auch die Möglichkeit der Ausweisung terrorismusverdächtiger Ausländer. Auf diese neue Vorschrift wurde bereits nach kurzer Zeit eine Reihe von Ausweisungen gestützt. Zu dem neuen sicherheitspolitischen Arsenal gehört auch die Möglichkeit, sogenannte Hassprediger auszuweisen: Wer öffentlich z.b. terroristische Taten in einer Weise billigt oder für sie wirbt, die geeignet ist, die öffentliche Sicherheit oder Ordnung zu stören, kann künftig ausgewiesen werden (§55 AufenthaltG, siehe dazu die Fallbeschreibungen in Teil 3, S. 110-115).

Die »Neujustierung von Freiheit und Sicherheit« in Deutschland

Der frühere Generalbundesanwalt Nehm hat bereits ein Jahr nach den Anschlägen vom 11.9.2001 in einer Art nüchterner, pragmatischer Bestandsaufnahme den Unterschied des heutigen Terrorismus im Hinblick auf frühere Erfahrungen aus seiner Sicht analysiert und weitere Schlussfolgerungen gezogen. Er plädierte für eine verstärkte internationale Zusammenarbeit der Dienste, bei der die herkömmliche Aufgabenteilung in Innen und Außen aufgehoben werden müsse. Zwar führt er aus, dass an eine Vernetzung der einzelnen nationalen Dienste, wohl im Sinne eines Weltgeheimdienstes, nicht zu denken sei, damit ist aber diese Institution als Perspektive benannt, deren Existenz inzwischen nach den Enthüllungen von Edward Snowden u.a. im NSA-Komplex nicht mehr zu leugnen ist. Neben den Aktionen »im Vorfeld der Gefahrenvorsorge« bedauert Nehm, »wie sehr vermeintliche religiöse Toleranz und Fremdenfreundlichkeit sowie eine großzügige Duldungs- und Einbürgerungspraxis zu einer islamistisch-fundamentalistischen Subkultur in unserem Lande beigetragen haben.«[87]

Hinzu kam ein Gesetzesvorhaben, das ganz offen mit einem bisher fundamentalen Tabu bricht: Durch ein neues, im Juni 2004 verabschiedetes »Luftsicherheitsgesetz« sollten Vorkehrungen für den Fall getroffen werden, dass Flugzeuge als Instrument für terroristische Anschläge missbraucht werden. Nach §14 Abs. 1 des Gesetzes war auch »die unmittelbare Einwirkung mit Waffengewalt« auf Anordnung des Bundesverteidigungsministers »zulässig, wenn nach den Umständen davon auszugehen ist, dass das Luftfahrzeug gegen das Leben von Menschen eingesetzt werden soll, und sie das einzige Mittel zur Abwehr dieser gegenwärtigen Gefahr ist«. Die »unmittelbare Einwirkung mit Waffengewalt« bedeutet aber nichts anderes als den Abschuss des betreffenden Flugzeuges, wobei mit hoher Wahrscheinlichkeit alle Insassen ums Leben kommen. Eine solche gesetzliche Lizenz zum Töten Unschuldiger nach Maßgabe

---

[87] Kai Nehm: Neue Juristische Wochenschrift 2002, S. 2665

einer quantitativen, die Menschenwürde verletzenden Abwägung von Leben gegen Leben stellt ein makabres Novum in unserer Nachkriegs-Rechtsordnung dar. *Martin Kutscha* weist darauf hin, dass namhafte JuristInnen die Neuerung gleichwohl gebilligt haben.[88]

Das kommentierte der frühere Bundesinnenminister *Burkhard Hirsch*, als er später mit anderen eine Verfassungsbeschwerde gegen das Gesetz erhob, so: »(…) kein Rechtsstaat hat bisher gewagt, seiner Polizei oder seinen Soldaten zu erlauben, auf Verdacht hin die Opfer eines Verbrechens in wohlmeinender Absicht zu erschießen.«[89]

Als das Bundesverfassungsgericht im Februar 2006 daraufhin das Gesetz für null und nichtig erklärte und den Abschuss von Passagiermaschinen im Rahmen der polizeilichen Gefahrenabwehr ausdrücklich untersagte, währte das Entsetzen hierüber in der Großen Koalition nur kurz: Der neue Bundesinnenminister Schäuble erklärte in einer Aktuellen Stunde des Bundestages, er denke nicht daran, sich an die Vorgaben aus Karlsruhe zu halten. Der Weltsicherheitsrat hätte nach den Terroranschlägen vom 11.9.2001 gemäß Artikel 51 der UN Charta festgestellt, dass es sich um einen Angriff gegen die USA und einen Anschlag auf den Weltfrieden gehandelt habe. Am Tage danach habe die NATO mit Zustimmung der damaligen Bundesregierung ebenfalls beschlossen, »dass hier nach Artikel fünf des NATO-Vertrages ein bewaffneter Angriff gegen ein Land vorliegt«.[90] SPD-Innenexperten folgten dem und selbst die SPD-Justizministerin erklärte auf die Frage, ob ein Minister auf Milde vor Gericht hoffen könnte, der trotz des Verbots aus Karlsruhe ein von Terroristen gekapertes Flugzeug mit unbeteiligten Passagieren an Bord abschießen lässt:»Unsere Rechtsordnung berücksichtigt, dass sich ein Mensch in einem Gewissenskonflikt befinden kann und aus dieser Lage heraus gegen ein Gesetz verstößt.«[91]

Im Klartext: Die Justizministerin erteilt aufgrund eines vom Bundesverfassungsgericht für ungültig erklärten Gesetzes dem Innenminister für die gezielte Tötung von Unschuldigen schon im Voraus die Absolution. Eine so offene Missachtung der höchsten verfassungsrechtlichen Instanz, ein so schamloser Aufruf zum Verfassungsbruch erscheint auf den ersten Blick erstaunlich. Aber vielleicht enthält die Begründung für die Verfassungsbeschwerde durch den Strafrechtler und Rechtsphilosophen *Reinhard Merkel* einen wichtigen Hinweis zur Erklärung, schreibt er doch:»(…) gestattet sich der Staat nun unter bestimmten Be-

---

[88] Martin Kutscha:»Eine Lizenz zum Töten Unschuldiger«, in: Grundrechtereport 2005, Frankfurt a.M., S. 49ff.

[89] Burkhard Hirsch, in: *Ossietzky*, 2006, S. 51

[90] Vgl. junge Welt vom 21.2.2006, S. 5

[91] Frankfurter Rundschau v. 20.2.2006, S. 4

dingungen selbst eine Opferung von Menschenleben zu Gunsten Dritter, so exkludiert er die Betroffenen im Anwendungsfall aus der Sphäre des Rechts. Er entzieht ihnen den Status als Inhaber von Grundrechten.«[92] Die Entziehung des Status als Inhaber von Grundrechten für Unbeteiligte – wenn dies der Kern des Gesetzes war, das als zentrales Projekt der großen Antiterrorkoalition im Bundestag durchgesetzt wurde, dann muss die Verfassung eben notfalls zunächst einfach gebrochen und später »angepasst« werden, ja dann scheint das Verhältnis von Freiheit und Sicherheit längst »neu justiert« (s.o.) im Sinne eines autoritären Sicherheitsstaates, in dem selbst die bisher selbstverständlichen demokratischen Grundsätze der Französischen Revolution außer Kraft gesetzt werden sollen – der unbegrenzte »Krieg gegen den internationalen islamistischen Terrorismus« macht's möglich.[93]

Die Begründung für die Tötung Unbeteiligter unter Einschluss deutscher Staatsbürger gleichsam als »Kollateralschaden« in diesem unerklärten Krieg ist ein Musterbeispiel für die Funktionsweise des institutionellen Rassismus – auch wenn dieses Gesetz seinerzeit noch an der damaligen Entscheidung des Bundesverfassungsgerichts gescheitert ist, eine selbstkritische Überprüfung dieses beispiellosen offenen Tabubruchs durch die Bundesregierung und die Parteien der »großen Anti-Terror-Koalition« fand nicht statt. Der Ungeist seiner rassistischen Begründung wird also fortwirken und sich in neuen Formen des paramilitärischen Ausnahmezustandes weiterentwickeln.

Die Stoßrichtung gegen den Islam und »Islamismus« hatte der 2014 verstorbene Journalist *Peter Scholl-Latour* bereits 2004 in seinem Buch »Kampf dem Terror – Kampf dem Islam? Chronik eines unbegrenzten Krieges« ausführlich beschrieben und das in einem späteren Vorwort so zusammengefasst: »Der Kampf gegen den Terror ist längst zum Kampf gegen den revolutionären Islamismus geworden: Präsident George Bush hatte nach ›Nine Eleven‹ die weltweite Entfesselung mörderischer, unheimlicher Kräfte gegen die Gemeinde der ›Guten‹ angekündigt, eine self-fulfilling prophecy, der er mit der leichtfertigen Entfesselung des Irak-Konfliktes einen fruchtbaren Nährboden verschaffte.«[94]

Fester Bestandteil des »Krieges gegen den internationalen Terrorismus« sind besondere Orte, an denen die »Feinde« des Westens in vollkommener Rechtlosigkeit festgehalten werden. Das US-Gefangenenlager Guantanamo auf Kuba ist ein Musterbeispiel dafür und gleichzeitig für den vergeblichen Versuch, die-

---

[92] Reinhard Merkel, in: *Ossietzky*, 2001
[93] Heinz Düx: »Globale Sicherheitsgesetze und weltweite Erosion von Grundrechten«, Zeitschrift für Rechtspolitik 2003, S. 67
[94] Peter Scholl-Latour, »Kampf dem Terror – Kampf dem Islam? Chronik eines unbegrenzten Krieges«, Vorwort zur vierten Auflage, Berlin 2012, S. VII

se Rechtlosigkeit notdürftig zu kaschieren. Die Gefangenen sollten außerhalb der Reichweite der US-Verfassung interniert und gleichzeitig mit dem eigens unter George W. Bush entwickelten Konstrukt des »enemy combattant« – also, wörtlich übersetzt, des »feindlichen Kämpfers« belegt werden, freier übersetzt als irregulärer Kämpfer, rechtloser Kämpfer, gesetzloser Kämpfer, ungesetzlicher Kombattant und ähnliches gekennzeichnet werden. Diese Rechtsfigur gibt es nur in der US-amerikanischen Rechtsprechung und sie ist auch dort sehr umstritten – auch weil die Rechte eines Kriegsgefangenen nach dem Kriegsvölkerrecht vorenthalten werden, wie der Autor in einem Beitrag 2004 ausführlich dargelegt hat.[95]

So erklärte der britische Lord Richter Johan Steyn, einer der höchsten britischen Richter, das Lager sei ein Fall »äußerster Rechtlosigkeit« und ein »ungeheuerliches Versagen der Justiz«. Weiter heißt es: »Der Zweck, die Gefangenen in Guantanamo zu internieren, war und ist, sie in einem rechtsfreien Raum, jenseits des Schutzes aller Gerichte festzuhalten, der Gnade der Sieger zu überlassen (…). Die Frage ist, ob die Qualität der Rechtsprechung, die für die Gefangenen von Guantanamo vorgesehen ist, den internationalen Mindeststandards für ein faires Verfahren entspricht. Die Antwort darauf ist kurz: Ein klares Nein.« Sogar der britische Kronanwalt Michael Mansfield sah den zentralen Grundsatz abendländischen Rechtsverständnisses ignoriert: die Unschuldsvermutung.[96] Und gleichzeitig werden den Betroffenen nach diesem Konstrukt die Rechte von Kriegsgefangenen nach dem völkerrechtlich verbindlichen Kriegsvölkerrecht vorenthalten.

Der Rechtsanwalt, Menschenrechts- und Terrorismusexperte *Rolf Gössner* hat 2007 in einem Buch mit dem Titel »Menschenrechte in Zeiten des Terrors – Kollateralschäden an der ›Heimatfront‹« den Paradigmenwechsel im Menschenrechtsdiskurs untersucht, einen permanenten Ausnahmezustand durch politische Traumatisierung und unhaltbare Sicherheitsversprechen, den Anti-Terrorkampf auf Kosten der Bürgerrechte und die Entfesselung des Rechtsstaats durch eine »Sicherheitsarchitektur für den alltäglichen Ausnahmezustand«. Seine Prüfung der »Anti-Terrorspezialitäten«, d.h. die neue Kontrollinfrastruktur durch biometrische Ausweise und Abgleichverfahren, Sicherheitsüberprüfungen in lebens- und verteidigungswichtigen Betrieben, der Überwachungskosmos der modernen Telekommunikation und die Nachrüstung im Anti-Terrorsystem, kommt zu einem niederschmetternden Ergebnis. In einem weiteren Teil

---

[95] Eberhard Schultz: »Endstation Guantanamo – Rechtsfreier Raum im Kampf gegen den Terror«, in: Blätter für deutsche und internationale Politik, Nr. 5, 2004, S. 1ff.; siehe auch auf der Website des Autors www.Menschenrechtsanwalt.de.

[96] Ebd.

handelt er die Situation von »Migranten in Zeiten des Terrors« unter den Stichworten »unter Generalverdacht«, »Integrationsdialog als Frühwarnsystem?«, »Schuldvermutung per Computerausdruck«, »Gesinnungstest für Muslime«, die »Abschiebungsreise auf Vorrat« durch den Asylwiderruf als Anti-Terrormaßnahme und schließlich eine »Existenzvernichtung per Willkürakt« am Beispiel der EU-Terrorliste ab.

Auf die aktuellen Gesetzesverschärfungen 2015/2016 komme ich später zurück (vgl. Teil 5).

In der abschließenden Zusammenfassung unter der Überschrift »Terror und Gegenterror den Boden entziehen« schreibt Gössner: »In Zeiten, in denen Menschenrechte weltweit mehr und mehr als Hindernis auf dem Weg zur (vermeintlichen) Sicherheit begriffen werden, in Zeiten, in denen Menschenrechte missbraucht werden als Begründung für ›humanitäre Interventionen‹ – sprich für Menschenrechtsverletzungen im Namen der Menschenrechte – in solchen Zeiten sind friedens- und menschenrechtsorientierte Kräfte besonders gefordert, sich verstärkt zusammenzuschließen (…).«[97]

Fassen wir zusammen: Neu am globalen Anti-Terrorismus der »Nach-9/11-Ära« sind demnach eine Reihe von Merkmalen,[98] die sich thesenartig so zusammenfassen lassen:

a) Einzelne Personen und Gruppen werden außerhalb der Rechtsordnung gestellt; vor allem mutmaßlichen »Terroristen«, » bösen Moslems« werden nicht nur einzelne Rechte beschnitten, sondern die gesamte Person soll aus dem Rechtssystem verbannt werden: Guantanamo, Abu Ghraib und andere Orte signalisieren die Wiederkehr der mittelalterlichen Vogelfreiheit.

b) Diese Rechtlosigkeit bedeutet im »antiterroristischen Zeitalter« Verschleppung, Folter und Gefangenschaft, schlimmstenfalls gezielte Tötung bei entsprechender Verdachtsstufe,[99] die inzwischen durch den weit verbreiteten Einsatz von Drohnen in Pakistan, Afghanistan, dem Jemen u.a. auf Anordnung des Friedensnobelpreisträgers Obama – gleichsam als Ermittler, Polizist, Ankläger, Richter und Henker in einer Person – die Stufe des nichterklärten Aggressionskrieges unter Missachtung des Gewaltverbotes der UN-Charta und der Genfer Konventionen erreicht haben und schwere Kriegsverbrechen darstellen. Die angeblichen Terroristen sollen ansonsten nicht nur unschädlich gemacht, sondern

---

[97] Rolf Gössner: »Menschenrechte in Zeiten des Terrors«, Hamburg 2007, S. 252
[98] Vgl. dazu Heiner Busch und Norbert Pütter: »Staatsgewalt jenseits des Rechts«, in: Cilip 87 (2/2007), S. 3-8
[99] Wie bei dem gezielten Bombenanschlag (»targeted killing«) in Jemen mit einer Drohne im Jahre 2003 (vergleiche den in Anm. 95 genannten Beitrag des Autors zum Thema »Guantanamo«).

zu Aussagen gezwungen werden über andere mutmaßliche Terroristen, Strukturen usw. Um eine gerichtliche Überprüfung dieser Maßnahmen zu verhindern, werden sie nach Guantanamo oder in Folterstaaten (Ägypten, Syrien, Marokko) verbracht (»rendition«, die inzwischen berüchtigte völkerrechtswidrige Überstellung der Betroffenen durch geheim gehaltene Flüge im Auftrag des CIA) oder in geheime Gefängnisse in den verschiedensten Ländern, ein Verfahren, wie es offenbar auch von Deutschland praktiziert wird. Dieser Zusammenhang wird auch an mehreren Fallbeispielen deutlich (siehe insbesondere Fall Mohammed Hajib; S. 111-115).

Militär, Geheimdienste, Staatsschutz, polizeiliche Spitzenkräfte rückten auf neuer Stufe zusammen und das im weltweiten Rahmen. »Nach dem 11.9.2001 entsteht unter US-amerikanischer Führung ein anti-terroristischer Archipel, der sich auf ein Netzwerk transnationaler Militär-Polizei-Geheimdienst-Kooperation stützt«[100] – was seit den Enthüllungen Edward Snowdens über die Totalüberwachung durch NSA & Co. nicht mehr ernsthaft zu bestreiten ist.[101]

Mit den sogenannten Terrorlisten der USA, der EU und der UN haben die führenden Staaten ein weiteres besonderes Sanktionssystem jenseits des Rechtsstaats geschaffen: Wer gelistet wird, muss nicht nur um seine Freiheit und körperliche Unversehrtheit fürchten, sondern auch um seine soziale und materielle Existenz. Öffentlich werden sie als Terroristen (bzw. als deren Helfer) gebrandmarkt; ihre Bewegungsfreiheit wird eingeschränkt; ggf. wird ihnen Asyl verweigert beziehungsweise ihr Asylrecht zurückgenommen, oder sie werden abgeschoben; das Vermögen wird eingefroren. Selbst wenn sie vor den zuständigen Gerichten Recht bekommen, riskieren sie wenige Monate später die erneute Listung, wie im Fall des von mir vertretenen Professor Sison.[102]

Erste Auswirkungen im Ausländer- und Asylrecht

Verfolgen wir die Auswirkungen der »Neujustierung von Freiheit und Sicherheit« zunächst in den Auswirkungen auf das Ausländer- und Asylrecht. Bereits im Grundrechte-Report des Jahres 2002 warnte *Marei Pelzer*, Referentin bei Pro Asyl, vor der »Sonderbehandlung von Ausländern durch das Terrorismusbekämpfungsgesetz« und schrieb unter anderem: »Diese neuen Regelungen im Ausländergesetz sind deswegen so bedenklich, weil sie noch mehr als

---

[100] H. Busch, siehe Anm. 98

[101] Vgl. dazu näher die von mir u.a. erstattete Strafanzeige gegen Geheimdienstagenten und die dafür Verantwortlichen in Regierung und Verwaltung im Auftrag der Internationalen Liga für Menschenrechte, des Chaos Computer Clubs und Digital Courage e.V. auf der Homepage des Autors: www.menschenrechtsanwalt.de

[102] Siehe der Fall *Prof. Sison*, dokumentiert auf www.menschenrechtsanwalt.de.

bisherige Vorschriften zur Willkür laden. Mit dem Topos der ›Gefährdung der freiheitlich demokratischen Grundordnung‹ wärmt Rot-Grün einen politischen Kampfbegriff aus Zeiten der Berufsverbote wieder auf. Die Verteidigung der FdGO hat schon immer zu Behördenwillkür und politischer Justiz eingeladen. Denn eine Gefährdung der FdGO wird mitunter dann schon verzeichnet, wenn die politischen Überzeugungen des Betroffenen nicht denen der offiziellen Regierungspolitik entsprechen. (…) Gar nicht mehr rechtsstaatlich fassbar ist der Ausweisungsgrund der Unterstützung einer Vereinigung, die den internationalen Terrorismus unterstützt. Wann unterstützt eine Vereinigung den – nicht näher definierten – internationalen Terrorismus? Und was reicht zur Unterstützung wiederum dieser Vereinigung? Reicht dazu schon die Teilnahme an einer Demonstration oder gar Sympathiebekundung im Freundeskreis?«[103] Pelzer kommt zu dem Schluss:»Mit dem Terrorismusbekämpfungsgesetz wurden viele Regelungen, die Ausländer diskriminieren, weiter verschärft. Die rassistische Stigmatisierung von Menschen ohne deutschen Pass hat so einen neuen Nährboden erhalten.«[104]

Zwölf Jahre später werden die Auswirkungen von *Martin Herrnkind* auf dem Gebiet der gruppenbezogenen (Sonder-)Erfassungen im deutschen Ausländerrecht so zusammengefasst:»Im deutschen Ausländerrecht finden sich diverse Beispiele für pauschale Erfassungen ganzer Gruppen. So dürfen gemäß § 16 Asylverfahrensgesetz nicht nur alle Asylbewerberinnen und Asylbewerber erkennungsdienstlichen Behandlungen unterzogen werden, gemäß Abs. 5 dürfen diese Daten zur allgemeinen Nutzung im AFIS – Automatisierten Fingerabdruckidentifizierungssystem – gespeichert werden. Bemerkenswert ist dabei vor allem, dass nicht nur ein Fingerabdruck abgenommen wird, der für die individuelle Unterscheidung im Asylverfahren ausreichen würde; vielmehr werden alle zehn Fingerabdrücke gespeichert. Demgemäß finde ›in der Praxis ein wechselseitiger Abgleich zwischen kriminalpolizeilichen und asylrechtlichen erkennungsdienstlichen Unterlagen statt‹ (…). Der eigentliche Zweck dieser Datenverarbeitung ist die Sicherung des Asylverfahrens. Doch für diese spezifische Bevölkerungsgruppe wird der Zweck auf die allgemeine Kriminalitätsbekämpfung ausgeweitet, Datenschutzrechtler sprechen von einer Zweckdurchbrechung. (…). Aber auch bei administrativen Strategien finden sich Beispiele für Datenerfassungen, die zum Teil ausschließlich an die von der Polizei zugeschriebene Kategorie Ethnie anknüpfen. So unterhielt die Bayerische Polizei eine Arbeitsdatei ›Lagebild‹, in der sie den ›Aufenthalt von Landfahrern‹ regis-

---

[103] Marei Pelzer:»Jeder Ausländer ein potenzieller Terrorist?«, in: Grundrechte-Report Juni 2002, Hamburg, S. 85ff.
[104] Ebd., S. 89

trierte. Mit einer Ausnahme waren im Zusammenhang mit der räumlichen Feststellung von Roma oder Sinti keine Sicherheitsstörungen dokumentiert. Gegenüber dem Datenschutzbeauftragten rechtfertigte sich die Polizeidirektion, die Speicherungen seien ›im Rahmen der vorbeugenden Bekämpfung von Straftaten insbesondere auf dem Einbruchssektor erforderlich‹. Der Datenschutzbeauftragte rügte die ›pauschale Speicherung einer ganzen Gruppe‹ als ungerechtfertigte Diskriminierung. (…) Mehrere Landespolizeien verwendeten in ihren Datensystemen und Formularen das Sondererfassungskriterium des sogenannten ›Zigeunernamen‹-Kürzels ›ZN‹; und beharrten auf ihrer Praxis trotz Aufforderungen durch Datenschutzdienststellen, die Systeme diskriminierungsfrei zu gestalten. Gleichermaßen fanden sich diese Einträge in den Personalien-Datensätzen des INPOL-Systems. Vorschläge für neutralere Bezeichnungen wie z.b. ›Genanntname – GN‹ lehnten die Polizeien lange Zeit mit dem Verweis ab, ›im Interesse einer effektiven Kriminalitätsbekämpfung‹ sei die Erfassung des ›Zigeunernamens‹ erforderlich. Nach Streichung der ›ZN‹-Kategorie wichen einige Polizeien auf verdeckte Kennungen mit dem gleichen Effekt aus.«[105]

Die praktische Umsetzung derartiger Vorgaben im Alltag sei mit einem Zitat des früheren Innensenators von Berlin, Ehrhart Körting, aus dem Jahre 2010 illustriert:»Wenn wir in der Nachbarschaft irgendetwas wahrnehmen, dass da plötzlich drei etwas seltsam aussehende Menschen eingezogen sind, (…) und die nur Arabisch oder eine Fremdsprache sprechen, die wir nicht verstehen, dann sollte man glaube ich schon mal gucken, dass man die Behörden unterrichtet, was da los ist.«[106] Auch derartige Aufrufe hatten ihre zwiespältige Vorgeschichte. Bereits 2007, zu Beginn der zweiten Islamkonferenz, wurde Körting häufig mit den Worten zitiert:»Die Zeit der Höflichkeiten ist vorbei.« Nun beginne»der Streit der Kulturen«,»klare Fronten« seien notwendig.[107]

Die Rolle der Geheimdienste bei der Vorverurteilung im Rahmen der Sondererfassung soll hier am Beispiel des Verfassungsschutzes beleuchtet werden; darauf wird dann in den dokumentierten Fällen Bezug genommen. Schon hier aber ist auf die besondere Bedeutung von Verfassungsschutz und Geheimdiensten als wichtigen Wegbereitern des Ausnahmezustandes hinzuweisen. *Tim Wihl* betont in seinen fundierten Untersuchungen über die Geschichte und Gegenwart des Ausnahmezustandes in Frankreich, dass klandestin wirkende Geheimdiens-

---

[105] Martin Herrnkind:»Filzen Sie die üblichen Verdächtigen! Oder Racial Profiling in Deutschland«, in: Polizei und Wissenschaft 03/2014, nachgedruckt in Materialheft zum 40. Strafverteidigertag 2016:»Bild und Selbstbild der Stadt ...«, S. 168f.

[106] www.morgenpost.de/berlin-aktuell/article104881620/Wachsame-Anspannung-in-Berlin-ohne-Hysterie.html

[107] Rolf Cantzen:»Der deutsche Wertekonsens und die Religion der anderen«, in: Iman Attia (Hrsg.):»Orient- und Islambilder«, Münster 2007, S. 267-279

te eine »Art permanenten Ausnahmezustand« begründen. Der offene Ausnahmezustand sei dagegen zeitlich begrenzt denkbar, ohne das Normbewusstsein der Öffentlichkeit zu sehr zu verstören; langfristig ist er »jedoch nur heimlich durchsetzbar; eben als ›Geheimdienst‹. Wer sich mit der effektiven Einigung des Ausnahmezustandes (…) befasst, sollte daher zu den Befugnissen der Geheimdienste nicht schweigen.«[108]

Zur Sonderrolle des Verfassungsschutzes

Ehrhart Körting entschuldigte sich zwei Tage später für die oben zitierte Stellungnahme und versicherte, es sei nicht gemeint gewesen, Leute zur Denunzierung von Moslems aufzufordern, vielmehr sei er über die allgemeine Sicherheit besorgt; er betonte aber, auch Moslems seien aufgefordert, die Sicherheitsdienste sofort zu informieren, »falls sie eine verdächtige Konversation in einer Moschee mitbekommen«.[109] Am selben Tag fand ein Anschlag auf die bekannte Moschee in Berlin-Neukölln statt – der vierte innerhalb eines halben Jahres. Auf diesen Zusammenhang weist Anna-Esther Younes hin und betont, dass der Verfassungsschutz in Deutschland nicht, wie es andere ausländische Geheimdienste tun, jahrelang geheime Informationen sammelt, bis die kriminelle Schuld »gesichert« ist bzw. bevor die beschuldigte Gruppe oder Person vor Gericht kommt; vielmehr sammle der deutsche Verfassungsschutz stattdessen Material in einer dubiosen Weise zwecks Veröffentlichung, sodass die Genannten sozial stigmatisiert werden.[110] Innerhalb der politisch-rechtlichen Grauzone von Verdacht und öffentlicher Anprangerung nehme der Geheimdienst teil an der Konstruktion von Unterschied und Abweichung von ethnischen Minoritäten und transportiere so »die Botschaft rassistischer Glaubenssysteme in die Materialität von Sicherheitspolitik«.[111]

Neben dem Beobachtungsauftrag habe der Verfassungsschutz, wie es Claudia Schmidt, Vorsitzende der Abteilung des Bundesverfassungsschutzes, formuliert hat, auch die Aufgabe, »über extremistische Bestrebungen gesellschaftlich aufzuklären. Im Rahmen dieser präventiven Funktion bedeutet dies, sich an politischen und gesellschaftlichen Diskursen über sämtliche Formen des poli-

---

[108] Tim Wihl: »Der Ausnahmezustand in Frankreich«, *Kritische Justiz*, Heft 1/2017, S. 68-79

[109] »Körting bedauert diskriminierende Terror-Äußerungen«, Die Welt online vom 19.11.2010, www.welt.de/politik/deutschland/article11050786/Koerting-bedauert-diskriminierende-Terror-Aeusserungen.html

[110] Vgl. den wissenschaftlichen Beitrag von Anna-Esther Younes: »A Chronicle of a Disappearance: Mapping the Figure of the Muslim in Berlins Verfassungsschutz Reports (2002-2009)«, Islamophobia Studies Journal, Volume 2, No. 2, Fall 2014, PP. 114-142, S. 119

[111] Ebd., S. 119

tischen Extremismus nicht nur zu beteiligen, *sondern diese aktiv mitzugestalten.*«[112] (Hervorhebungen d.A.)

Die Mitgestaltung des Verfassungsschutzes bei den gesellschaftlichen Diskursen äußert sich nach Younes unter anderem darin, welche Verbände, religiösen Strömungen oder Personen überhaupt in die Verfassungsschutzberichte des Bundesamtes und der Landesämter für Verfassungsschutz eingeführt werden, und wie sich dabei die »Bedrohung« durch »Verfassungsfeinde« manipulieren lässt. Dies lässt sich gut am Beispiel von Milli Görüs zeigen, einer Organisation, die auf circa 30.000 Menschen geschätzt wird. *Werner Schiffhauer* hat wiederholt zu Recht darauf hingewiesen, dass diese immer noch im Verfassungsschutzbericht als potenzielle radikale Islamisten geführt werden, obwohl sie von diversen Landesämtern gar nicht mehr beobachtet werden. Dadurch wird die Zahl der angeblich radikalen Islamisten um das Zehnfache erhöht, also die gefühlte Bedrohung ganz erheblich vergrößert. Diese Tendenz zum Aufbauschen einer Gefahr, der Gefahr von »Straffälligen aus Sicherheit«, lässt sich an dem stetig wachsenden Umfang der Beschreibung des »Ausländerextremismus« bzw. des »Islamismus« seit den Verfassungsschutzberichten von 2002 ablesen.

Wie oben erwähnt wurde bei der Wiedereinführung der Demokratie in Westdeutschland und West-Berlin nach dem Zweiten Weltkrieg zwar der »Hitler-Faschismus« (Nationalsozialismus) und seine Form des völkischen Rassismus offiziell geächtet, es gab aber in wichtigen Bereichen wie Polizei, Geheimdiensten und Justiz historische und personelle Kontinuitäten, die hier nicht im Einzelnen nachgezeichnet werden sollen, da sie wiederholt umfangreich dokumentiert und analysiert wurden.

Nach 1945 gab es insbesondere bei Medizinern und Richtern ungebrochene Karrieren: In den Oberlandesgerichts-Bezirken lag die Kontinuitätsquote 1953 im Mittel deutlich über 50%; beim Bundesgerichtshof war die Quote mit 73% noch höher. Das Bundesverfassungsgericht hatte lediglich eine Quote von 4,8%; gut zehn Jahre später, 1964, stand der Bundesgerichtshof an der Spitze mit einer Quote von immer noch 70% ehemaligen SS- und NSDAP-Mitgliedern und auch beim Bundesverfassungsgericht lag die Quote nun bei 40%. Bekanntlich hat es die bundesdeutsche Justiz nicht geschafft, auch nur einen der NS-Blutrichter wegen ihrer skrupellosen Mordhetze und rassistischen Tötungsbefehlen im Gewand von Urteilen »im Namen des Volkes!« wegen eines Tötungsdelikts oder auch nur Rechtsbeugung zur Verantwortung zu ziehen.

Ingo Müllers Standardwerk »Furchtbare Juristen« über die NS-Justiz und deren Nachwirkungen hat bereits bei seinem Ersterscheinen in den 1980er Jahren

---

[112] Claudia Schmidt: »Islamismus aus der Sicht des Verfassungsschutzes«, in: Islamismus – Diskussion eines vielschichtigen Problems, Studienreihe im »Fokus«, Berlin 2005, S. 8

deutlich gemacht: Die in weiten Teilen ungebrochene Tradition der Richter und ihrer Rechtsprechung ergab sich vor allem aus zwei Faktoren: zum einen den Strukturen eines als»konservativ« geltenden Berufsstandes von Juristen, denen Staatsgewalt mehr bedeutete als das Recht. Ein Berufsstand, der nicht nur bereit war, die Gewaltenteilung zwischen Gesetzgeber, Exekutive und Judikative zu kassieren, sondern darüber hinaus den politischen Willen des Hitlerregimes durchzusetzen, und dem es fremd war, demokratisch gesetzte Grundnormen in möglichst enger Auslegung zu befolgen. Zum anderen verweist Müller auf die Rolle der westlichen Alliierten, vor allem der USA, im beginnenden Kalten Krieg gegen die Sowjetunion: Deren Interesse an einem stabilen westdeutschen Staat bewog sie, es der konservativen Regierung Konrad Adenauers zu ermöglichen, sogar schwer belastete Juristen wieder einzustellen, die damit in ihrem falschen Selbstverständnis bestärkt wurden, ohnehin stets das Richtige getan zu haben.[113] Eine ähnliche Haltung dürfte auch der, von vielen Autoren inzwischen kritisierten, uferlosen Kommunistenverfolgung in der BRD durch Ermittlungsbehörden und Justiz der 1950er und -60er Jahre zugrunde liegen.

Diese Erkenntnisse sind erst kürzlich bestätigt worden durch die umfangreiche wissenschaftliche Studie im Auftrag des Bundesjustizministeriums»Die Akte Rosenburg«.[114] Die Autoren seien wohl völlig entsetzt gewesen, als sie feststellen mussten, dass im Justizministerium mehr (ehemalige) organisierte Nazis arbeiteten als im Reichsjustizministerium unter Hitler; diese hätten maßgeblich zu dem»Verharmlosungs-und Vertuschungskartell« in der Nachkriegszeit beigetragen, so Ingo Müller in einem Vortrag auf dem Strafverteidigertag in Bremen am 25. März 2017.

Dass die Tendenz, demokratische Rechtsnormen im Sinne eines autoritären Sicherheitsstaates gegenüber den als»Feinden« wahrgenommenen»Islamisten« abzubauen, auch in der aktuellen Rechtsprechung und Verwaltungspraxis gegenüber»Islamisten« fortwirkt, wird in der kritischen Dokumentation meiner Fälle genauer analysiert. Die aufgezeigten personellen Kontinuitäten erklären zumindest zum Teil, weshalb die Entschädigung insbesondere der verfolgten Sinti und Roma und der Zwangsarbeiter in vielen Fällen ausblieb.[115]

Die fatalen personellen und strukturellen Kontinuitäten bei den Geheimdiensten, insbesondere dem Bundesamt für Verfassungsschutz, haben *Stefan Aust* und

---

[113] Ingo Müller:»Furchtbare Juristen. Die unbewältigte Vergangenheit der deutschen Justiz«, Berlin 2014

[114] www.bmjv.de/SharedDocs/Publikationen/DE/Akte_Rosenburg.odf?_blob=publicationFile&v=17

[115] Vgl. die Untersuchung von Erika Schumann 2013 sowie Andreas Kemper:»Sarrazins Correctness«, Münster 2014, S. 117ff.

Dieter Laabs noch einmal zusammenfassend dargestellt, um die »Pannen« und »Versäumnisse« der Geheimdienste im Zusammenhang mit der »NSU-Affäre« in einen historischen Zusammenhang zu stellen.

Die Probleme des Bundesamtes für Verfassungsschutz (BfV) in den 1950er Jahren, insbesondere nach dem »Überlaufen« seines ersten Präsidenten nach Ost-Berlin (der erklärt hatte, »deshalb sind in der Bundesrepublik die wildesten Nazis und Militaristen wieder hoffähig gemacht worden«) unter dem neuen Präsidenten Hubert Schrübbers fassen sie in ihrem umfangreichen Kompendium »Heimatschutz« im Zusammenhang mit der damaligen Vorgeschichte so zusammen: »Obwohl das BfV immer mehr im Chaos versinkt, ist die CIA von einer Sache beeindruckt: selbst aktuell haben das BfV und das LfV einen Stall von Doppelagenten, die sowohl die links- als auch die rechtsextremistische Bewegung auf eine beeindruckende Art und Weise penetriert haben – diese Erfolge wurden nicht wegen, sondern trotz der früheren und aktuellen BfV-Probleme erzielt. In den 1970er-Jahren war es in verschiedenen westdeutschen Verfassungsschutzämtern immer wieder gelungen, die rechte Terrorszene zu unterwandern, ohne jedes Attentat stoppen zu können oder stoppen zu wollen. Im neuen Jahrzehnt jedoch, so scheint es, entgleitet dem Amt offenbar trotz exzellenter Zugänge von einst die Kontrolle.«[116]

Bekanntlich gab es auch in den folgenden Jahrzehnten eine Reihe von »Skandalen«, in die Geheimdienste verwickelt waren.[117] Die bis zum Redaktionsschluss anhaltenden immer neuen Enthüllungen über die Verwicklungen der Geheimdienste in terroristische Aktivitäten des NSU und die Verhinderung der Aufdeckung von deren Aktivitäten bestätigen also das, was die Kollegin Rechtsanwältin *Gabriele Heinicke* bereits auf einer Konferenz der Rosa-Luxemburg-Stiftung zum zweiten Jahrestag der NSU-Morde festgestellt hat: Es gebe bis heute keinen Anlass zu glauben, dass eine Organisation, die von Nazis aufgebaut wurde, gegen Nazis vorgehe.[118] Dieser Hinweis verdeutlicht: Wie der zunächst vorwiegend antisemitische, neuerdings antimuslimische Rassismus der Mehrheitsgesellschaft steht also auch der institutionelle Rassismus historisch in dieser dunklen, um nicht zu sagen« braunen Tradition.

Eine genauere Analyse dieses noch nicht umfassend aufgearbeiteten Vorgangs wird zudem zeigen – davon bin ich überzeugt –, dass wir es beim NSU nicht nur mit einem rechtsterroristischen Trio und dessen Unterstützern am

---

[116] Stefan Aust und Dieter Laabs: »Heimatschutz. Der Staat und die Mordserie des NSU«, München 2014, S. 87

[117] Vgl. dazu den von Eckart Spoo herausgegebenen Sammelband »Unheimlich zu Diensten«.

[118] Wiedergegeben in dem Bericht von Susanne Witt-Stahl in: Hintergrund 2/2013

rechten Rand zu tun haben, einem braunen Umfeld, in dem verborgen es jahrelang seine rassistisch motivierten Taten durchführen konnte. Vielmehr muss bei der Entstehung und dem jahrzehntelangen Wirken dieser rassistischen Mörderbande, die durch die staatlichen Ermittlungsbehörden zu keinem Zeitpunkt behindert wurde, der »tiefe Staat« in einem Umfang involviert gewesen sein, der bisher kaum denkbar schien, auch wenn es im »Gladio«-Komplex im Kalten Krieg schon Vergleichbares gegeben hat.

Wenn dieser NSU-Komplex aber mehr ist als »Staatsversagen« bei der Bekämpfung der rechtsterroristischen NSU, dann wird auch die Rolle des institutionellen Rassismus bei seiner Entstehung und der Verhinderung seiner Aufdeckung neu zu untersuchen sein.

Bisher scheint jeder Ansatz einer Kritik, die in diese Richtung weist, unerhört – vielmehr werden die bisherigen Untersuchungsergebnisse vor allem dazu genutzt, Sonntagsreden zu halten, gleichzeitig aber neben einigen kosmetischen Korrekturen die Geheimdienste zu koordinieren sowie personell, materiell und ideell gerade im Bereich »islamistischer Extremismus« erheblich aufzustocken, also im Kampf gegen den neuen Hauptfeind weiter aufzurüsten.

Im März 2006 erschien eine Broschüre des Bundesamtes für Verfassungsschutz unter dem Titel »Islamismus: Entstehung und aktuelle Erscheinungsformen«. Diese 40-seitige Broschüre enthält zunächst eine relativ ausführliche und sachliche Beschreibung des Islam als Religion, dann aber in einem Abschnitt unter der Überschrift »Der Islam als universelle Wahrheit« unzulässige Verallgemeinerungen, auf die dann die späteren Ausführungen aufbauen, in denen es heißt: »Muslime verstehen den Koran als das abschließende Wort Gottes an die Menschheit, das die ganze unverfälschte Wahrheit enthält (…). Diese Überzeugung, im Besitz der unverfälschten Wahrheit und daher anderen Religionen überlegen zu sein, findet ihren Niederschlag darin, dass Juden und Christen zwar grundsätzlich das Recht haben, im islamischen Staat zu leben und ihre Religion zu praktizieren, rechtlich aber der moslemischen Mehrheit gegenüber benachteiligt sind. Angehörige anderer Religionsgemeinschaften sowie Menschen ohne religiöses Bekenntnis (…) haben – wenigstens theoretisch – kein Existenzrecht im islamischen Staat.«[119]

Abgesehen von der unzulässigen Verallgemeinerung stellt sich die Frage, ob nach dieser Logik gegenüber dem Christentum und den christlichen Kirchen in vielen gesellschaftlichen Bereichen nicht auch argumentiert werden könnte: Christen sehen sich mit der Bibel als »Heiliger Schrift« im Besitz der unverfälschten Wahrheit und Überlegenheit.

---

[119] Bundesamte für Verfassungsschutz »Islamismus: Entstehung und aktuelle Erscheinungsformen«, Köln 2006, S. 9

Im darauf folgenden Abschnitt der Verfassungsschutzbroschüre werden aus-gerechnet die Jesiden als Gruppe beschrieben,»die aus dem Islam hervorgegan-gen« ist (S. 10), während es sich tatsächlich um eine uralte vorchristliche, vor-jüdische Religion handelt, nicht monotheistisch und ohne jeden Bezug zu Bibel oder Koran – also auch nicht gerade ein Beleg für besondere Wissenschaftlich-keit des Verfassungsschutzes. Bei der anschließenden Darstellung der Gewalt in der islamischen Welt wird natürlich kein Wort über die sozio-ökonomischen Ursachen verloren, über die Ausplünderung durch (ehemalige) Kolonialmäch-te, kapitalistische Konzerne usw., ebenso wenig über die exzessive Gewalt der westlichen Staaten in den Kolonien und Halbkolonien (s.o.). Stattdessen erfah-ren wir:»Die große Zahl der von Islamisten verübten Gewaltakte in islamischen Ländern richtet sich gegen die lokale Wirtschaft, insbesondere gegen die Tou-rismusbranche (…). Mit Terroraktionen in den USA und anderen nicht-mus-limischen Ländern verfolgt man mehrere Ziele: Sie richten sich zunächst ge-gen die Unterstützer der als ›islamisch‹ erachteten Regime, zu deren Sturz sich Islamisten berufen fühlen. Sie gelten aber vor allem der westlichen Kultur als Feindbild der islamistischen Ideologie (…). Besorgniserregend erscheint, dass die Inanspruchnahme des Islam als ›Rechtfertigung und Motivation für terro-ristische Gewalt von vielen Menschen in den islamischen Ländern ohne ver-nehmbaren Widerspruch hingenommen wird‹.«[120]

Tatsächlich ist das Gegenteil dieser unzulässigen Verallgemeinerung einer verschwindend kleinen Zahl von Moslems und Gruppierungen richtig, die sich mit terroristischen Akten auf den Koran berufen wollen. Der klare und deutli-che Widerspruch, die öffentliche Verurteilung der Aktivitäten durch alle füh-renden Rechtsgelehrten der islamischen Welt (eine unfehlbare Instanz, wie den Papst in der katholischen Kirche, gibt es bekanntlich im Islam nicht) wurde auf mehreren internationalen Konferenzen und öffentlich, gründlich und umfassend vollzogen und die Taten als unislamisch gekennzeichnet. Wenn dies hierzulan-de weitgehend unbekannt ist, so liegt es ausschließlich daran, dass in der hiesi-gen Politik und den Massenmedien ununterbrochen über terroristische Aktivi-täten und deren angebliche Hintergründe und Wurzeln im Islam berichtet wird und an diesem klaren Standpunkt offensichtlich kein besonderes Interesse be-steht. Bei der anschließenden Darstellung von aktuellen Erscheinungsformen des Islamismus in der Verfassungsschutz-Broschüre wird zumindest in einem Nebensatz erwähnt, dass»(…) die USA (…) anfänglich die Ausbildung von ›Mujahedin‹ u.a. in Pakistan gefördert hatten (…).«[121]

---

[120] Ebd., S. 11f.
[121] Ebd., S. 12

4. Die »Neujustierung von Freiheit und Sicherheit«

Nach einer ausführlichen Darstellung des Islamismus in Deutschland wird
der »Nutzung des Internets« als besondere islamistische Praxis ein eigener Abschnitt gewidmet, in dem es heißt, dass das Internet ein Propaganda- und Kom-
munikationsinstrument darstelle (wer hätte das gedacht!? Vgl. dazu auch die
Verwicklungen der Geheimdienste beim Aufbau derartiger Mobilisierungsplatt-
formen in der Falldokumentation), und »unter Islamisten ein Gemeinschafts-
gefühl zu erzeugen« beabsichtige und schließlich als »Mobilisierungsplattform
genutzt« werde.[122]

Im abschließenden Fazit wird eine »enge nationale und internationale Zusammenarbeit aller Sicherheitsbehörden« beschworen, da nur so »die grenz-
überschreitenden Strukturen von ›Mujahedin‹ und mit ihnen kooperierenden
regionalen Zusammenschlüssen gewaltbereiter Islamisten frühzeitig erkannt
und zerschlagen werden« könnten. Besonders aufschlussreich ist in diesem Zusammenhang die Betonung der Aufgabe einer Beobachtung auch »*der islamistischen* Gruppierungen in Deutschland, deren Anhänger nicht zu Gewaltanwen-
dung aufrufen beziehungsweise selbst keine Gewalt anwenden (…). Die Ziele
dieser Organisationen richten sich gegen die freiheitlich-demokratische Grundordnung unseres Landes. Mit dem von ihnen propagierten Ideal einer an Koran und Scharia ausgerichteten Gesellschaft und der beharrlichen Einforderung
von ›Freiräumen‹ für die Verwirklichung ihrer religiös-politischen Vorstellungen innerhalb der deutschen Rechtsordnung erzeugen sie zudem die Gefahr, einen Teil der in Deutschland lebenden Muslime in eine anti-pluralistische ›Bin-
nengesellschaft‹ einzuführen.«[123]

Abgesehen davon, dass die Gefahr einer solchen »anti-pluralistischen Binnen-
gesellschaft« auch für eine Reihe christlicher Strömungen gelten dürfte, führen
diese Ausführungen zwangsläufig zu einer self-fulfilling prophecy.

Was bei einer solchen Beobachtung herauskommt, haben wir nicht zuletzt
im Fall von Murat Kurnaz erlebt: Die Fortdauer seines jahrelangen Martyriums
im Straflager Guantanamo beruhte insbesondere auf Angaben des Bremer Verfassungsschutzes, wonach er wegen seiner Einbindung in islamistische Strukturen ein Sicherheitsrisiko darstelle – diese Einschätzungen beruhten nach dem
späten Eingeständnis des Verfassungsschutzes auf den Angaben einer »Quel-
le«, die man später »abgeschaltet« habe (so der Originalton in Geheimdienstkreisen), weil sie sich als »Lügenbaron« erwiesen habe (auch dies Originalton Verfassungsschutz). Überhaupt nur durch massiven öffentlichen Druck im
Rahmen des parlamentarischen Ausschusses aufgedeckt, zeigt der Fall, was bei
der »Beobachtung« gewaltloser islamischer Gruppen neben der schon genann-

---

[122] Ebd., S. 39
[123] Ebd., S. 40

ten Repression herauskommt: Die Verstärkung des Feindbildes Islam, weil die Folterungen, die jahrelange Inhaftierung ohne Prozess kombiniert mit den anderen Maßnahmen im Rahmen des unerklärten Krieges gegen den»islamistischen Terrorismus« als alternativlos hingestellt wurden; andererseits müssen derartige Räume von Perspektivlosigkeit und Torturen zwangsläufig zu Widerstand, Hass und Vergeltung in der islamischen Welt führen.[124]

Wie unzuverlässig Quellen des Verfassungsschutzes auch sonst sind und dass sie keineswegs den Anforderungen an gerichtsfeste Beweise entsprechen, darauf hat das Berliner Verwaltungsgericht im Zusammenhang mit einem Verfahren ausgeführt und bezüglich der Informationsbeschaffungspolitik des Bundesinnenministeriums ausdrücklich auf eine unzureichende bis hin zu falsch dargestellte Beweislage bei der Berichterstattung über»religiösen Extremismus« hingewiesen.[125] In ihrem verdienstvollen Buch»Antimuslimischer Rassismus – Auf Kreuzzug für das Abendland« schreibt *Inva Kuhn*:»Auch die in anderen Verfassungsschutzberichten angeführten geschätzten und gerundeten Angaben zu ›Islamismus und islamistischer Terrorismus‹ in Deutschland verweisen auf ein steigendes, nicht näher definiertes ›Islamismuspotential‹. Dabei handelt es sich offenbar um die Anzahl der geschätzten Personen, denen Bestrebungen gegen die ›freiheitlich demokratische Grundordnung‹ zugesprochen werden. Berichten kann entnommen werden, dass ein Großteil der Informationsgewinnung aus ›allgemein zugänglichen Quellen‹ erfolgte. Eine konkrete Benennung und Definition des verwendeten Materials wird nicht explizit erläutert. Obwohl exakte Informationsquellen nicht aufgeführt werden und nur ›*öffentlich zugängliches Material*‹ benutzt werde, gelten die Verfassungsschutzberichte für viele Medien als theoretische und empirische Grundlage. Die einseitige und verzerrte Darstellung von komplexen Zusammenhängen in etablierten gesellschaftlichen Diskursen über ›den Islam‹ hat wachsenden Einfluss auf das Leben von Muslimen und ›muslimisierten‹ Personen. Die Herstellung dominanter, pauschalisierender Bilder und Stereotype über den Islam und über Muslime widerspricht nicht zuletzt einem originär bürgerlichen Selbstverständnis, wonach die Zubilligung gleicher Rechte für alle Religionsgemeinschaften vorausgesetzt wird. (…)«[126]

Martin Herrnkind beschreibt in seinem Beitrag für die Arbeitsgruppe des Strafverteidigertages 2016 zum Thema»Strafverteidigung und Rassismus«

---

[124] Eberhard Schultz:»Das Feindbild Islam und der Demokratieabbau«, in: Nikolaus Brauns/Dimitri Tsalos (Hrsg.):»Naher und Mittlerer Osten. Krieg, Besatzung, Widerstand«, Bonn 2007, S. 103-105

[125] Inva Kuhn:»Antimuslimischer Rassismus. Auf Kreuzzug für das Abendland«, Köln 2015, S. 73

[126] Ebd.

zu einem weiteren Problemfeld der Geheimdienste, nämlich der Delegation (»Outsourcing«) der Verdachtsgenerierung u.a., wie die Polizei andere Behörden, Institutionen oder Firmen mit Verdachtskalendern versorgt. Dabei handle es sich um Merkblätter mit stichwortartig umschriebenen Faktoren. Treffen solche Faktoren auf bestimmte Kunden oder Klienten zu, soll dies Argwohn begründen. Ausländerbehörden erhielten bundesweit von der Polizei *Verdachtskalender* zur Erkennung islamistischer Gewalttäter. Diese Merkblätter enthalten verschiedene Kriterien wie Religion, Herkunftsstaat, Familienstand. Ferner geben sie eine Liste von Maßnahmen vor, die »im positiven Prüffall bzw. im Zweifelsfall zu veranlassen« seien. Dazu kann unter anderem die »Umgehende Benachrichtigung/Einbindung der zuständigen Polizeibehörde« gehören. Damit delegiert die Polizei den Prozess der Verdachtsschöpfung an andere Stellen, um von dort mit Datenmaterial versorgt zu werden oder direkten Kontakt zu Verdächtigen zu erlangen.[127]

Bemerkenswert erscheint nach Herrenkind in diesem Zusammenhang, dass die Polizei das Generieren eines Verdachts »outsourct«, obgleich es sich beim Profiling um eine typisch kriminalistische Kompetenz handelt. Andere Behörden als die Polizei sind in dieser Aufgabe weder qualifiziert noch erfahren. Somit vergrößert sich das Risiko stereotyper Verdachtsmuster.

Noch einen Schritt weiter ging der (damals noch) Bundesgrenzschutz in Brandenburg, Berlin und Sachsen. Er wandte sich nicht nur an andere öffentliche Behörden, sondern sogar an private Stellen. Insbesondere in den Grenzregionen zu Polen und Tschechien leitete er zahlreiche Ermittlungsverfahren gegen Taxifahrer ein. Im Landkreis Löbau-Zittau sahen sich allein 22 der insgesamt 73 registrierten Chauffeure im Beschuldigtenstatus. Sie hatten Migranten befördert, bei denen es sich – wie schließlich ermittelt – um illegale Einwanderer handelte. Wenngleich die Staatsanwaltschaft über die Hälfte aller Verfahren einstellte, erhielten diverse Taxifahrer später Haftstrafen ohne Bewährung, weil sie »billigend in Kauf genommen« hatten, als Schleuser tätig zu werden.

In einer Flugblattaktion wurden Taxifahrer nach Herrnkind ermahnt, »keine offensichtlich illegal eingereisten Personen« mitzunehmen. Im Zweifelsfall könnten sie durch den Anruf bei einer kostenfreien Servicenummer des Bundesgrenzschutzes ihre verdächtigen Gäste überprüfen lassen. In diesem Fall werde das Generieren des Verdachts nicht nur an eine andere öffentliche Behörde

127 Martin Herrnkind: »Filzen Sie die üblichen Verdächtigen!« oder »Racial Profiling in Deutschland«, in: Materialien zum 7. Strafverteidigertag 2016, Arbeitsgruppe 7 Strafverteidigung und Rassismus, S. 165ff.; unter Bezugnahme auf: jwww.bundespolizei. de/ DE/02Schutz-und-Vorbeugung/Online-Mitfahrzentralen/mitfahrzentralen node.html [16.3.2014]

delegiert, sondern an dafür gänzlich unqualifizierte Stellen. Unter dem Damoklesschwert der Freiheitsstrafe, dem Entzug der Fahrerlaubnis und damit der Vernichtung ihrer Existenzgrundlage mussten Taxifahrer anhand grober äußerlicher Merkmale zwischen dem »normalen« Fahrgast und mutmaßlich illegal Eingewanderten unterscheiden. Taxifahrer, die kein Risiko eingehen wollten, identifizierten »ausländisch« aussehende Personen grundsätzlich als verdächtig. Anhand mehrerer journalistischer Experimente, u.a. durch das Magazin »Panorama«, konnte die lebenspraktische Konsequenz offengelegt werden: »Wer nicht der typischen nordeuropäischen Erscheinung entsprach, wurde auch nicht mit dem Taxi befördert.«[128]

Dazu ein Beispiel, das belegt, wie weit auch die Arme ausländischer, insbesondere US-amerikanischer Geheimdienste, reichen.

In einem Strafverfahren vor dem Staatsschutzsenat des Oberlandesgerichts München hat die Verteidigung bereits im Jahre 2011 anhand der auf Druck der Verteidigung vorgelegten Akten aus den USA ausgeführt, dass eine von den Geheimdiensten als besonders gefährlich eingestufte dschihadistisch-salafistische Gruppierung im Internet, die deutsche GIMF, mit aktiver Hilfe und Unterstützung der Site Intelligence, einer aus dem FBI »ausgelagerten« Geheimdienstorganisation, entstanden ist und aufgebaut wurde. Konkret heißt es in dem ausführlich mit den Zitaten aus den Akten belegten Beweisantrag hierzu: »Festzuhalten ist, das für das Entstehen und das Fortbestehen eines ›deutschen Zweiges der GIMF‹ die Aktivität des tavhit201@yahoo.de ausschlaggebend gewesen ist. Ohne den von tavhit201@yahoo.de zur Verfügung gestellten Server, eine Festplatte von Rechnern in den Räumen der Site Intelligence Group vermutlich, und ohne die von tavhit201@yahoo.de gekaufte und konfigurierte Forumssoftware Bulletin mit unbeschränktem Zugang auf alle Abteilungen des Forums für Mitglieder der Site Intelligence Group hätte es einen ›deutschen Zweig‹ der GIMF niemals gegeben, und dieser Zweig hätte keinerlei Aktivitäten entfalten können.«[129]

Rechtlich handele es sich um eine sogenannte unzulässige Tatprovokation, die die Europäische Konvention für Menschenrechte wegen Verstoßes gegen den Grundsatz des fairen Verfahrens (gemäß Art. 6 Abs. 1 S.1 EMRK) verletzt. Anzumerken ist: Auch in dem 2015 erschienenen Buch »Der Dschihadist« von Irfan Peci, Johannes Gunst und Oliver Schröm wird die tatkräftige Unterstüt-

---

[128] Zit. nach Herrnkind, ebd.
[129] Schriftsatz RA Ahues vom 9.9.2011 in der Sache 6 St 008/10 (5)

zung durch einen US-Amerikaner detailliert beschrieben, auch wenn seine Steuerung durch US-amerikanische Geheimdienste nur selten offengelegt wird.[130] *Patrick Bahners*, der frühere Feuilletonchef der FAZ, hat die berechtigte Kritik an dem durch deutsche Sicherheitsbehörden etablierten »Islamismus-Feindbild« am Beispiel der islamischen Gemeinschaft Milli Görüs (IGMG) durch den selbsternannten Terrorexperten Kandel auf den Begriff gebracht, ohne damit diese Religionsgemeinschaft der Kritik in anderen Punkten entziehen zu wollen. »Die IGMG ist der Typus der Gruppen, deren Verzicht auf gewaltsame Missionsmethoden Johannes Kandel als ›taktisch‹ abtut. Er verteidigt den Ansatz vieler Verfassungsschutzämter, schon im ›dichotomischen‹ Denken und im Begriff von Religion als gottgefälliger Lebensführung einen Gegensatz zu demokratischen Werten zu sehen. Als gefährlich wird die Selbstabgrenzung von Frommen beschrieben, die durch strenge Einhaltung ihrer Gebote den Anstoß zur Bekehrung geben wollen – wie christliche Sekten zu allen Zeiten. Dass von solchen Zirkeln sich Fanatiker abspalten können, die dem Quietismus wieder abschwören, beschreibt eine Gefahr, deren Abwehr die Aufgabe von Staatspolizei und Zivilgesellschaft ist. Aber wenn der Verfassungsschutz dem Totalitären schon überall dort vorbeugen will, wo eine Botschaft Gottes an die ganze Welt und für das ganze Leben verkündet wird, verwandelt er sich in eine *unheilige Inquisition*.«[131] (Hervorhebung E.S.) Wir werden dieser »unheiligen Inquisition« in den dokumentierten Fällen an geeigneter Stelle nachgehen.

---

[130] Irfan Peci, Oliver Schröm, Johannes Gunst: »Der Dschihadist. Terror made in Germany. Bericht aus einer dunklen Welt«, München 2015
[131] Bahners, Patrick: »Die Panikmacher: Die deutsche Angst vor dem Islam«, München 2011. Ähnlich argumentiert auch Arno Widmann, Berliner Zeitung 30./31.7.2011

Teil 2
Die Verfolgung von »Hasspredigern«, »islamistischen Terroristen« und andere Fälle präventiven Verfassungsschutzes – Kritische Falldokumentationen

1. Beispiele institutionellen Rassismus der ersten Jahre nach den Anschlägen vom 11.9.2001

Die neue Gesetzeslage und die geradezu hysterische öffentliche Debatte schlug bald auf polizeiliche, verwaltungsrechtliche und strafrechtliche Maßnahmen durch, wie an neu eingeführten Instituten sowie einigen Fällen, an denen der Autor als Rechtsanwalt beteiligt war, verdeutlicht werden soll.

Die Rasterfahndung
Die Rasterfahndung ist seit ihrer Einführung von Bürger- und Menschenrechtsorganisationen kritisiert worden und war auch Gegenstand einer aufschlussreichen Entscheidung des Bundesverfassungsgerichts. *Sönke Hilbrans* untersucht in seinem Beitrag die »Grundlagen und Problematik der Rasterfahndung« und beschreibt, dass deren neueste Anwendungsgeschichte mit der Fahndung nach sogenannten Schläfern islamischer Terrorgruppen auf Basis der Polizeigesetze und in bundesweiter Koordination durch das Bundeskriminalamt (BKA) beginnt. Die Voraussetzungen seien scheinbar günstig gewesen, denn es existierte aufgrund in- und ausländischer, auch nachrichtendienstlicher Erkenntnisse ein gewisses Täterprofil. Eine Gefahr monströser Terroranschläge des Zuschnitts vom 11.9.2001 ließ zudem Verhältnismäßigkeitserwägungen zugunsten der Betroffenen als unbedeutend erscheinen.

So begannen die Polizeibehörden der Länder und das BKA nach einem entsprechenden Beschluss der Innenministerkonferenz vom 18.9.2001 in einer koordinierten Rasterfahndung auf polizeirechtlicher Grundlage vorzugehen. Das mehrstufige, zwischen Ländern und Bund aufgeteilte Verfahren ist auf eine Dauer von bis zu zwei Jahren angelegt; technische Plattform ist eine länderübergreifende Verbunddatei der Landeskriminalämter und des BKA.[132]

Das Bundesverfassungsgericht habe 2006 die Rechtswidrigkeit dieser Rasterfahndungen festgestellt, vor allem weil keine konkrete Gefahr vorgelegen habe. Weiterhin führte es aus: Die »Tatsache einer nach bestimmten Kriterien durch-

---

[132] Sönke Hilbrans: »Innere Sicherheit als Gefahr«, Berlin 2002, S. 268-278

geführten polizeilichen Rasterfahndung« könne »als solche – wenn sie bekannt wird – eine stigmatisierende Wirkung für diejenigen haben, die diese Kriterien erfüllen«. Das könne »insbesondere dann der Fall sein, wenn die Rasterfahndung (...) an die besonderen persönlichkeitsbezogenen Merkmale des Art. 3 Abs. 3 GG oder des Art. 140 GG in Verbindung mit Art. 136 Abs. 3 WRV anknüpft«. Für die Rasterfahndungen, die nach dem 11. September 2001 durchgeführt wurden, falle »im Hinblick auf deren Eingriffsintensität ins Gewicht, dass sie sich gegen Ausländer bestimmter Herkunft und muslimischen Glaubens richten, womit stets auch das Risiko verbunden ist, Vorurteile zu reproduzieren und diese Bevölkerungsgruppen in der öffentlichen Wahrnehmung zu stigmatisieren« (...). »Insbesondere die kaum vermeidbaren Nebeneffekte einer nach der Zugehörigkeit zu einer Religion differenzierenden und alle Angehörigen dieser Religion pauschal erfassenden Rasterfahndung erhöhen das Gewicht der mit ihr verbundenen Grundrechtseingriffe und damit die von Verfassungswegen an ihre Rechtfertigung zu stellenden Anforderungen.« (BVerfG, 1 BvR 518/02 vom 4.4.2006, Absatz-Nr. 111-112)

Deutlicher könnte die Rolle des antimuslimischen Rassismus aus verfassungsrechtlicher Sicht kaum dargelegt werden. Trotzdem wurde und wird die Rasterfahndung in modifizierter Form weitergeführt und feiert im »Racial Profiling« fröhliche Urstände. Wir werden in den folgenden Fällen sehen, wie diese klaren verfassungsrechtlichen Grundlagen in vielen anderen Bereichen zunehmend mit Füßen getreten werden. Anzumerken bleibt, dass bisher aufgrund der Rasterfahndung noch kein einziger mutmaßlicher Terrorist ermittelt wurde.

Anonyme Strafanzeige

Von einem PC in einer öffentlichen Bibliothek wurde ein palästinensischer Student im Februar 2002 anonym angezeigt und behauptet, er würde Bomben gegen Israelis bauen. Diese anonyme Anzeige ohne weitere Ermittlungen zu seiner Person, seiner Herkunft, etwaigen politischen Tätigkeiten, seinem Umfeld oder Ähnlichem reichte Wochen später dazu, ein Sondereinsatzkommando beim Landeskriminalamt Berlin in das Studentenwohnheim zu schicken, die Tür einzutreten und ihn mit einer Pistole am Kopf zu wecken, mit Stiefeln ins Gesicht zu treten, stundenlang schmerzhaft zu fesseln und alles zu durchsuchen – wobei nichts Verdächtiges gefunden wurde. Die vom Autor für den Betroffenen erstattete Strafanzeige gegen die Polizeibeamten verlief im Sande, das Kammergericht lehnte es im Januar 2005 ab, eine Anklageerhebung durch die Staatsanwaltschaft anzuordnen.[133] Das Strafverfahren gegen den Studenten wegen eines Sprengstoffverbrechens aber wurde erst Anfang 2006, fast vier Jahre später

---

[133] Beschluss KG 21.1.2005, Az.: 1 ZS 18-62/04

sang- und klanglos eingestellt, obwohl die Akte außer der anonymen Anzeige keinen einzigen belastenden Hinweis enthält. Eine wegen darin aufgetretenen Verletzungen von Grundrechten eingereichte Verfassungsbeschwerde wurde nicht zur Entscheidung angenommen.

Dieser Fall zeigt, wie selbst anonyme Anzeigen aufgrund der Wirksamkeit des Feindbildes Islam anders als in anderen vergleichbaren Fällen ohne einen solchen Hintergrund zu schwerwiegenden rechtswidrigen Eingriffen gegen mutmaßliche »islamistische Feinde« führen können, ohne dass die Justiz bereit und in der Lage ist, in derartigen Fällen konsequent zum Schutze der Betroffenen einzugreifen.

Verbot des sogenannten Islamisten-Kongresses

Im September 2004 wurde ein für Anfang Oktober in Berlin geplanter »1. arabisch-islamischer Kongress in Europa zur Unterstützung der Widerstandsbewegung in Europa und Irak« nach einer wochenlangen Hetze führender Politiker und Massenmedien verboten. Einer der Hauptorganisatoren, der libanesische Staatsangehörige F. M., der seit Jahren in Deutschland lebt und hier verheiratet ist, wurde am Flughafen Berlin-Tegel festgenommen, verhört, zurückgeschoben und ausgewiesen. Zur Begründung hieß es, in dem Internetaufruf zu dem Kongress werde zum Widerstand und zur Unterstützung der gegen die Besatzer in Israel und Irak aktiven Gruppen aufgerufen. »Es ist allgemein bekannt, dass diese – etwa Hamas, Ansaar-al-Islam – terroristische Mittel (Bombenanschläge, Geiselnahmen mit Hinrichtungen etc.) anwenden. Vor diesem Hintergrund wurde gegen Sie ein Strafverfahren wegen des Werbens um Mitglieder und Unterstützer ausländischer terroristischer Vereinigungen nach §§ 129 a Abs. 5, 129 b StGB eingeleitet.« Der Kongress konnte nicht stattfinden.

Alle Versuche, den Betroffenen im Wege eines Eilverfahrens vorläufig nach Deutschland zu seiner Frau und einer dringend erforderlichen Krankenbehandlung zu holen, sind gescheitert. Dies obwohl der Generalbundesanwalt das strafrechtliche Ermittlungsverfahren wegen Unterstützung einer ausländischen terroristischen Vereinigung aufgrund einer Entscheidung des Bundesgerichtshofs bereits im Oktober 2004 einstellen musste, wie die Akteneinsicht erst zwei Monate später ergab: »Da der Inhalt der vorliegenden Internetveröffentlichung als solche nach der Entscheidung des Bundesgerichtshofs nicht strafbar ist und weitere Ermittlungen zum subjektiven Hintergrund allenfalls zum Nachweis eines – nicht strafbaren – Versuchs des Werbens um Mitglieder oder Unterstützer führen könnten, ist das Verfahren bereits jetzt ohne weitere Ermittlungen und Überprüfungen einzustellen.«[134]

---

[134] Näheres siehe Pressemitteilung vom 21.12.2004 auf www.menschenrechtsanwalt.de

Hierüber haben die Massenmedien ebenso wenig berichtet wie über eine Pressemitteilung des Autors,[135] das Verbot war ja durchgesetzt und damit ein weiterer Baustein für das kollektive antimuslimische Bewusstsein gesetzt.

Sonja B. oder die Überwachung einer Muslimin im Alltag

Wie es moslemischen Mitbürgerinnen ergehen kann, die ins Visier des Staatsschutzes gelangen, ist von dem Berliner Kollegen Hilbrans plastisch beschrieben worden: Er schildert die Vorgeschichte eines Falles, den ich später übernahm, bei dem eine junge Berlinerin, die bereits vor Jahren zum Islam konvertiert war, ein aus der Beziehung zu einem strenggläubigen Moslem stammendes Kind aufzog, sich in Kreisen praktizierender Muslime bewegte und auch deren elektronische Foren nutzte.

»Eine von Polizei und Gesundheitsamt vorbereitete Aktion überraschte sie am helllichten Tage. Aufgrund richterlicher Anordnung wurde ihr das Kind weggenommen und in eine Pflegefamilie gegeben, ihre Wohnung wurde durchsucht und sie selbst in die Psychiatrie verbracht. Zur Begründung beriefen sich Polizei und Gesundheitsamt darauf, dass die junge Frau ein Selbstmordattentat im Namen des Dschihad vorgehabt habe, bei dem sie sich, ihr Kind und weitere Menschen in den Tod reißen wollte. Sie habe dies in einem Internet-Chatroom mit anderen gläubigen Muslimen diskutiert. Nachdem der Versuch, sie in die Psychiatrie zwangseinzuweisen, gescheitert war – die Fachärzte fanden keinerlei Anhaltspunkte für eine Fremd- oder Selbstgefährdung –, wurde sie in ihre Wohnung entlassen. Bald darauf stellten sich ihr mehrere Beamtinnen und Beamten einer Dienststelle des Berliner Landeskriminalamts vor, die schwerpunktmäßig mit der islamischen Szene befasst ist. Sie folgten der Betroffenen nunmehr Tag und Nacht auf Schritt und Tritt im Abstand von einem Meter. Sie konnte ihre Wohnung nicht mehr verlassen, ohne durchsucht zu werden.

Jederzeit fanden sich in ihrer unmittelbaren Nähe Polizeibeamte, die auch ohne weiteres erkennbar waren. Ein Polizeifahrzeug stand Tag und Nacht vor ihrer Haustür. Nicht nur beim Einkaufen, sondern auch vor dem Eintritt in die Kanzlei ihrer Rechtsanwältin und bei ihrem Verlassen wurde sie einer intensiven Leibesvisitation unterzogen. (…) Kurzum: die junge Frau verfügte außerhalb ihrer vier Wände nicht mehr über den Hauch eines Privatlebens. Sie muss auch davon ausgehen, dass ihre Telekommunikation lückenlos überwacht wird: Ihr Handy war ihr mehrfach von der Polizei abgenommen und untersucht worden. Im Telecafé drängte sich eine Beamtin mit in die Telefonkabine und jede Telefonnummer wurde vor dem Wählen notiert – wenn die Beamten das Tele-

---

[135] www.menschenrechtsanwalt.de

fonat nicht gleich selbst tätigten. Die absolut entnervte Betroffene rief schließlich das Berliner Verwaltungsgericht an. Die mündliche Verhandlung über ihren Eilantrag im Juni 2006 dauerte nicht lange, dann verpflichtete sich der Polizeipräsident in Berlin, die ganz offensichtlichen Maßnahmen einzustellen.«[136] Als ich den Fall übernahm, ergab die Akteneinsicht, dass die zuständige Generalbundesanwaltschaft ein Ermittlungsverfahren wegen der Vorbereitung eines Sprengstoffanschlages aufgrund des Hinweises eines US-amerikanischen Geheimdienstes eingeleitet hatte, aber trotz monatelanger Ermittlungen nicht einmal einen ausreichenden Tatverdacht für die Anordnung eines Durchsuchungsbeschlusses durch den Ermittlungsrichter beim BGH feststellen konnte. Erst im Februar 2007 wurde diese Form der Überwachung – nach Beendigung des strafrechtlichen Ermittlungsverfahrens wegen des Vorwurfs der »versuchten Beteiligung an der Herbeiführung eines Sprengstoffanschlages« – eingestellt. Trotzdem hörten Schikanen, Überwachung und Behördenwillkür nicht auf. Im Dezember 2006 bestätigte ein vom Familiengericht eingeholtes Gutachten die Kindererziehungsfähigkeit der Frau B. Im Februar 2007 entschied das Familiengericht, ihr das Kind – unter Auflagen – zurückzugeben.

Nach einer Rückführungsphase hatte Frau B. am 26. März 2007 – nach elf Monaten – ihr Kind endlich wieder bei sich. Die Auflagen des Familiengerichts verpflichteten Frau B. aber noch jahrelang, eine Familientherapie durchzuführen, das Kind in den Kindergarten zu geben und mit der Familienhilfe und anderen Fachdiensten zusammenzuarbeiten, die in dem »guten Rat« einer Vertreterin des Jugendamtes gipfelten, doch einfach das Kopftuch abzulegen.

Im Mai 2007 erhielt Frau B. das Angebot, in einem Krankenhaus im Jemen zu arbeiten. Sie kaufte Flugtickets für das Bewerbungsgespräch. Ihre Wohnung wurde am 25. Mai 2007 erneut von zwei Beamten gestürmt und Pässe und Flugtickets beschlagnahmt.

Obwohl das Ermittlungsverfahren längst eingestellt war und das psychiatrische Gutachten ihre Ungefährlichkeit bestätigte, verhängte das Familiengericht ein Ausreiseverbot, mit dem Hinweis, Frau B. könne das Wohl ihres Kindes gefährden. Im Herbst 2007 – sie war nach Bremen gezogen, um dort zu arbeiten – kam es zu einer weiteren Durchsuchung ihrer Wohnung nach Reisedokumenten. Frau B., denen die Gutachter Erziehungsfähigkeit und – neben einer überdurchschnittlichen Intelligenz – die Abwesenheit psychischer Krankheiten oder Defekte bescheinigt hatten, ist seitdem mit ihren Nerven am Ende, finanziell ruiniert und auf die Hilfe anderer angewiesen. Aus Angst, ebenfalls mit unbe-

---

[136] www.menschenrechtsanwalt.de/wp-content/uploads/2012/06/dokumentation18_04_2012.pdf, oder: www.menschenrechtsanwalt.de/2012/04/rassismus-in-polizei-und-justiz/

gründeten Antiterrormaßnahmen überzogen zu werden, haben sich viele Menschen aus ihrem früheren Bekanntenkreis zurückgezogen. In einigen Berichten in den Massenmedien wurde Sonja B. als Beispiel dafür angeführt, dass auch westliche Frauen als »Konvertiten« und Unterstützer von Al Qaida und anderen islamistischen Fundamentalisten nicht vor Selbstmordanschlägen mit ihren Kindern zurückschreckten, während Pressemitteilungen über die Einstellung des Verfahrens und die weitere Rehabilitierung von Sonja B. nirgendwo mit einem Wort erwähnt wurden. Wo immer der Autor über diesen krassen Fall institutionellen antimuslimischen Rassismus in öffentlichen Veranstaltungen berichtete, herrschte ungläubiges Staunen, dass derartige Maßnahmen mitten in der Metropole unseres Landes möglich sind, das sich gerne als Vorreiter bei der Verwirklichung der Menschenrechte versteht.

Fälle »rassistischer Rasterung« durch die Ermittlungsbehörden

Für Menschen anderer Hautfarbe ist es vielerorts eine fast tägliche Erfahrung, dass sie aufgrund ihres Aussehens polizeilich kontrolliert und mit willkürlichen Polizeimaßnahmen überzogen werden. Zunächst eine persönliche Erfahrung: Der Autor ist in seiner jahrzehntelangen Praxis bei zum Teil langen Fahrten mit dem PKW quer durch die Republik insgesamt dreimal von der Polizei ohne konkreten Anlass kontrolliert worden, jedes Mal dann, wenn er einen dunkelhäutigen Mandanten als Beifahrer hatte bzw. einmal, als er von einem solchen zum Gerichtstermin abgeholt worden war – kein einziges Mal bei den sonstigen hunderttausenden Pkw-Fahrten quer durch die Republik. Das sogenannte Racial Profiling durch die Polizei war wiederholt Gegenstand öffentlicher Debatten und verschiedener Gerichtsverfahren. Es gibt die ersten kritischen Gerichtsurteile zu der Problematik und inzwischen haben sich Menschenrechtsorganisationen und andere zu einem Netzwerk zusammengeschlossen. Das soll hier nicht näher ausgeführt werden. Es sollen jedoch einige Beispiele aus der Praxis des Autors wenigstens stichwortartig aufgeführt werden, um die möglichen gravierenden Folgen der »rassistischen Rasterung« aufzuzeigen: Beginnen wir mit Fällen aus dem letzten Jahrhundert.

Polizeilicher Todesschuss gegen Plakatklebenden

Der kurdische Jugendliche Halim Dener wurde Anfang der 1990er Jahre in Hannover von einem Polizeibeamten beim Plakatkleben erwischt und auf der Flucht vor diesem von hinten erschossen; die Einlassung des Polizeibeamten, dies sei versehentlich beim Einstecken der aus dem Halfter herausgefallenen Pistole passiert, war zwar wenig glaubhaft und widersprach auch Aussagen von Zeugen vor Ort, führte aber dazu, dass die Staatsanwaltschaft das Verfahren zunächst eingestellt hatte. Es bedurfte großen Aufwands und Drucks, zunächst eine

Anklage beim Landgericht Hannover wegen fahrlässiger Tötung zu erreichen, die Hauptverhandlung endete allerdings mit einem Freispruch.

»Rassistische Verwechslung« – kein Einzelfall

Ein kurdischer Exilpolitiker wurde in den 1990er Jahren nach dem Verlassen der Vereinsräume in Braunschweig vom SEK-Niedersachsen mit seinem Auto »ausgebremst«, aus dem Auto gezerrt und als er sich wehrte, weil er annahm, es seien Neonazis, die schwerbewaffnet mit schwarzen Jacken und Masken über ihn herfielen, krankenhausreif geschlagen. Danach war er schwer traumatisiert und lange Zeit nicht arbeitsfähig.

Zwar stellte sich schnell heraus, dass er Opfer einer Verwechslung geworden war, die Polizei und das Innenministerium versuchten dies jedoch damit zu rechtfertigen, dass der Betroffene dem Gesuchten »zum Verwechseln ähnlich« sehe und ja aus den kurdischen Vereinsräumen gekommen war, sodass es eines jahrelangen Rechtsstreits mit umfangreicher Beweisaufnahme bedurfte, bis nachgewiesen werden konnte, dass von einer Ähnlichkeit keine Rede sein konnte und der Einsatz nach Rambo-Manier durchgeführt worden war, dass Verwechslung und schwere Verletzungen billigend in Kauf genommen worden waren und der Betroffene eine halbwegs angemessene Entschädigung erhielt.[137] Vergleichbare Fälle von SEK-Einsätzen gegen völlig Unbeteiligte gibt es leider immer wieder; dazu zunächst der krasse Fall einer »rassistischen Verwechslung«, in der der Autor auch als Rechtsanwalt tätig war.[138]

Der Fall Kenneth E. oder: alle schwarzen Afrikaner sehen gleich aus (...)

Am 18. Dezember 2003 wurde der niederländische Staatsbürger Kenneth E. aufgrund des Haftbefehls des Amtsgerichts Tiergarten vom 19. November 2002 in seinen Geschäftsräumen in Amsterdam festgenommen und kam auf Antrag der hiesigen Staatsanwaltschaft in Auslieferungshaft. Ihm wurde Handel mit Betäubungsmitteln vorgeworfen, nachdem ein Kurier in der Türkei mit mehreren Kilo Heroin festgenommen worden war und angegeben hatte, er habe im Auftrage eines »Mike« aus Amsterdam gehandelt, ohne nähere Angaben über diesen machen zu können. Das einzige objektive Beweismittel war ein Foto von diesem »Mike«, das einer weißen Thailänderin aus dem familiären Umkreis des Beschuldigten vorgelegt worden war und auf dem sie den Beschuldigten wiederzuerkennen glaubte – so jedenfalls die pauschale Einschätzung der Staatsanwaltschaft.

---

[137] Kenneth Koseyem Ehigiene, Barbara Tah Gwanmesia: »Foregone Conclusion«, Amsterdam 2016

[138] Der folgende Kasten war der Beitrag zu einer szenischen Lesung auf der Rassismusveranstaltung der Humboldt-Universität im April 2012.

In der Beschwerde gegen den Haftbefehl konnte die Verteidigung darlegen, dass die Zeugin lediglich von einer »großen Ähnlichkeit« gesprochen hatte und die Beschreibung des Kuriers nicht mit dem Beschuldigten übereinstimmte. Da die Staatsanwaltschaft dem widersprach und sich auf das Gutachten eines sog. Bild-Sachverständigen mit der Identitätsprüfung stützte, lehnte das Landgericht die Beschwerde ab; dieser Sachverständige hatte zwar bemängelt, dass die Polizei keine Vergleichsfotos angefertigt habe, gleichzeitig aber angemerkt,»dass es in der Regel viel schwieriger ist eine Person einer *fremden Rasse*, insbesondere bei den *Mitgliedern der negriden Rasse* nach Bildern zu identifizieren, da die *Gesichter negrider Personen* für Europäer in der Regel fremdartig wirken.« Das Landgericht merkte lediglich an, dass vor einer Anklageerhebung weitere Ermittlungen – unter anderem eine persönliche Wahlgegenüberstellung – erforderlich seien. Daraufhin beauftragte die Verteidigung einen der führenden »Sachverständigen für forensische Anthropologie« und Gutachter, der zu dem eindeutigen Ergebnis kam:»mit an Sicherheit grenzender Wahrscheinlichkeit nicht identisch« (»Zwischen der Bezugsperson und dem Beschuldigten ließen sich 17 Merkmale vergleichen. (…) Darunter finden sich 14 mit Unterschieden, die jeweils für sich genommen den vollen Beweiswert eines Ausschlusses haben«).

Dieses Gutachten wurde dem Kammergericht mit der weiteren Beschwerde vorgelegt – aber wiederum ohne Erfolg. In der Begründung heißt es unter anderem:»was die Verteidigung zu Schwierigkeiten von europäischen Zeugen bei der Identifizierung von Personen der ›negroiden Rasse‹ vorträgt, ist danach in diesem Zusammenhang ohne Belang.« (Beschluss des Kammergerichts vom 30.4.2003) Daraufhin beantragte die Verteidigung unter nochmaligem Hinweis auf die Sachverständigengutachten eine – eigentlich in dem Stadium unzulässige –»mündliche Haftprüfung«. Diese wurde vom Amtsgericht Tiergarten zwar als unzulässig zurückgewiesen, gleichzeitig aber angeordnet, dass binnen acht Wochen Ermittlungen mit dem Ziel ihrer Identifizierung und Gegenüberstellung mit den hiesigen Zeugen – zumindest in Form von Lichtbildern geführt werden. Das daraufhin eingeschaltete Bundeskriminalamt konnte nicht umhin, das Gutachten der Verteidigung zu bestätigen, sodass der Haftbefehl – nach fast neun Monaten – endlich aufgehoben und der Betroffene aus der Haft entlassen wurde.

Der Fall hat nicht nur in der »afrikanischen Community« in den Niederlanden erhebliches Aufsehen erregt, sondern war Gegenstand verschiedener kritischer Zeitungsberichte, Fernsehdokumentationen und eines Buches. Erst später erfuhr die Verteidigung mehr oder weniger zufällig, dass dieser Fall der erste des neu gegründeten »Eurojust« zur Vereinfachung von Auslieferungsverfahren gewesen ist!

Kenneth E. erhielt als Haftentschädigung den üblichen lächerlich geringen Tagessatz. Ein darüber hinausgehender Schadensersatz wegen nachgewiesener schwerer Traumatisierung und erheblicher Geschäftseinbußen konnte nicht durchgesetzt werden.

Verwechslung bei einem SEK-Einsatz in Berlin aufgrund einer »Teilidentität eines Namens«

2012 wurde ein Ehepaar in Berlin (der Ehemann war zwei Monate zuvor vor dem Bürgerkrieg aus Syrien nach Deutschland geflohen) Opfer einer ähnlichen »Verwechslung« anlässlich eines SEK-Einsatzes. Auch hier glaubte der Betroffene an einen Überfall einer bewaffneten Nazibande, wollte in Todesangst aus dem Fenster springen und rief nach der Polizei, wurde aber gewaltsam daran gehindert, geschlagen, getreten und über viele Stunden schmerzhaft mit auf den Rücken gefesselten Händen auf den Boden gedrückt, bis sich herausstellte, dass es der Falsche war. Infolge der Traumatisierung traut sich der Betroffene bis heute nicht, in dem Zimmer zu schlafen, wird wegen einer schweren posttraumatischen Belastungsstörung behandelt und betreut und ist nicht arbeitsfähig.

Die Ausrede der Polizei: An der Wohnungstür der Eheleute habe nicht der Name gestanden und bei den Namen auf der Klingel an der Haustür habe es eine »Teilidentität« des Namens gegeben – tatsächlich hatte der Gesuchte einen männlichen arabischen Vornamen mit zwei gleichen Anfangsbuchstaben des Vornamens der Frau des Mandanten (Fatima) und im Nachnamen gab es auch zwei identische Buchstaben – so wie etwa auch die Namen Angela Merkel und Helmut Recknagel »teilidentisch« sind. Offenbar wurde das weder näher überprüft, noch gab es eine detaillierte Beschreibung der gesuchten Person mit einem Foto; erst recht wurde kein Dolmetscher hinzugezogen, mit dessen Hilfe der Irrtum wohl schnell aufzuklären gewesen wäre. Merke: »arabische Namen« sind alle gleich, zwei gleiche Buchstaben müssen für die Feststellung der Identität reichen – kann rassistische Diskriminierung besser auf den Begriff gebracht werden?

Immerhin erschien am nächsten Tag die Polizei bei den Eheleuten, entschuldigte sich für die Verwechslung »aufgrund fehlerhafter Informationen«, überreichte einen Blumenstrauß und war offenbar der Ansicht, damit alles wieder gut gemacht zu haben. Die Betroffenen bemühten sich aber mit Unterstützung des antirassistischen Projekts Reachout und der Kampagne für Opfer rassistischer Polizeigewalt (KOP) um anwaltliche Hilfe, die der Autor später fortsetzte.

Das Ermittlungsverfahren gegen die Polizeibeamten wegen Freiheitsberaubung im Amt, Körperverletzung und Beleidigung wurde eingestellt, die Sache ist, nach erfolglosem Klageerzwingungsantrag beim Kammergericht Berlin, beim UN-Ausschuss gegen rassistische Diskriminierung ICERD anhängig (siehe hierzu Seite 120ff.). Es ist sicher nur ein Zufall, dass drei Jahre später eine erneute Hausdurchsuchung bei dem Mandanten stattfand, dieses Mal wegen des Vorwurfs des Versuchs der Vorbereitung einer schweren staatsgefährdenden Gewalttat; das Ermittlungsverfahren ist bei der Generalstaatsanwaltschaft Berlin seit mehr als einem Jahr anhängig, ein Ende nicht absehbar.

Gleichzeitig kämpfen die Eheleute vor dem Landgericht Berlin um einen angemessenen Schadensersatz und ein »Schmerzensgeld« für den Polizeieinsatz, in dem Verfahren wurde immerhin Prozesskostenhilfe für die Klage bewilligt. In der Beweisaufnahme erklärte ein damals vor Ort eingesetzter Polizeibeamter, man sei sich bewusst gewesen, dass die »Trefferquote« angesichts der beiden infrage kommenden Wohnungen nur 50% gewesen sei. Während der Durchsuchung in der Wohnung der Familie habe dann auch jemand die Tür der anderen Wohnung geöffnet und man sei daraufhin auch dort gegen den Anwesenden vorgegangen – die Frage des Richters, warum man den Syrer nicht habe laufen lassen, der Durchsuchungsbeschluss des Amtsgerichts habe sich doch ausdrücklich auf das Auffinden von Kleidungsstücken als Beweismittel einer Hehlerei (Schaden lediglich ein paar Hundert Euro) bezogen, meinte der Polizeibeamte: »Das machen wir immer so!« Die Frage, warum dann nicht von Anfang an Polizeibeamte die zweite Wohnung bewacht hätten, blieb unbeantwortet. Das Schadensersatz-Verfahren dauert bei Redaktionsschluss noch an.

Rassistische Rasterung wegen »nichtdeutscher Herkunft«
In einem Jugendstrafverfahren vor dem Jugendgericht Berlin habe ich einen Schüler – mit türkischem Namen, aber in Deutschland aufgewachsen – verteidigt, der angeklagt war, einem anderen Inhaftierten ein Handy (Mobilfunktelefon) geraubt zu haben, woraufhin dieser die Polizei alarmierte, die einige Zeit später drei Jugendliche in der Nähe angetroffen und festgenommen hat, bei denen nichts gefunden wurde und die den Vorwurf auch von Anfang an bestritten. Im Polizeibericht stand, sie hätten sich in auffälliger Weise von dem Tatort entfernt. Statt einer Personenbeschreibung enthielt die Akte aber lediglich den Hinweis auf eine angebliche »nichtdeutsche Herkunft«.
Auf meine Frage an den Polizeizeugen nach der Bedeutung dieser Identifizierung und einer Erläuterung dieses Begriffes wurde dieser immer unsicherer, zumal ich ihm vorhielt, dass er bei der Kontrolle anhand des Personalausweises festgestellt haben müsse, dass es sich um einen deutschen Staatsbürger gehandelt habe. Vollends sprachlos wurde er, als ich ihn fragte, ob er sich selbst – er trug einen arabischen Namen und entsprach auch vom Aussehen her nicht dem »typischen« deutschen Weißen – als »Nichtdeutscher« bezeichnen würde. Das Verfahren konnte nach kurzer Erörterung zur Einstellung gebracht werden.
Die hier angeführten Fälle belegen, wie rassistische Zuschreibungen zu Verfolgungsmaßnahmen führen können, die oft nur schwer korrigierbar sind.

2. Die sogenannte Sicherheitsbefragung »böser Moslems«

Nachdem sich herumgesprochen hat, dass viele, vermutlich sogar die meisten Angehörigen der Mehrheitsgesellschaft den früher üblichen, sogenannten Einwanderungstest nicht bestehen würden, geriet er als Allzweckwaffe gegen die Konsequenzen unerwünschter Zuwanderung etwas aus der Mode – nicht ohne die Wiedergeburt 2016/2017 in anderer Form zu feiern. Stattdessen machte eine andere an höchster Stelle entwickelte Institution Karriere: die sogenannte Sicherheitsbefragung. Sie hatte auch den Vorteil, dass sie gezielt gegen »Terrorismus-Verdächtige« und »böse Moslems« eingesetzt werden konnte und damit wiederum das »Feindbild Islam« befeuerte.

Dazu waren Einbürgerungsbehörden gehalten, vor der Einbürgerung von Menschen aus »muslimischen Ländern« beziehungsweise Antragstellern, die sich in vorangegangenen Asylverfahren auf eine Verfolgung wegen ihrer politischen Aktivitäten berufen hatten, bei den Sicherheitsbehörden nachzufragen, ob Bedenken gegen die Einbürgerung bestehen. Wird dies angenommen, so werden die Betroffenen zu einer »Sicherheitsbefragung« der Einbürgerungsbehörde geladen mit dem Hinweis, es handle sich um eine Anhörung und nicht etwa um ein Verhör. Trotzdem sind regelmäßig Versuche des anwaltlichen Beistandes, vorher die Bedenken mitgeteilt zu bekommen, damit dazu gründlich Stellung genommen werden kann, Informationen beigebracht oder Dokumente vorgelegt werden können, aussichtslos; auch eine vorherige Akteneinsicht wurde verweigert. So kommt es dann regelmäßig zu stundenlangen Befragungen zur Lebensweise, politischen und religiösen Aktivitäten und vor allem Kontakten zu bestimmten Personen – deren realsatirischer Charakter stark an die Verhöre vor dem »Ausschuss für unamerikanische Umtriebe« zur Hochzeit der Kommunistenverfolgung unter McCarthy der 1950er Jahre erinnert.

Der Platz reicht nicht, um dies ausführlich wiederzugeben, es sei aber an Beispielen auszugsweise illustriert. Zur Einstimmung stelle ich eine Passage aus einem solchen Sicherheitsgespräch vor, an dem ich als Rechtsanwalt teilgenommen habe. Bei der Protokollierung der Anwesenheit durch den Vertreter der Ausländerbehörde Bremen wurden die anwesenden Vertreter des Landesamtes für Verfassungsschutz nicht mit Namen vorgestellt und im Protokoll festgehalten.

Mein Antrag, die Namen festzustellen und zu protokollieren, wurde abgelehnt. Wenig später, nach den Eingangsbelehrungen, lautete die erste Frage: »Frau H., wie fühlen Sie sich hier?«.

Auf meine erstaunte Nachfrage, wie die Frage gemeint sei, worauf sich das »hier« beziehe – auf die Ausländerbehörde, die Stadt Bremen, Deutschland o.a. – lautete die Antwort: »Das war nur so eine allgemeine Eingangsfrage zum gegenseitigen Kennenlernen!«

An dieser Stelle – ich muss es gestehen – platzte mir der Kragen und ich stellte in gereiztem Ton fest, dass von einem »gegenseitigen Kennenlernen« ja wohl kaum die Rede sein könne, wenn zwei der dort sitzenden Teilnehmer nicht einmal bereit seien, ihren Namen zu nennen!? Als dann kurze Zeit später die ersten Fragen zum muslimischen Glauben der Mandantin gestellt wurden, erlaube ich mir den Hinweis, dass derartige Fragen gegen das Grundrecht der Religionsausübungsfreiheit verstießen, und wies darauf hin, dass Menschen christlichen Glaubens aus »muslimischen Staaten« wegen politischer Verfolgung aus religiösen Gründen bei uns als Asylberechtigte anerkannt würden, wenn staatliche Behörden in diesen Ländern die Christen zu solchen Themen verhörten. Die entwaffnende Antwort: Die Antworten auf diese Fragen seien »natürlich freiwillig«, worauf ohne meine Intervention selbstverständlich nicht hingewiesen worden wäre – ganz zu schweigen davon, dass die Ablehnung, auf Fragen nach religiösen Überzeugungen einzugehen, mit Sicherheit nicht zu einem positiven Ergebnis der Überprüfung führen würde …

Auszüge aus Fragen im Protokoll über ein Sicherheitsgespräch mit Herrn Tarek L. im November 2014 im Stadtamt Bremen (ohne anwaltlichen Beistand!)

3. Welche Rolle spielt Religion in Ihrem Leben?
4. Was gehört für Sie zu den wichtigsten Verhaltensweisen Ihrer Religion? Wie praktizieren Sie Ihren Glauben?
5. Lesen Sie religiöse Literatur oder Bücher? Wenn ja, was? Woher bekommen Sie diese Literatur?
6. Welche Meinung vertreten Sie zum Thema: Religiöse Kleidung bei Männern und Frauen?
7. Besuchen Sie regelmäßig eine Moschee? Sind Sie regelmäßig bei den Freitagsgebeten?
8. Ist es bei den Moscheebesuchen von Wichtigkeit, welche Gruppierung evtl. hinter der Moschee steht, oder ist das zweitrangig? Anders gefragt: Darf man in jeder Moschee beten? (…)
10. An wen würden Sie sich bei religiösen Problemen wenden? Gibt es vielleicht einen bestimmten Imam, mit dem Sie über bestimmte Themen sprechen? (Wenn ja, worüber?)
11. Gibt es aktuell herausragende islamische Gelehrte, an denen sich Gläubige Ihrer Meinung nach orientieren sollten? (…)
14. Inwieweit darf/sollte Religion Einfluss auf Politik nehmen?
15. Wie bewerten Sie den demokratischen Prozess in Ihrem Heimatland Tunesien?
16. Wie bewerten Sie die aktuelle Situation im Irak und in Syrien und den Vormarsch der IS?
17. Was genau bedeutet für Sie Scharia? Ist sie für Sie maßgeblich? Kann man in Deutschland Scharia-konform leben?

18. Einige Muslime vertreten die Meinung, das göttliche Gesetz der Scharia sei dem weltlichen hiesigen Gesetz überlegen. Wie ist Ihre Haltung dazu?
19. Wie stehen Sie in diesem Zusammenhang zu den in der Scharia geregelten Körperstrafen, wie z.b. Steinigung und Handamputation? Wäre die Anwendung solcher Strafen theoretisch auch in Deutschland sinnvoll? Wenn ja, warum?
20. Wie ist Ihre Einstellung gegenüber den Salafisten/der Salafiyya?
21. Sollte es Konsequenzen für einen Muslim geben, der seinen Glauben wechselt?
22. Kennen Sie das Islamische Kulturzentrum in Bremen (IKZ)? (…)
24. Besuchen Sie das IKZ und wenn ja: wie oft? (…)
26. Was zeichnet Ihrer Meinung nach das IKZ aus? Was unterscheidet das IKZ von anderen Moscheen?
27. Unterstützen Sie das IKZ? Wenn ja, in welcher Form?
28. Wie würden Sie die religiöse Ausrichtung des IKZ beschreiben?
29. Unterhalten Sie (private) Kontakte zu Personen aus dem Verein? Wenn ja, zu wem? (…)
31. Nach der klassischen Interpretation der Scharia haben Juden und Christen weniger Rechte als Muslime. Wie stehen Sie dazu?
32. Es gibt islamrechtliche Auslegungen, die besagen, dass eine Frau sich ohne einen Begleiter (mahram) außerhalb des Hauses nicht bewegen darf. Wie stehen Sie dazu?
33. Warum wollen Sie eingebürgert werden?

»Unheilige Inquisition« zu »menschenverachtenden Predigtinhalten« im Rahmen der Sicherheitsbefragung

Bei einem weiteren Fall ging es um Erteilung einer Niederlassungserlaubnis für einen Imam, das Gespräch dauerte von 9:50 Uhr bis 13:26 Uhr, wurde auf Tonband mitgeschnitten. Anwesend waren neben der Vertreterin der Stadt Stuttgart ein Vertreter des Regierungspräsidiums, des Polizeipräsidenten und des Landesamtes für Verfassungsschutz. Das Protokoll umfasst 115 Seiten und stellt sich mir in weiten Teilen beim erneuten Durchlesen als Realsatire dar. Über weite Strecken insistierte der Vertreter des Landesamtes für Verfassungsschutz darauf, dass der Mandant erklären sollte, zu welcher Glaubensrichtung des Islam er sich zähle, wie er bestimmte Suren und Lehren des Islam verstehe und wie er zu Predigten stehe, die vor Jahrzehnten in Ägypten aufgenommen wurden. Auch hier habe ich immer wieder vergeblich versucht zu verdeutlichen, dass Fragen nach Religionsinhalten unzulässig sind. Dies führte zu längeren Auseinandersetzungen, die darin gipfelten, dass der Vertreter des Verfassungsschutzes den Inhalt seiner Predigten als »menschenverachtend« bezeichnete.

Als ich wegen derartiger Äußerungen nach Beratung mit dem Mandanten beantragt habe, den Vertreter des Verfassungsschutzes als befangen abzulehnen, wurde dies vom Leiter abgelehnt mit der Begründung, es handle sich ja nicht um eine Anhörung, sondern nur um ein Vorverfahren, bei dem es keine Ablehnung wegen Befangenheit gebe – eine höchst merkwürdige Interpretation des Verwaltungsverfahrensgesetzes, das selbstverständlich in jedem Stadium des Verfahrens die Möglichkeit einer solchen Ablehnung vorsieht. Anschließend griff der Vertreter des Verfassungsschutzes auch noch den Übersetzer an, u.a. weil er falsch übersetze und den Imam »Sheikh« genannt habe. Erst jetzt stellte sich aufgrund meiner penetranten Nachfragen heraus, dass der Vertreter des Verfassungsschutzes nicht nur arabisch spricht und auch lange in arabischen Ländern gelebt hat, sondern sich selbst auch als »Islamwissenschaftler« bezeichnet – nachdem das Gespräch mehrere Stunden gedauert hatte (!).

Als der Islamwissenschaftler und Verfassungsschützer dem Mandanten vorwarf, dass er in einer Predigt den Ehebruch als Unzucht bezeichnet habe, der bestraft werden müsse, habe ich mir den Hinweis darauf erlaubt, dass genau dies auch in den biblischen Zehn Geboten des Moses enthalten ist, und deshalb von Millionen bibeltreuen Christen und anderen heute noch als maßgeblich betrachtet und so verbreitet wird, und Ehebruch nach wie vor in anderen europäischen Ländern strafrechtlich verfolgt wird und auch bei uns noch vor einer Generation strafbar war.

In dem Zusammenhang habe ich diese Prozedur, mich auf die zutreffende Kritik des früheren FAZ-Feuilletonchefs Patrick Bahners stützend, »unheilige Inquisition« genannt. Daraufhin erklärte der verfassungsschützende Islamwissenschaftler, ich sollte das zurücknehmen, das sei eine Beleidigung und er werde Anzeige bei der Rechtsanwaltskammer stellen. Natürlich habe ich nicht daran gedacht, den zutreffenden Vorwurf zurückzunehmen und ihn darin ermuntert, die Anzeige zu machen.

Der Mandant konnte neun Monate später, im November 2016, seine Niederlassungserlaubnis in Empfang nehmen, von der Anzeige bei der Rechtsanwaltskammer habe ich bisher nichts gehört.

Bei den beiden letzten Fällen sind nicht zufällig Imame die Betroffenen, gelten insbesondere die »fundamentalistisch ausgerichteten« bzw. »salafistischen« Imame in den letzten Jahren doch zunehmend als Inkarnation der bösen Moslems. Bevor ich darauf näher eingehe, noch ein weiteres Beispiel zur Sicherheitsbefragung, und zwar zu den geheimdienstlichen Glaubwürdigkeitsprüfern.

Verfassungsschützer als »Glaubwürdigkeitsprüfer« bei jungen Moslems

In einem späteren Verfahren hat die Ausländerbehörde einer Kreisstadt aus Baden-Württemberg das beabsichtigte Vorgehen auf den Punkt gebracht, nachdem ich um vollständige Akteneinsicht und Mitteilung der vorgesehenen Fragen gebeten hatte. In dem Schreiben der Ausländerbehörde wird u.a. ausgeführt: »In einem solchen Sicherheitsgespräch geht es gerade darum, sich einen umfassenden individuellen Eindruck der Person Ihres Mandanten zu verschaffen, in einen Dialog mit ihm zu treten und ihn persönlich auf die Folgen der Nichtbeantwortung der ihm gestellten Fragen hinzuweisen. Für die *Bewertung der Einlassungen* des betroffenen Ausländers ist der persönliche Eindruck von entscheidender Bedeutung, so ist für die *Beurteilung der Glaubwürdigkeit* seiner Angaben wesentlich, wie er auf eventuelle Vorhaltungen reagiert, ob er etwa gegen ihn sprechende Indizien *spontan* überzeugend darlegen kann oder *längere Zeit zum Überlegen* braucht. *Gleiches gilt für Mimik, Gestik und sonstige körperliche Reaktionen auf die Fragen.* Aus diesem Grunde werden die zu klärenden Punkte im Termin direkt angesprochen.« (Hervorhebungen vom Verf.)[139]

Also zählt die korrekte, anhand von Dokumenten u.a. vorbereitete Stellungnahme zu offenen Fragen nichts, weil die Glaubwürdigkeit nur »spontan« beurteilt werden kann (!?) – ein Vorgehen, das jedenfalls im Verwaltungsverfahren völlig unüblich ist und sich wohl eher am Feindbild des »bösen Moslems« orientiert, dessen Lügen im Sinne der »Taqqia« (siehe hierzu Seite 92) sonst nur schwer zu entlarven sind.

Voller Erwartung auf die Anwesenheit zumindest eines Psychologen/Psychiaters sowie eines Kulturanthropologen bin ich nach Baden-Württemberg aufgebrochen. Umso enttäuschter war ich, als wieder nur die »üblichen Verdächtigen« uns gegenüber saßen, d.h. neben zwei VertreterInnen des Landesamtes für Verfassungsschutz zwei VertreterInnen des Landeskriminalamts/politische Polizei – diesmal erfolgte die Vorstellung im Gegensatz zu dem Bremer Fall mit Familiennamen und Funktion –, die den Mandanten auf Herz und Nieren prüften und jede seiner Bewegungen, Gesten usw. beobachten.

Also habe ich darauf gedrungen, dass wirkliche Experten hinzugezogen werden. In Strafverfahren ist es inzwischen anerkannt, dass jedenfalls die Beurteilung und damit die Glaubwürdigkeit von Beschuldigten und Zeugen aus »fremden Kulturkreisen«, die die deutsche Sprache nicht beherrschen, einen psychologischen Sachverständigen erfordert, damit der Mandant nicht der »Bauernpsychologie« deutscher Sicherheitskräfte ausgeliefert ist, die ja nicht nur im Falle der rechtsterroristischen NSU kulturanthropologisch mit ihrer »SOKO Bosporus« bekanntlich auf der völlig falschen Fährte waren!

---

[139]   Aus den Handakten des Autors.

Mein Verdacht, dass es bei diesen »Sicherheitsgesprächen« neben einer Materialsammlung über den Betroffenen zwecks späterer Kontrolle auch um eine Informationssammlung über bestimmte Personen geht, die der »salafistischen Szene« zugerechnet werden, hat sich wenig später erhärtet. Bei der Zeugenvernehmung eines Mandanten in einem Strafverfahren gegen einen Moslem wegen des Verdachts eines Staatsschutzdeliktes wurden dem Mandanten (angebliche) Erkenntnisse aus solchen Befragungen anderer Personen vorgehalten.

3. Die sogenannten Hassprediger: Inkarnation des »bösen Moslems«

Viel Aufsehen haben die sogenannten Hassprediger-Fälle in der Öffentlichkeit erregt. Sie sind ein Musterbeispiel dafür, wie angeblich schwerwiegendes gesellschaftsschädliches Fehlverhalten exponierter Vertreter des »Feindbildes Islam« für populistisch begründete Gesetzesänderungen instrumentalisiert werden (den speziellen Ausweisungstatbestand für Hassprediger gab es bis 2005 nicht). Die repressive Exekution der neuen Normen befeuert das Feindbild des »bösen Moslems« ihrerseits wieder im Zusammenspiel mit dubiosen Ermittlungsverfahren, die massenmedial wirksam inszeniert werden, wodurch die Betroffenen isoliert und eine Rehabilitierung mithilfe der Justiz fast unmöglich gemacht wird – wenn überhaupt, dann oft nur um den Preis der Offenbarung religiöser Überzeugungen, was dem Recht auf Religionsausübungsfreiheit widerspricht – selbst wenn die Betroffenen aufgrund besonderer familiärer Bindungen überhaupt noch in Deutschland sind und nicht schon längst abgeschoben wurden.

Allen hier skizzierten, vom Autor anwaltlich vertretenen Fällen ist gemeinsam, dass es sich um Imame, also Vorbeter einer moslemischen Gemeinde einer Moschee in der Form eines eingetragenen, meist gemeinnützigen Vereins, handelt. Sie waren schon jahrelang hier aktiv, bis die zuständige Ausländerbehörde ihnen vorwarf, sie hätten in ihren Predigten, den Freitagsgebeten, »Hass« gegen Andersgläubige und die USA oder die Europäer gepredigt, würden Jugendliche aufstacheln oder zum Dschihad heranziehen.

Einige wurden mit strafrechtlichen Ermittlungsverfahren wegen krimineller oder terroristischer Vereinigung überzogen, die – wie im Fall von Sonja B. – nach längeren Ermittlungen eingestellt wurden. Sie alle haben die Vorwürfe entschieden bestritten und nachgewiesen, dass sie sich für den Dialog zwischen den Religionen und Kulturen eingesetzt haben. Es nützte ihnen nichts, obwohl die meisten Vorwürfe gegen sie nicht ansatzweise nachgewiesen wurden, die Beweise wurden verheimlicht, es handelt sich bei den Informanten in der Regel um Agenten bzw. sog. V-Leute des Verfassungsschutzes. Direkt oder indirekt wird damit argumentiert, die betreffenden »Hassprediger« träten nur vordergründig für Verständigung und Dialog ein, aber insgeheim, in geschlossener Runde predigten sie die Verfolgung (im Fall des »Imams von Leipzig« sogar die Tötung) Andersgläubiger oder Abtrünniger.

Hier wird also ein vom Antisemitismus her bekanntes Vorurteil der Lüge, Verstellung, Verschlagenheit bedient (der Jude als angeblich notorischer Lügner und Betrüger), die angeblich von der Religion vorgeschrieben werde: Die selbsternannten Islamkritiker behaupten sogar, die »Taqqia« – eine Ausnahme von den grundsätzlich vorgeschriebenen rituellen Pflichten und dem Bekenntnis zum Glauben in Situationen der lebensgefährlichen Verfolgung von Muslimen nach der Lesart einer Glaubensrichtung – verlange grundsätzlich Lüge und Verstellung gegenüber Andersgläubigen.[140] Das Perfide an diesem Wahn-Konstrukt: Selbst die reinste Wahrheit, die perfekte Anpassung nützt dem »bösen Moslem« nichts – der sogenannte Schläfer wird zum Inbegriff des moslemischen Terroristen und Prototypen des antimuslimisch-rassistischen Feindbildes.

Nachweisbare Falschbeschuldigung durch Geheimdienstagenten

Im Fall eines Bremer Imams gelang es durch glückliche Umstände nachzuweisen, dass das Ermittlungsverfahren wegen des Vorwurfs der Mitgliedschaft in einer terroristischen Vereinigung in der BRD und einer solchen im Ausland, also nach den §§129a und b StGB, auf den frei erfundenen Denunziationen eines mutmaßlichen Agenten aus seinem Heimatland Tunesien beruhte.

Die Ermittlungen gegen den Mandanten wurden u.a. geführt wegen angeblicher

■ »Sammlung von Spendengeldern für die Muhajedin« sowie
■ »Anschlagsplanungen auf jüdische Einrichtungen in Deutschland«.

In den nach der Vernehmung erhaltenen Ermittlungsakten befand sich ein Vermerk des BKA vom 20.2.2008 zur »Aus- und Bewertung der Angaben einer im Verfahren eingesetzten Vertrauensperson«. Dieser Vermerk hat 22 Seiten, auf denen die Vorwürfe und angeblichen Beweismittel, die im Wesentlichen auf Angaben eines Agenten (V-Mannes) beruhen, akribisch untersucht (werden). Abschließend heißt es darin unter der Überschrift »Fazit zum ›Ausspähungsverfahren‹«:
»Somit kann im Ergebnis festgehalten werden, daß aufgrund der festgestellten falschen Angaben der Wahrheitsgehalt des Ausspähungssachverhalts sowie der daran beteiligten Personen stark angezweifelt werden kann. So muß nach hiesiger Einschätzung davon ausgegangen werden, daß dem Ausspähungssachverhalt jegliche Grundlage fehlt.« (Hervorhebung v. Verf.)[141]

---

[140] Vgl. Werner Ruf: »Der Islam. Schrecken des Abendlandes« Köln 2012, S. 75
[141] Aus den Handakten des Autors.

Mit anderen Worten: Es handelte sich um die haltlose Denunziation eines bezahlten V-Mannes und mutmaßlichen Agenten des tunesischen Geheimdienstes, mit dem die deutschen wie die französischen Dienste solange intensiv zusammengearbeitet hatten, bis durch einen Zufall das Geheimdienstkonstrukt aufflog – ähnlich wie bei dem vor dem parlamentarischen Untersuchungsausschuss zum Fall Murat Kurnaz als »Lügenbaron« bezeichneten Bremer V-Mann, der daraufhin »abgeschaltet« worden sei.

Eine Entschädigung für das Ermittlungsverfahren erhielt der Imam nicht, das von mir eingeleitete Ermittlungsverfahren wurde eingestellt, weil der Geheimdienstagent nicht identifizierbar sei, obwohl doch die Ermittlungsbehörden und vermutlich auch der Verfassungsschutz längere Zeit intensiv mit ihm zusammengearbeitet haben.

Trotz dieser ausnahmsweise aktenkundig gewordenen Falschbeschuldigung durch einen Agenten hatte der Imam auch weiter ausländerrechtliche Probleme, (die Ausländerbehörde glaubte ihm nicht, dass die tunesischen Behörden sich grundlos weigerten, ihm einen neuen Pass auszustellen), bis er nach dem Machtwechsel infolge des »Arabischen Frühlings« problemlos einen neuen Pass erhielt.

Das 2007 angestrengte Verfahren auf Erteilung eines Reiseausweises und einer Aufenthaltserlaubnis sowie gegen die Abschiebungsandrohung wurde 2011 zwar durch Urteil hinsichtlich der Erteilung eines Reiseausweises und der Abschiebungsandrohung für erledigt erklärt, ein Anspruch auf Erteilung einer Aufenthaltserlaubnis jedoch abgelehnt; anschließend erhielt der Imam einen einjährigen Aufenthalt zur »Familienzusammenführung« mit seiner in Bremen lebenden aufenthaltsberechtigten Frau, seitdem jedoch bis zum Redaktionsschluss nur sogenannte Fiktionsbescheinigungen für jeweils ein Jahr ohne jede Begründung.

Dass Geheimdienstverwicklungen nicht nur im NSU-Komplex zu beobachten sind, sondern seit den Anschlägen vom 11.9.2001 auch verstärkt in der »Islamisten-Szene«, belegen auch weitere kürzlich bekanntgewordene Fälle, so wird in dem Buch von *Irfan Peci* u.a. (siehe Anm. 130), der als V-Mann für den Verfassungsschutz gearbeitet hat, unter anderem darüber informiert, wie der Verfassungsschutz die Straftaten von V-Leuten vertuscht hat. Peci berichtet, wie Terrorunterstützer vom Geheimdienst unterstützt wurden, er selbst »war *Deutschland-Chef der »Globalen Islamischen Medienfront«*, die im deutschsprachigen Raum mit Terrorbotschaften und Drohvideos im Internet Propaganda für Al-Qaida gemacht hat. 2009 wurde er vom Bundesamt für Verfassungsschutz (BfV) als V-Mann angeworben. Peci war eine der wichtigsten und bestbezahlten Quellen in der deutschen Islamistenszene.«[142]

---

[142] »Islamismus: Verfassungsschutz soll Straftat von V-Mann vertuscht haben«, Spiegel online vom 27.5.2015, www.spiegel.de/politik/deutschland/irfan-peci-v-mann-wirft-ver-

Eine Moschee in Neu-Ulm, die der sogenannten Islamisten-Szene zugerechnet wurde, soll nach einem Bericht eines englischen Journalisten schon zehn Jahre vorher von mindestens fünf verschiedenen Geheimdiensten ständig überwacht worden sein.[143]

Zehn Jahre Kampf gegen religiös konnotierte Diskriminierung

Ein anderer Bremer Imam aus derselben Moschee hatte nicht das gleiche Glück. Er wurde im Jahre 2005 wegen angeblicher »Hasspredigten« während einer Auslandsreise ausgewiesen und so seine Wiedereinreise verhindert. Das hiergegen gerichtete Eilverfahren blieb im Ergebnis erfolglos, anders jedoch das Klageverfahren: Das Verwaltungsgericht Bremen hat die Ausweisung und Abschiebung für rechtswidrig erklärt. Das Oberverwaltungsgericht hat diese Entscheidung bestätigt, nachdem der Rechtsvertreter der Stadtgemeinde, ein Senatsrat aus Bremerhaven, in der mündlichen Verhandlung stundenlang Dutzende von Beweisanträgen gestellt hatte (was ich in meiner jahrzehntelangen Praxis nie erlebt habe) – allerdings sich konsequent weigerte, die von dem Imam bestrittenen angeblichen Hasspredigten vollständig vorzulegen oder wenigstens die Agenten des Verfassungsschutzes als direkte Zeugen anzugeben. Vergeblich, die Berufung wurde zurückgewiesen. Auf die hundert Seiten umfassende Revisionsbegründung mit zahlreichen neuen Anträgen hat das Bundesverwaltungsgericht das Urteil des Oberverwaltungsgerichts im Januar 2013 aufgehoben und angeordnet, dass einem der zahlreichen angebotenen Zeugenbeweise des Bremer Innensenators nachzugehen sei. Daraufhin hat das jetzt wieder zuständige Oberverwaltungsgericht erneut eine mündliche Verhandlung durchgeführt und dann zum Ausdruck gebracht, dass es die Angelegenheit nunmehr vollständig aufklären wolle, unter anderem mit einer Befragung des Klägers und einer umfassenden Vorlage der Erkenntnisse des Verfassungsschutzes.

Im Herbst 2015 hat mich dann schließlich ein Beschluss des Bremer Oberverwaltungsgerichts erreicht, wonach der Senator für Inneres aufgefordert wird, dem OVG »alle innerhalb seiner Behörde vorliegenden Vorgänge über den Inhalt der dem Mandanten vorgeworfenen Predigten im Zeitraum vom 16.07.2004 bis zum 21.01.2005 vorzulegen. Dies schließt den Namen und die Anschrift des maßgeblichen V-Mannes und des V-Mann-Führers ein.« In der Begründung wird erwähnt, dass die Stadtgemeinde Bremen eine Offenlegung der Quellen aus-

---

fassungsschutz-vertuschung-vor-a-1035837.html (16.6.2015, 15:06 Uhr) und Focus online vom 27.5.2015, www.focus.de/politik/deutschland/irfan-peci-veroeffentlicht-buch-ehemaliger-v-mann-bricht-sein-schweigen*id_4709358.html

[143] Stephen Grey: »Das Schattenreich der CIA. Amerikas schmutziger Krieg gegen den Terror«, München 2006

drücklich abgelehnt habe, durch den Erlass des Beweisbeschlusses stelle das OVG aber förmlich fest, dass es die Unterlagen gleichwohl für entscheidungserheblich halte. Daraufhin hat der Innensenator kurz vor dem im Dezember 2015 anberaumten Termin sein Rechtsmittel gegen das frühere, für den Mandanten positive, Urteil zurückgenommen – wohl um einer weiteren Schlappe vor dem Oberverwaltungsgericht zu entgehen. Also zunächst ein juristischer Sieg auf der ganzen Linie, um den zehn Jahre lang gekämpft werden musste!

Anzumerken bleibt zweierlei: Die Regionalmedien, die seinerzeit ausführlich und umfangreich über die Ausweisung und ihre Begründung berichtet hatten, hielten es nicht für nötig, meine zum Ausgang des Verfahrens veröffentlichte Pressemitteilung auch nur zu erwähnen. Ob der Imam nach zehn Jahren Kampf nach Deutschland zurückkehren kann, steht in den Sternen. Sein Antrag auf Verlängerung der Aufenthaltserlaubnis aus dem Jahre 2005 jedenfalls wurde 2017 abgelehnt, weil er »keiner Beschäftigung in Deutschland nachgeht« und kein Stellenangebot vorlegen konnte.

Ein »Hassprediger«, wie er in den Büchern des deutschen Verfassungsschutzes steht

Der aus Ägypten stammende islamische Theologe Dr. Ahmed H. war als Imam zunächst in Rostock, dann in Berlin tätig und hat unter anderem gemeinsame Veranstaltungen mit jüdischen und christlichen Gemeinden, gemeinsame Fußballspiele usw. durchgeführt und war ebenfalls im Quartiersmanagement und bei zahlreichen Institutionen als Experte gefragt und beliebt. Außerdem war er – wie ich allerdings erst nach seiner Abschiebung erfuhr – einer der wenigen, der für Frauen auch gegen den Willen der Familien die Scheidung durchgeführt hat, also ein typischer »Hassprediger«! Jedenfalls war dies die Meinung der Ausländerbehörde und diese betrieb seine Ausweisung und Abschiebung, gegen die er vor dem Berliner Verwaltungsgericht geklagt hat.

Anfang Oktober 2007 wurde er in einer Nacht-und-Nebel-Aktion während des laufenden gerichtlichen Verfahrens abgeschoben. Im weiterlaufenden Klageverfahren hat das Verwaltungsgericht auf meinen Antrag der Gegenseite aufgegeben, die vollständigen Verwaltungsakten einschließlich der Unterlagen des Verfassungsschutzes vorzulegen. Die Ausländerbehörde hat dies unter Bezugnahme auf eine sogenannte Sperrerklärung des Innensenators abgelehnt mit der Begründung, hierdurch werde die Sicherheit der Bundesrepublik Deutschland gefährdet (dies nimmt die Rechtsprechung u.a. schon dann an, wenn durch die Vorlage der Akten ein Informant des Verfassungsschutzes »enttarnt« werden könnte).

Meine Beschwerde hiergegen hat das Oberverwaltungsgericht Berlin in einem sogenannten In-Camera-Verfahren, das heißt ohne Akteneinsicht für den Betroffenen und seinen Rechtsanwalt, abgelehnt, der BGH auf die weitere Beschwerde allerdings die Vorlage der Dokumente oder eine genauere Begründung für die Geheimhaltung verlangt. Da die Ausländerbehörde keine nachprüfbaren Angaben machen konnte oder wollte, hat das jetzt wieder zuständige Verwaltungsgericht schließlich einen Vergleich vermittelt: Die Ausländerbehörde sollte zunächst schriftlich bescheinigen, dass die zuständigen Sicherheitsbehörden, also Geheimdienste, keine Bedenken gegen eine Einreise des Mandanten hätten, und dann die Wirkung der Ausweisung befristen, sodass einer Wiedereinreise des Mandanten eigentlich nichts mehr im Wege stand, der daraufhin ein Visum bei der deutschen Botschaft beantragte. Was wohl kaum jemand für möglich gehalten hatte, trat aber ein: Das Visum wurde verweigert, weil – so die formularmäßige Begründung –»die zuständigen Behörden eines Schengenstaates Sicherheitsbedenken« hätten, die Begründung hierfür könne »aus Sicherheitsgründen« nicht mitgeteilt werden! Mit dem Hinweis auf die schriftliche Bescheinigung der Berliner Ausländerbehörde und dem Nachweis, dass der Mandant im vorangegangenen Jahr sogar anstandslos zwei Wochen mit einem Visum die USA besucht hatte, wurde gegen die Ablehnung beim Auswärtigen Amt demonstriert. Vergeblich, der Fall des Imams Ahmed H. wird also erneut die Berliner Justiz beschäftigen! Dafür hat mir eine Vertreterin der Ausländerbehörde in einem Telefongespräch erklärt, sie fühle sich von den Sicherheitsbehörden hereingelegt und werde einen solchen Vergleich in Zukunft nicht mehr mittragen.

Der Imam Dr. Ahmed H. ist inzwischen in den USA und anderen außereuropäischen Ländern, in die er problemlos reisen kann, ein sehr begehrter Gesprächspartner, nachdem US-Präsident Obama im Juni 2009 seine bekannte »Versöhnungsrede« mit der muslimischen Welt in der Kairo-Moschee gehalten hat, an der Dr. Ahmed Hemaya inzwischen als Imam arbeitete.

Der »Imam von Leipzig«

Der bundesweit vor allem durch wiederholte Auftritte in der Talkshow von Anne Will bekannte »Imam von Leipzig« war überregional als Dialogpartner bekannt und geschätzt. Als er in einer Talkshow bei Anne Will kurz nach den Anschlägen vom 11. September als erster Imam im Namen aller Moslems in Deutschland diese öffentlich verurteilte und darauf hinwies, dass sie auf keinen Fall durch den Islam gerechtfertigt werden könnten, dankte ihm der im Studio ebenfalls eingeladene Vertreter der katholischen Kirche mit einem Handschlag. Nur wenige Zeit später wurde er im Verfassungsschutzbericht des Freistaats Sachsen als »Salafist« an den Pranger gestellt und erwähnt, dass gegen ihn Ermittlungsverfahren wegen Volksverhetzung u.a. liefen. Die vom Autor angeforderten Akten ergaben: Trotz umfangreicher Ermittlungen, die mehrere Leitzordner füllten, gab es keinerlei belastbare Hinweise für die

Vorwürfe gegen den Imam, sodass das Verfahren letztlich eingestellt worden war. Trotzdem bedurfte es erst eines aufwändigen Verwaltungsstreitverfahrens, das den Verfassungsschutz verpflichtete, die inkriminierten Behauptungen nicht weiter zu verbreiten. Dennoch durfte er die vorher jahrelang unbeanstandete Tätigkeit als Seelsorger für inhaftierte Moslems in Leipzig, die ihm aufgrund der Verfassungsschutzberichte untersagt worden war, nicht wieder aufnehmen.

Ähnliches widerfuhr ihm als Vorsitzenden des Vereins der Moschee-Gemeinde: Das zuständige Finanzamt hatte diesem die Gemeinnützigkeit unter Berufung auf den Verfassungsschutzbericht aberkannt und war nicht einmal durch eine entsprechende Entscheidung des Finanzgerichts Sachsen dazu zu bewegen, davon abzusehen. Erst im Revisionsverfahren wurde das Finanzamt vom Bundesfinanzhof eines Besseren belehrt und versuchte dann, mithilfe des Bundesfinanzministeriums, die gesetzlichen Vorschriften dahingehend zu ändern, dass die bloße Erwähnung im Verfassungsschutzbericht für die Aberkennung der Gemeinnützigkeit in Zukunft ausreichen sollte. Bisher sind derartige Vorstöße noch gescheitert.

Teile der Massenmedien arbeiten jedoch in trauter Eintracht mit dem Verfassungsschutz weiter daran, den Imam öffentlich als »Hassprediger« und Kriminellen an den Pranger zu stellen. So gelang es zwar, beim Landgericht zu erwirken, dass der MDR die Behauptung zu unterlassen habe, der Imam predige insgeheim bei jungen Leuten Gewalttätigkeit und fordere zur Tötung von Abtrünnigen auf. Das daraufhin vom MDR eingeschaltete Oberlandesgericht sah jedoch darin nur eine Meinungsäußerung, die nicht verboten werden könne. Ähnlich erging es ihm bei dem Versuch, der Bild-Zeitung zu verbieten, ihn anlässlich einer Einladung zur Talkshow 2013 bei Anne Will als »Salafistischen Hassprediger« zu diskriminieren. Obwohl das Kammergericht Prozesskostenhilfe für den Antrag bewilligt hatte, diese Äußerung zu unterlassen, hat das Landgericht Berlin aufgrund mündlicher Verhandlung entschieden, die Bild-Zeitung sei dazu berechtigt, diese Bezeichnung als bloße Meinungsäußerung zu verbreiten, weil sie (nachträglich im Gerichtsverfahren!) dazu Anhaltspunkte vorgetragen habe, ohne dass es darauf ankomme, ob dies auch den Tatsachen entspreche. Das dagegen eingereichte Rechtsmittel wurde zurückgewiesen, eine Verfassungsbeschwerde konnte wegen des damit verbundenen Aufwandes und der Kosten nicht eingelegt werden. Auf das Verhältnis von Meinungs- und Religionsfreiheit im Kontext rassistischer Diskriminierung im deutschen und internationalen Recht werde ich bei anderen Fällen zurückkommen.

Kein Wunder, dass die Massenmedien in Leipzig und darüber hinaus jede Gelegenheit nutzen, den Imam als »Salafisten« an den Pranger zu stellen, der zumindest insgeheim die »Dschihadisten« fördere. Kein Wunder auch, dass die Versuche des Imams, Läden für gewerbliche Zwecke anzumieten, trotz ursprünglicher Zusage, offenbar auf Intervention von Geheimdiensten immer wieder gescheitert sind. Kein Wunder, dass das Land Sachsen sich unter ausdrücklicher Bezugnahme auf die Erwähnung im Verfassungsschutzbericht weigert, den Betrieb einer Kindertagesstätte zu erlauben, weil dort die Kinder, die auch vorschulisch in Lesen, Rechnen usw. von staatlich anerkannten Erzieherinnen unterrichtet werden, religiöse Lieder und Gedichte und die Feste aller monotheistischen Religionen lernen sollen, angeblich »salafistisch« erzogen werden. Alle unsere Versuche, die zuständigen Leipziger Behörden mit gerichtlicher Hilfe zur Änderung ihrer Haltung zu bewegen, sind bisher gescheitert.

Die ganze Absurdität an dem Fall des Imams von Leipzig zeigen Warnungen von anderen Staatsschutzbehörden, und zwar Warnungen nicht etwa vor dem Imam, sondern an den Imam, weil sein Leben gefährdet sei: Anhänger von Daesch (arabische Bezeichnung des »IS«) hätten Drohungen gegen ihn ausgestoßen, deswegen müsse er sich vorsehen; mit dieser Begründung erhielt er auch einen Waffenschein (!) – für »gefährliche Salafisten« immerhin ungewöhnlich.

Gleichzeitig geht der Streit um die Unterlassungsansprüche des Mandanten wegen der Beobachtung und regelmäßigen Erwähnung in den Verfassungsschutzberichten durch die Instanzen weiter. Kurz vor einem weiteren Termin beim Verwaltungsgericht Dresden Ende März 2017 erreichte mich ein Schriftsatz des Verfassungsschutzes an das Gericht, in dem mitgeteilt wird, dass nunmehr auch Internetdrohungen von Daesch zu finden seien, mit der Aufforderung, den Iman zu töten, weil er Gerichte der »Ungläubigen« in Anspruch nehme, das Gericht solle daher Sicherheitsmaßnahmen prüfen.

Aus dieser neuen Bedrohung für den Imam aber zieht der Verfassungsschutz nicht etwa selbstkritisch Konsequenzen. Im Gegenteil schiebt er ihm eine ganz neue Gefährdungslage in die Schuhe. Heißt es in dem VS-Bericht 2016 doch: »Mittels eines verschwörungstheoretischen Kommunikationsstils macht er Politik, Medien und die Sicherheitsbehörden für diese Entwicklung verantwortlich. Seiner Meinung nach gibt es einen Plan, (sunnitische) Muslime zu bekämpfen und zu töten. Zur Begründung seiner Ansicht deute er aktuelle Ereignisse, wie zum Beispiel jihadistische Terroranschläge, verschwörungstheoretisch um. Er sieht darin den Komplott u.a. westlicher Geheimdienste, um die ›Unterdrückung‹ der Muslime zu rechtfertigen. Aussagen wie diese haben eine desintegrative und radikalisierungsfördernde Wirkung. Gleichzeitig spiegeln sie ein ambivalentes Verhältnis zur Gewalt wider, da sie zum Beispiel von jungen und wenig gefestigten Muslimen auch als Rechtfertigung der Anwendung von Gewalt verstanden werden können.«[144]

---

[144] Verfassungsschutzbericht 2016, S. 257

Die Interpretation terroristischer Gewalt als ein (staatsterroristisches) Mittel zur Unterdrückung einer Religionsrichtung kann also von jungen Menschen als Rechtfertigung der Anwendung von Gewalt verstanden werden. Müsste nach der gleichen Logik nicht auch etwa die Interpretation von Gewalt gegen Christen in muslimisch geprägten Ländern als Teil staatsterroristischer Aktivitäten deswegen verurteilt werden, weil sie von jungen (ungefestigten) Menschen auch als Rechtfertigung von Gewalt verstanden werden könnte? In ein derartig heilloses Wirrwarr von Zirkelschlüssen und sich selbst erfüllenden Prophezeiungen führt offenbar das Festhalten an Feindbildern um jeden Preis.

Die Annahme, dies könne die Einstellung des Verwaltungsgerichts im Rechtsstreit gegen den Verfassungsschutz in unserem Sinne beeinflussen, war auf Sand gebaut. Dem Gericht reichten Hinweise auf »salafistische« Beiträge anderer Prediger, die über Verlinkungen auf der Seite des Mandanten erreichbar waren, auch wenn er sich davon distanzierte; er und seine Moschee durften nach wie vor im Verfassungsschutzbericht als eine Art »salafistische« Zentrale beobachtet und benannt werden.

Kaum hatte der Mandant dies halbwegs verdaut, erreichte uns im Mai 2017 die Benachrichtigung einer Staatsanwaltschaft aus dem süddeutschen Raum im Zusammenhang mit einer Telefonüberwachungsmaßnahme gegen den Mandanten zwei Jahre zuvor, die eine in einem Verfahren gegen Unbekannt, die andere im Rahmen eines Verfahrens gegen ihn selbst als Beschuldigten wegen des Verdachts »der Gründung terroristischer Vereinigungen im Ausland« – Ermittlungsverfahren gegen ihn als Beschuldigten, von denen er bis dato (also zwei Jahre lang!) nichts wusste. Die später gewährte Akteneinsicht aus diesem Geheimverfahren förderte nichts Belastbares zutage, außer einigen vagen Angaben aus Sicherheitsgesprächen und vagen Geheimdienstinformationen.

Volksverhetzung durch Verbreitung von Koranexegese?

Häufig werden Zitate aus dem Koran und deren Interpretation in religiösen Schriften zum Anlass für Strafverfahren und Beobachtung durch Staats- und Verfassungsschutz genommen. Besonders aufschlussreich ist ein Fall aus Baden-Württemberg, in dem sich die Strafjustiz jahrelang mit der Verbreitung solcher religiöser Schriften beschäftigen musste. Der Vorsitzende eines muslimischen Vereins war in erster Instanz wegen Volksverhetzung verurteilt worden, obwohl er erklärt hatte, dass er die Schrift nicht verbreitet hätte, wenn ihm die Bedenken einer Behörde gegen die Verbreitung in Deutschland bekannt gewesen bzw. mitgeteilt worden wären.

In seinem Berufungsverfahren hat das Landgericht Stuttgart das Urteil aufgehoben und ihn freigesprochen. Die Staatsanwaltschaft legte jedoch hiergegen Revision zum Oberlandesgericht Karlsruhe ein. Dieses hat in einem ausführlich begründeten Grundsatzurteil die verfassungsrechtlichen Maßstäbe für die Interpretation von religiösen Schriften im Zusammenhang mit strafrechtlichen Vorwürfen dargelegt und entscheidend darauf abgestellt, ob die LeserInnen, an die sich die Schrift wendet, die Bestrafung von Ungläubigen usw. als Aufforderung zum Handeln in Deutschland verstehen sollen bzw. müssen, was in der Regel von einem Sachverständigen zu klären sei, und die Sache zur neuen Verhandlung an das Landgericht zurückverwiesen. Nach Anhörung eines kompetenten Sachverständigen hat das Landgericht den Mandanten erneut freigesprochen. Das ließ die Staatsanwaltschaft aber nicht ruhen, die erneut das Urteil angefochten und umfangreich dazu vorgetragen hat, dass die Verbreitung der Broschüre mit den Aktivitäten des Vereins und den dort predigenden Imamen, mit Ermittlungsverfahren in anderen Staatsschutzsachen in Koblenz u.v.a.m. in Zusammenhang stehe. Ein anderer Senat hat den Freispruch aufgehoben und die Sache zur weiteren Aufklärung über Zusammenhänge und Hintergründe wiederum an das Landgericht zurückverwiesen. Dort drohte das Verfahren aufgrund immer neuer Vorträge und vor allem Unterlagen und »Kontakte« des Mandanten und seines Vereins vollends aus den Fugen zu geraten, bis auf die energische Intervention des Vorsitzenden die Staatsanwaltschaft sich dazu bequemte, 2014 endlich einer Einstellung des Verfahrens zuzustimmen.

Auch hier stellt sich also die Frage, wie es zu erklären ist, dass ein solches Verfahren die Justiz jahrelang über drei Instanzen – darunter zweimal das Oberlandesgericht – beschäftigen muss. Die Antwort ergibt sich wohl aus der Entwicklung 2015: Anfang Februar erreicht mich die Nachricht des Mandanten, dass bei ihm eine Hausdurchsuchung wegen des Verdachts der Vorbereitung eines schweren staatsgefährdenden Verbrechens stattgefunden hat. Die Begründung der Durchsuchungs- und Beschlagnahmebeschlüsse des Amtsgerichts Stuttgarts vom 26.1.2015 ist umwerfend: Es sollen u.a. schriftliche Aufzeichnungen gesucht werden, die »Auskunft über *die fundamentalistische Einstellung* des Beschuldigten geben können«, bzw. »Mehrfachausfertigungen von *islamistischem Schriftgut*«.

Die Justiz kriminalisiert also »fundamentalistische Einstellungen« und »islamistisches Schriftgut«: Das ist die Wiederkehr der längst überwunden geglaubten Gesinnungsjustiz – der antimuslimische Rassismus macht's möglich.

Die Einstellung des Verfahrens konnte immerhin nach mehr als einem Jahr erreicht werden. Die Akteneinsicht hatte ergeben, dass das Ermittlungsverfahren insbesondere wegen Vorbereitung einer schweren staatsgefährdenden Gewalttat geführt worden war. In der Einstellungsverfügung vom 6.4.2016 wird zunächst auf mehreren Seiten dargelegt, dass der Mandant als Vorsitzender des »salafistisch geprägten« Vereins über mehrere Konten verfügungsberechtigt und zweiter Vorstand eines weiteren »islamischen Vereins mit salafistischer Ausprägung« war. Die eingeworbenen Spenden seien an eine Hilfsorganisation in Düsseldorf zur Anschaffung von fünf Krankenwagen verwandt worden, einer dieser Krankenwagen »wurde später im syrischen Kriegsgebiet als Truppentransporter eingesetzt« – dies wurde also als feststehende Tatsache formuliert, obwohl es sich ja allenfalls um einen Verdacht handeln konnte, dessen Grundlage auch nicht erwähnt wird. Eingestellt wurde das Verfahren, weil »keine hinreichenden konkreten Anhaltspunkte dafür gefunden werden (konnten), dass der Beschuldigte (…) sowie auch die weiteren Beschuldigten positiv wussten, dass die Spendensammlung zur Anschaffung der Krankenwagen bzw. die Krankenwagen selbst für nicht humanitäre Zwecke verwendet werden würden«. Aus dem einen Krankenwagen sind also unter der Hand mehrere geworden, das Verfahren wurde also eingestellt, weil der Vorsatz für die Vorbereitung einer schweren Staatsgefährdung weiter nicht nachgewiesen werden konnte.

Ganz abgesehen davon, dass in der mehrseitigen Begründung nirgendwo erklärt wird, welcher Staat eigentlich durch die Truppentransporte gefährdet werden sollte. Der Staat Syrien kann ja wohl kaum gemeint sein, unterstützt Deutschland doch ganz offiziell die Militäreinsätze der US-geführten Allianz gegen die Regierung. Eine Verfassungsbeschwerde, in der die oben zitierten rassistischen Diskriminierungen in der Begründung des Durchsuchungsbeschlusses als Grundrechtsverletzung gerügt wurden, wurde nicht zur Entscheidung angenommen. Zur Begründung wird darauf abgestellt, dass das Landgericht (später) festgestellt habe, dass tatsächlich einer der Krankenwagen für den Militäreinsatz vorbereitet worden sei; gleichzeitig wurde dem Autor eine sogenannte Missbrauchsgebühr in Höhe von 500 Euro auferlegt – zum ersten Mal in den mehr als 100 Verfassungsbeschwerdeverfahren meiner Berufstätigkeit –, weil ich diese Tatsache in der Darstellung des Sachverhaltes unterschlagen hätte. Wörtlich heißt es abschließend: »Angesichts der gegebenen Sachlage scheint zudem der Vorwurf ›rassistischer Diskriminierung‹ gegenüber den Ermittlungsbehörden als diffamierend und grob unsachlich.«[145]

Dabei hatte ich die Grundrechtsverletzung bei der Durchsuchung nur auf zwei Gründe gestützt: die fehlende Bestimmtheit der zugrundeliegenden Norm und die oben zitierte Begründung des Durchsuchungsbeschlusses als »rassistische Diskriminierung«, und nicht etwa darauf abgestellt, dass es keinerlei Tatverdacht im Sinne dieser (meiner Ansicht nach verfassungswidrigen) Norm gebe.

---

[145] Aus den Handakten des Autors.

»Gefährlicher Hassprediger« durch die »zentrale Rückführungsstelle Bayern« von Familie und sozialen Kontakten abgeschnitten

In einem anderen Fall der »unheiligen Inquisition« gegen vermeintliche »gefährliche salafistische Hassprediger« geht es um einen Imam aus Bayern, einen marokkanischen Staatsbürger, der mit seiner deutschen Frau und ihrem zweijährigen Sohn seit Jahren dort zusammenlebt. Ihm hat die »Zentrale Rückführungsstelle« 2014 die Ausweisung und Abschiebung und den Transport in ein 140 km entferntes Abschiebungslager binnen zwei Tagen angedroht für den Fall, dass er sich nicht freiwillig dorthin begäbe, sowie ein Verbot der Internet-Nutzung, eines eigenen internetfähigen Handys usw. ausgesprochen, weil er angeblich als »gefährlicher Salafist« die Unterdrückung der Frau, die Verfolgung Andersgläubiger, die Einführung der Scharia und die Teilnahme am »heiligen Krieg« in Syrien u.a. predige (nach der Interpretation des Verfassungsschutzes einer einzigen, illegal mitgeschnittenen und nur auszugsweise mitgeteilten Freitagspredigt aus dem Jahre 2012!). Auch die Vorlage eines ärztlichen Attestes über eine Risikoschwangerschaft seiner Frau im achten Monat und eines Schreibens des Universitätsprofessors, bei dem seine Frau studiert (wonach sie nicht nur als Hochbegabte gerade ihre Masterarbeit schrieb, sondern ihr von der Fakultät eine wissenschaftliche Laufbahn vorgeschlagen wurde), konnte die Behörde nicht zum Einlenken bewegen – ebenso wenig wie die Tatsache, dass der zweijährige Sohn einen christlichen Kindergarten besucht, und der Nachweis durch eine gutachterliche Stellungnahme eines Professors der Universität Bayreuth, dass die Interpretation des Auszuges aus dem Predigt-Text einseitig und in den wesentlichen Punkten falsch und tendenziös ist; ebenso wenig die ausführlich begründete Argumentation des Autors, dass der vom Verfassungsschutz zugrunde gelegte »Salafismus« ein Konstrukt der westlichen Geheimdienste ist.

Immerhin hat das Verwaltungsgericht dem Eilantrag auf vorläufigen Rechtsschutz nach einer mehrstündigen intensiven Befragung des Imams in nichtöffentlicher Sitzung stattgegeben und zur Begründung ausgeführt, dass die Behörde nicht belegt habe, dass der Imam zu der Strömung des »dschihadistischen Salafismus« – im Unterschied zum »puristischen Salafismus« bzw. »politischen Salafismus«, der nur »unter bestimmten Bedingungen die politisch motivierte Gewalt« rechtfertige – angehöre; insofern könne offen bleiben, ob eine mittelbare Unterstützung eines im Ausland geführten bewaffneten Kampfes die Belange der Bundesrepublik Deutschland berührten bzw. ob darin eine Gefährdung der Inneren Sicherheit der Bundesrepublik Deutschland zu sehen sein könne. Vorläufig konnte der Imam also weiter predigen und mit seiner Familie zusammenleben. Das Hauptsacheverfahren war allerdings noch anhängig, er war nach wie vor nur im Besitz einer sogenannten eingeschränkten Fiktionsbescheinigung, die bis Mitte 2015 gültig war. Als ihm bei der Ausländerbehörde erklärt wurde, damit könne er sich »frei bewegen«, nutzte er die Weihnachtsferien, um mit seiner Frau und den beiden Kindern nach Marokko zu seinen Eltern zu fliegen – ein verhängnisvolles »Missverständnis«: Die Rückreise nach Deutschland wurde ihm wegen der sogenannten Sperrwirkung der Ausweisungsverfügung für die nächsten fünf Jahre verweigert, obwohl die Klage dagegen aufschiebende Wirkung hat. Dass die Familie zerrissen, die akademische Karriere seiner Frau infrage gestellt, sie und die Kinder durch die Trennung schwer belastet waren, interessierte die zuständigen Ausländerbehörden nicht. Erst über einen von mir daraufhin bestellten Eilantrag beim Verwaltungsgericht Berlin konnte erreicht werden, dass das Auswärtige Amt verpflichtet wurde, dem Betroffenen ein Visum zu erteilen, was aber erst unter Androhung von Zwangsgeldern auch tatsächlich geschah.

Das Auswärtige Amt hatte in dem Eilverfahren einerseits vorgetragen, es verfüge über keine neuen Erkenntnisse, andererseits sei der Antrag unzulässig und unbegründet, weil der Imam eine Gefahr für die Bundesrepublik Deutschland darstelle, sich also mit anderen Worten gegen die ausführlich begründete bestandskräftige Entscheidung des Bayrischen Verwaltungsgerichts gestellt – so viel zur Achtung gerichtlicher Entscheidungen durch das Auswärtige Amt, wenn diese einmal nicht dem »Feindbild Islam« entsprechen.

Im Sommer 2015 hat die mündliche Verhandlung im Hauptsacheverfahren vor dem Verwaltungsgericht Bayreuth stattgefunden, in der Imam erneut ähnlich wie in den Sicherheitsbefragungen (siehe oben) ausführlich zu seinen religiösen Vorstellungen und Praktiken befragt wurde. Die Ausländerbehörde hatte nämlich nach wie vor darauf beharrt, dass die besondere Gefährlichkeit dieses »Salafisten« sich aus der Tatsache ergebe, dass er zu einer Gruppe gehöre, die im Internet aktiv sei und Kontakt zu anderen Gruppen habe, von denen schon Einzelne in das Bürgerkriegsgebiet in Syrien gereist seien – wohl wissend, dass einer der Stars der »modernen dschihadistischen Internetszene« für Jugendliche aus Weiden sich gerade geoutet hat, auch als Agent des Verfassungsschutzes gearbeitet zu haben.[146]

Erst nachdem der Imam die Fragen der Richter mit stundenlangen Ausführungen über sein Verständnis des Koran, der Rolle der Frau usw. zur Zufriedenheit beantwortet hatte, konnte eine positive Entscheidung erzielt werden: Die Ausweisungsverfügung mitsamt den weiteren Anordnungen wurde aufgehoben. Auch hierüber haben die überregionalen Medien, die den Fall bis dahin

---

[146] Vgl. »Dieser Dschihadist arbeitete als V-Mann«, stern online, www.stern.de/politik/deutschland/dschihadist-arbeitete-auch-als-v-mann-erhebt-schwere-vorwuerfe-gegen-verfassungsschutz-6198656.html

immer wieder begleitet haben, nicht berichtet – mit Ausnahme kurzer Artikel in den Bayreuther Medien.

Einen anderen Erfolg haben die Behörden allerdings erreicht: Der Imam musste die begonnene Ausbildung beenden, weil er keinen Arbeitsplatz fand, obwohl er umgezogen war. Dem Moscheeverein, in dessen Vorstand er aktiv war, wurde trotz dieses Ergebnisses die entzogene Gemeinnützigkeit bisher nicht wieder zugebilligt. Also auch dies ist ein Paradebeispiel für den »bürgerlichen Tod«, den ich eingangs als Konsequenz des neuen Anti-Terrorismus aufgezeigt habe.

Ermittlungsbehörden auf der Suche nach Beweismitteln »zur islamistischen Ausprägung des Beschuldigten«

Im November 2012 wurde die Wohnung eines jungen Moslems, eines deutschen Staatsbürgers mit Migrationsgeschichte in der Türkei, in Berlin durchsucht und sämtliche Handys, PCs und Notebooks mit Zubehör beschlagnahmt. Grundlage war ein Beschluss des Amtsgerichts Tiergarten, wonach der Beschuldigte des Verbrechens der Planung eines Mordes verdächtig und es zu vermuten sei, dass »die Durchsuchung zur Auffindung von Beweismitteln führen wird, nämlich (…) von Personal-Computern und Unterlagen (…) sowie der *islamistischen Ausprägung* des Beschuldigten (…).« Die von mir dagegen eingelegte Beschwerde blieb erfolglos. In der Beschwerdeschrift habe ich u.a. ausgeführt: »Nach Informationen der Verteidigung leitet das LKA Berlin angebliche ›Kontakte des Beschuldigten zu grundsätzlich gewaltbereiten bzw. gewaltbefürwortenden Personen des islamistischen Spektrums‹ in erster Linie daraus ab, dass er ›an den angemeldeten Koranverteilungen am 14. und 21.04.2012 in Berlin, Potsdamer Platz, aktiv teilgenommen (hat). Bei diesen Aktionen wurden kostenlose Exemplare des Korans verteilt.‹ (…) Wenn Sicherheitsbehörden und Massenmedien hierzulande das kostenlose Verteilen des Korans als Beleg für ›Kontakte zu grundsätzlich gewaltbereiten bzw. gewaltbefürwortenden Personen des islamistischen Spektrums‹ ansehen, ist das nicht nur offensichtlich rechtswidrig (…), sondern erinnert fatal an die ›Kontaktschuld‹ der Kommunistenverfolgung der McCarthy Ära der USA Anfang der fünfziger Jahre, die ihrerseits in der Tradition der mittelalterlichen Hexenverfolgungen stand.«[147]

Der Betroffene war Studierender an der Fachhochschule für Sozialpädagogik im dritten Ausbildungsjahr zum staatlich anerkannten Erzieher und befand sich in Examensvorbereitungen, die er dann aufgeben musste, nachdem ihm eine Erklärung vorgelegt wurde, die ihn – als einzigen aus der Gruppe der Auszubildenden (!) – dazu verpflichten sollte, für die verfassungsmäßige Ordnung einzutreten, was er als Diskriminierung ablehnte, mit der Folge, dass er

---

[147] Aus den Handakten des Autors.

das erforderliche Praktikum nicht beenden konnte und die Ausbildung abbrechen musste. Mit Bescheid vom 26.11.2014 wurde das Ermittlungsverfahren sang- und klanglos eingestellt, aber alle Versuche, die Ausbildung wieder aufzunehmen bzw. fortzusetzen, schlugen fehl.

Ein weiteres Verfahren gegen den gleichen Mandanten hatte nämlich im Januar 2015 wegen des Vorwurfes »Verdacht der Vorbereitung einer schweren staatsgefährdenden Gewalttat« auf der Grundlage des neu geschaffenen Straftatbestandes §86a StGB mit einer Hausdurchsuchung und der Beschlagnahme einer Reihe von Gegenständen, insbesondere Handys und Computerzubehör begonnen. Auch dieses Verfahren wurde von der Generalstaatsanwaltschaft Berlin zwei Jahre später ohne weiteres nach §170 Abs. 2 StPO sang und klanglos eingestellt, d.h. weil die Ermittlungen keinen genügenden Anlass zur Erhebung der öffentlichen Klage erhielten.

Teil 3
Grund- und Menschenrechte:
Der institutionelle Rassismus und die Aufarbeitung verfassungs- und menschenrechtlicher Standards

1. Der institutionelle Rassismus auf Bundesregierungsebene bei der »Integration des Islam«

Schon im Zusammenhang mit der sogenannten Sarrazin-Debatte und ihrer Verarbeitung durch die »Islamkritiker«, Neonazis und Rechtspopulisten sowie deren Netzwerke hatte es an warnenden Stimmen nicht gefehlt, dass es sich dabei um »geistige Brandstiftung« handele und den Worten Taten folgen würden. Diese blieben in den Institutionen und Mainstream-Massenmedien weitgehend ungehört. Ja, es kam noch schlimmer: Nach anfänglichem Erschrecken über die dann tatsächlich erfolgenden bzw. aufgedeckten rassistischen Gewalttaten erfolgte die Verarbeitung nach einem bewährten Muster der Verdrängung und Verharmlosung bei gleichzeitig weitgehend ungebrochenem Fortsetzen der antimuslimischen Rassismen. Ich will dies an den drei wichtigen Vorfällen der letzten Jahre zeigen, wobei ich mich wieder weitgehend auf Klaus J. Bade als Experten und unverdächtigen Zeitzeugen für nicht allgemein bekannte Vorgänge stütze.

Die »Islamkonferenz«
Regelrecht gescheitert sind die Versuche des Innenministeriums, das im institutionellen Rassismus etablierte Zitat »Feindbild Islam« aus dem Dunkel der Geheimdienste mithilfe bestimmter Islamverbände und selbsternannter »IslamkritikerInnen« in groß angelegten Islamkonferenzen an das Licht der »Werte unserer Verfassung« zu zerren.

In seinem Standardwerk »Kritik und Gewalt. Sarrazin-Debatte, ›Islamkritik‹ und Terror in der Einwanderungsgesellschaft«[148] setzt *Klaus Jürgen Bade* sich in dem Kapitel »›Islamkritische‹ Politikberatung und Bundespräsidentenschelte« mit dem Anspruch und der Wirkung der »Islamkonferenz«, insbesondere der Rolle der Islamkritikerin Necla Kelek im Rahmen der Sarrazin-Debatte auseinander.

Als vermeintlich umfassend islamkundige und vor allem »islamkritische« Regierungsberaterin war Kelek, so Bade, lange bei höchsten Regierungsstellen ein- und ausgegangen und hatte dabei sehr folgenreiche, zum Teil ungenügend

---

[148] Wochenschau Verlag, Schwalbach/Ts. 2013

bekannte Spuren hinterlassen. Das galt z.b. für das seinerzeit von Wolfgang Schäuble geleitete Bundesministerium des Innern (BMI) und für das Nürnberger Bundesamt für Migration und Flüchtlinge (BAMF) unter dessen Gründungspräsidenten Dr. Albert Schmid. Er nannte Kelek im Forschungsbeirat des BAMF, dem ich seit dessen Einberufung angehöre, »eine meiner wichtigsten Beraterinnen«. Das blieb so, obgleich Kelek für die Islamkonferenz, deren Organisation beim BAMF lag, ein methodisch und inhaltlich inakzeptables, erst nach Neubearbeitung angenommenes Gutachten über religiös motivierte Interventionen von muslimischen Schülereltern abgeliefert hatte, die angeblich zu massiven Einschränkungen im Unterricht führten. Das Gutachten blieb trotz Neubearbeitung noch immer so fragwürdig, dass es nach der Publikation auf eine für Autorin und Bundesamt peinliche Weise in der Presse öffentlich widerlegt und als zum Teil gegenstandslose Behauptung zurückgewiesen wurde.[149]

Kelek war 2005 von der Evangelischen Kirche Deutschlands zur Mitarbeit an der den Kirchentag vorbereitenden Projektgruppe eingeladen worden. Sie war als diskrete Beraterin auch an der Vorbereitung von Gesetzesvorlagen auf der Bundesebene beteiligt. Das galt z.b. für die ursprünglich (uneingestanden) auf einen Schutz des Sozialetats im Wohlfahrtsstaat vor der viel beschworenen »unqualifizierten Einwanderung in die Sozialsysteme« zielende, offiziell jedoch mit der Erschwerung von »Zwangsheiraten« begründete Verschärfung der Regelungen zum Familiennachzug im Rahmen der Änderung des Aufenthaltsgesetzes von 2007. Es galt aber z.b. auch für Gesetzesinitiativen zur Erhebung von Zwangsheiraten zu einem eigenständigen Straftatbestand. Das alles zielte nicht speziell auf Muslime türkischer Herkunft, traf sie im Ergebnis aber am meisten. Viele von ihnen wissen oder ahnen das und sind deshalb auf Kelek nicht gut zu sprechen.

Auch auf Länderebene zeigte das Wirken Keleks, nach Bade, einschlägige Spuren. Das galt z.b. für die Hamburger Justizbehörde, von der Kelek als Beraterin für die Behandlung türkisch-muslimischer Strafgefangener berufen wurde. Es galt aber z.b. auch für den bald bundesweit als »Gesinnungstest« oder »Muslimtest« berüchtigten »Gesprächsleitfaden für Einbürgerungsbehörden« in Baden-Württemberg, mithilfe dessen die zuständigen kommunalen Dienststellen imstande gesetzt werden sollten, »die Einstellung von Einbürgerungsbewerbern zur freiheitlichen demokratischen Grundordnung Deutschlands überprüfen zu können«. Das amtliche Misstrauen zielte auch hier besonders auf Muslime: Einer Pressemitteilung des Stuttgarter Innenministeriums zufolge sollten diese

---

[149] Kelek, Necla: »Teilnahme von muslimischen Kindern – insbesondere Mädchen – am Sport-, Schwimm- und Sexualkundeunterricht« – www.bamf.de/SharedDocs/Anlagen/DE/Publikationen/Expertisen/kelek-espertisen.pdf?_blob=publicationFile

Gespräche ausdrücklich »mit Einbürgerungsbewerbern aus den 57 islamischen Staaten, die der Islamischen Konferenz angehören«, geführt werden. Dann stellten sich offenbar Zweifel ein. Es gebe mittlerweile »Erkenntnisse«, nach denen »namentlich Muslime« hierbei »eventuell ein Bekenntnis ablegten, das nicht ihrer inneren Überzeugung« entspreche. Die besagten »Erkenntnisse« stammten u.a. von Necla Kelek, die in diesem Zusammenhang von dem damaligen Leiter des federführenden Referats im Stuttgarter Innenministerium, Rainer Grell, auch ganz besonders hervorgehoben wurde: Kelek habe ihn immer wieder darin bestärkt, »auf dem richtigen Weg zu sein«, beteuerte der Beamte und fügte im Blick auf zwei Bücher von Kelek noch ausdrücklich hinzu: »Ohne ›Die fremde Braut‹ und ›Die verlorenen Söhne‹ hätte ich manchen Gedanken nicht zu denken, geschweige denn auszusprechen gewagt.« Mit den amtlichen »Bedenken«, die »namentlich Muslime« weckten, dürfte die von Kelek als Saat kollektiven Misstrauens gegenüber Muslimen verbreitete Information über die *Taqiyya* gemeint gewesen sein. Es geht hier um das Recht der Gläubigen, Ungläubigen gegenüber die Unwahrheit zu sagen, was Kritiker der Autorin und ihren Aussagen über den Islam gelegentlich selber unterstellen.

Dazu Bade: »Das freilich wäre Kelek gegenüber ebenso abwegig wie im Blick auf Gesprächsleitfäden für Einbürgerungsbehörden; denn die ›Taqiyya‹ gilt für gläubige Muslime nicht etwa generell, sondern nur in Verfolgungssituationen mit Gefahr für Leib und Leben. Kelek war ferner Mitglied in Plenum und Arbeitsgruppen der von Bundesinnenminister Wolfgang Schäuble initiierten und im Auftrag des BMI vom BAMF organisierten ersten Deutschen Islamkonferenz. Sie erschwerte dort, wie ich und andere Mitglieder der Arbeitsgruppe 1 (›Deutsche Gesellschaftsordnung und Wertekonsens‹) wiederholt erleben konnten, deren Arbeit zuweilen erheblich auf die verschiedenste Weise. (…) Es galt für Äußerungen gegenüber staatlichen Vertretern am Rande und außerhalb der Sitzungen und vor allem für auf staatlicher Seite offenkundig nicht unwillkommene polarisierende Brüskierungen der beteiligten muslimischen Verbandsvertreter in den Verhandlungen, insbesondere durch deren immer wiederkehrende Nötigung zur Rechtfertigung gegenüber brutalistischen Zitaten aus den Heiligen Schriften des Islams. Solche sich oft wiederholenden Vorfälle waren einem vernünftigen, geschweige denn wissenschaftlich fundierten Diskurs abträglich.«[150]

---

[150] Klaus Jürgen Bade: »Kritik und Gewalt. Sarrazin-Debatte, ›Islamkritik‹ und Terror in der Einwanderungsgesellschaft«, Schwalbach/Ts, 2013, S. 185ff.

Der Islamismus als Hauptfeind der Inneren Sicherheit beim Bundesinnenministerium

In dem bereits im Jahre 2005 vom Bundesinnenministerium veröffentlichten Verfassungsschutzbericht für das vorangegangene Jahr wurde bereits als »Hauptgefahr für die Innere Sicherheit« auch die von »Islamisten« ausgehende terroristische Gefahr verortet, ebenso schon in den vorangegangenen Jahren. So ist es kein Wunder, wenn Meinungsumfragen feststellen, dass bereits 2005 82% der Deutschen mit dem »Islam« assoziierten: »Terrorismus«.[151]

Bei Bade finden wir hierzu interessante Hinweise: »Die Kette der gesellschaftspolitischen Fehlleistungen des Bundesinnenministeriums setzte sich fort mit einem unerhörter Weise unmittelbar an die Trauerfeier zum Andenken an die vorwiegend muslimischen Opfer der NSU-Morde anschließenden Skandal: Es war die allgemeine Empörung hervorrufende, dem Minister wochenlang angeblich ganz unerklärliche, verfälschende und Muslime stigmatisierende Vorveröffentlichung der erwähnten Studie ›Lebenswelten junger Muslime in Deutschland‹ in der Bild-Zeitung als angeblich der Aufklärung dienende ›Schock-Studie‹. Die Publizierbarkeit der stark sicherheitspolitisch angelegten, im Gegensatz zu ihrem Titel weder für Muslime in Deutschland noch für muslimische Jugendliche repräsentativen Studie war wegen der damit möglicherweise verbundenen Missverständnisse anfangs intern in Zweifel gezogen worden. Deshalb wurde die Studie zum Verdruss der Autoren monatelang zurückgehalten und für eine amtliche Vorstellung vom BAMF mit einer neuen Zusammenfassung versehen, während die Autoren weiter hingehalten wurden. Plötzlich geriet die Studie auf völlig rätselhafte Weise ausgerechnet an die Bild-Zeitung. Sie wurde dort, wie nicht anders zu erwarten, sensationell aufbereitet mit Alarmmeldungen über kulturelle Abwendung, wachsendes Desinteresse an Integration und steigende Gewaltbereitschaft bei jungen Muslimen, wozu der Minister sich überdies mit ›Besorgnis‹ zitieren ließ: ›Wer Freiheit und Demokratie bekämpft, wird hier keine Zukunft haben.‹ Die in Wahrheit die Integrationsentwicklung weit positiver, aber die Wirkung der Sarrazin-Debatte wesentlich negativ bewertenden Inhalte der Studie wurden so einseitig wiedergegeben, dass zur Bestürzung der Autoren sogar Beifall von der falschen Seite kam: Die rechtspopulistische *junge Freiheit* jubilierte, dass der angeblich mutige Minister in der ›Todeszone deutscher Integrationslügen und Ausländertabus‹ die ›hartnäckige Integrationsverweigerung‹ junger Muslime aufgedeckt habe. Sarrazin glaubte seine Thesen ›glänzend bestätigt‹ zu sehen und holte vor diesem ersehnten falschen Hintergrund wieder einmal zu einem Rundumschlag im Sinne der negativen Integration aus: ›Jeder soll so leben, wie er möchte, aber nicht unbedingt

---

[151] Ebd.

bei uns‹, erklärte Sarrazin und verdrillte die aggressive Flanke mit wieder einmal klar antiislamischer Stoßrichtung: ›Wer bei uns lebt, muss auch die grundsätzlichen Werte des westlichen Abendlandes akzeptieren, die sich auf Religionsfreiheit, Gewaltverzicht und die Gleichberechtigung der Frau beziehen.‹ Das bewerteten die schockierten, ›große Empörung, sogar Verzweiflung‹ meldenden Verfasser der Studie als geradezu ›tragisch‹. Die gesellschaftspolitischen Grotesken des Bundesinnenministeriums endeten, bislang, mit der gegen eine islamistische Radikalisierung Jugendlicher und junger Erwachsener gerichteten, wohl gut gemeinten, aber naiv und dilettantisch gemachten, im absehbaren Ergebnis klar muslimfeindlich wirkenden und dann auch genauso verstandenen ›Vermisst-Kampagne‹. Dazu gehörten eine bundesweite Plakatierungs- und Postkartenaktion sowie eine Anzeigenkampagne in verschiedenen Medien. Die bald ›Vermisstenanzeigen‹ genannten Plakatentwürfe lösten allgemeine Empörung aus. Sie führten zu einer regelrechten Revolte bei den Sprechern mehrerer muslimischer Verbände und zu deren Rückzug aus der am Rande der immer mehr sicherheitspolitisch instrumentalisierten Islamkonferenz gebildeten ›Initiative Sicherheitspartnerschaft‹, die damit nicht mehr funktionstüchtig ist. Die Muslimverbände fühlten sich ›kriminalisiert‹ durch die ›Fahndungsplakate‹, mit denen eine islamfeindliche ›gesellschaftliche Paranoia heraufbeschworen‹ werde. Die Aktion musste, nach anfänglicher Zurückweisung der Kritik, abgeblasen werden, das Ministerium hatte sich abermals bloßgestellt.«[152]

Kurdischer Exilpolitiker nach unverantwortlicher Verzögerung von Asyl und Aufenthalt im Irak ermordet

An zwei Beispielen soll nun gezeigt werden, wie gering der Einsatz der Bundesregierung für Leib und Leben von Asylberechtigten in Deutschland und sogar von deutschen Staatsbürgern mit Migrationsgeschichte ausfallen kann, die sich im Ausland in Gefahr bzw. in Foltergefängnissen befinden, wenn sie den Feindbildern des institutionellen Rassismus zugerechnet werden.

Der kurdische Exilpolitiker Kani Yilmaz (ehemaliger Europasprecher der PKK-nahen ERNK) befand sich in den kurdischen Bergen Nordiraks, als das Bundesamt für Migration seinen ihm 1993 nach der Flucht aus der Türkei gewährten Asylstatus zu widerrufen versuchte.

Der in den 1990er Jahren als kurdischer Exilpolitiker und im Zusammenhang mit seiner fast vierjährigen Auslieferungshaft in London und einem Strafverfahren vor dem OLG Celle (wegen Rädelsführerschaft in einer terroristischen Vereinigung innerhalb der PKK) von mir erfolgreich vertretene und von einer aktiven Solidaritätsbewegung unterstützte, europaweit bekannt geworde-

---

[152] Ebd.

ne Kani Yilmaz hatte eine wichtige Etappe bei seinem Versuch erreicht, nach Deutschland zurückzukehren: Im September 2005 hat das Oberverwaltungsgericht Nordrhein-Westfalen den Antrag der Bundesrepublik Deutschland, vertreten durch den Bundesinnenminister, zurückgewiesen, die Berufung gegen das Urteil des Verwaltungsgericht Düsseldorf vom 19.8.2005 zuzulassen. Damit ist diese bahnbrechende Entscheidung rechtskräftig geworden und der Versuch des Bundesamtes für Migration und Flüchtlinge (BAMF), seinen ihm im Februar 1993 gewährten Asylstatus zu widerrufen, gescheitert. Damit wurde die Entscheidung rechtskräftig, wonach eine fortbestehende Gefahrenlage jedenfalls im Bereich der Terrorismusbekämpfung von demjenigen Ausländer, der organisatorisch in eine gewalttätige Gruppierung eingebunden war und eigene gemeingefährliche Tatbeiträge geleistet hat, verlangte, dass er glaubhaft darlegt, sich endgültig von dem betreffenden Umfeld gelöst zu haben. Davon sei vorliegend auszugehen:»Ausgeschlossen ist der Asylanspruch des Betroffenen trotz der Gefahr politischer Verfolgung im Ergebnis nur dann, wenn sein Verhalten im Bundesgebiet insgesamt terroristisch geprägt ist.«

Trotz dieser positiven Entscheidung gelang es Kani Yilmaz nicht, nach Deutschland zurückzukehren, weil seine Aufenthaltserlaubnis aus den 1990er Jahren infolge der Ausreise erloschen war und sich die Ausländerbehörde weigerte, ihn bei seiner Wiedereinreise zu unterstützen. Trotz aller Bemühungen bestanden die deutschen Behörden darauf, dass er sich in die deutsche Botschaft in Bagdad begeben müsse, was zur Zeit des damaligen Irakkrieges völlig ausgeschlossen war. So musste er in den kurdischen Bergen abwarten, wo er im Februar 2006 Opfer eines Terroranschlags geworden ist, für den ein PKK-Anhänger verantwortlich gewesen sein soll.

Mithilfe der Geheimdienste zum Terroristen »gestempelt« und in Marokkos Foltergefängnis gelandet

Hierzu passt ein Fall, in den die Bundesregierung zwar auch nicht – jedenfalls nicht nachweislich – direkt involviert ist, was die Folter betrifft, wohl aber verschiedene staatliche Stellen, insbesondere die Staatsschutzpolizei Hessen und Nordrhein-Westfalen und das der Bundesregierung unterstehende Bundesverwaltungsamt. Vor allem aber ist dieser Fall eine Anklage gegen die Bundesregierung wegen des Verdachts der Komplizenschaft und der Untätigkeit aufgrund rassistischer Vorurteile.

Im Falle meines Mandanten Mohammed Hajib, dessen Vertretung in Deutschland ich Ende Juni des Jahres 2012 übernommen habe, scheint zwar inzwischen das Schlimmste überwunden, nachdem er im März 2017 endlich aus der Haft entlassen nach Deutschland zurückkehren konnte. Er saß sieben Jahre lang im Gefängnis in Tiflet, Marokko, wegen einer Verurteilung in I. Instanz zu zehn

Jahren Freiheitsstrafe wegen »Terrorismus«. Das wiederum geschah aufgrund eines in Polizeihaft durch Folter erzwungenen Geständnisses als einzigem »Beweismittel«. Das dortige Generalkonsulat hat ihn in der Haft sporadisch konsularisch betreut. Der Fall des Antragstellers hat aufgrund von Anfragen der Grünen (MdB Christian Ströbele) und der LINKEN (MdB Wolfgang Neškovic) Parlament und Regierung beschäftigt; Menschenrechtsorganisationen wie Amnesty International und arabische Organisationen haben sich für ihn eingesetzt, das UN-Hochkommissariat für Menschenrechte, Arbeitsgruppe für willkürliche Festnahmen, hat sich an die Regierung von Marokko gewandt; deutsche und internationale Massenmedien haben über den Fall berichtet.

Er war nach seiner Einreise in Frankfurt am Main am 17.2.2010, aus Pakistan kommend (wo er nach den Beschuldigungen der marokkanischen Behörden »terroristische Aktivitäten« durchgeführt haben soll), von Beamten des hessischen Landesdeskriminalamtes ausführlich befragt und dann entgegen seinem Wunsch, zunächst Verwandte in den Niederlanden zu besuchen, zu einer Weiterreise nach Marokko gedrängt worden, wo er am darauf folgenden Morgen verhaftet und wenig später in Polizeihaft schwer gefoltert wurde.

Auf parlamentarische Anfragen hat die deutsche Regierung bestätigt, dass den marokkanischen Behörden am 17.2.2010 vom BKA über die Weiterreise nach Marokko »im Rahmen des auch auf Gegenseitigkeit beruhenden polizeilichen Informationsaustausches« berichtet worden sei, obwohl er sich nach »deutschem Recht nicht strafbar gemacht habe und er kein Beschuldigter eines Strafverfahrens in Deutschland sei«.

Den Eltern von Mohammed Hajib wurde vom deutschen Konsulat ein Brief aus Pakistan gezeigt, wonach sich ihr Sohn in Pakistan – wo er einige Monate wegen illegaler Einreise inhaftiert war – nicht weiter strafbar gemacht habe. Alle Versuche, dieses Schreiben, das für ein Wiederaufnahmeverfahren in Marokko mit dem Ziel des Freispruchs von entscheidender Bedeutung gewesen wäre, zu erhalten, hat das Auswärtige Amt ebenso zurückgewiesen wie eine Akteneinsicht in die dort geführten Akten über die konsularische Betreuung usw. Zur Begründung wird angeführt, die Vorgänge seien geheimhaltungsbedürftig, sie seien »Teile der konsularischen Betreuung des Antragstellers, deren Freigabe erhebliche nachteilhafte Auswirkungen auf die bilateralen Beziehungen mit Marokko oder Pakistan zur Folge hätte, weil sie die die zwischenstaatlichen Verhältnisse als vertraulich behandelte Kommunikation zwischen deutschen und ausländischen Behörden offen legen würde«.

Dabei hatte der Fall längst ganz andere internationale Dimensionen erreicht. In Entschließung der Generalversammlung der Vereinten Nationen aufgrund einer Stellungnahme des Menschenrechtsrates vom 31.8.2012 heißt es am Schluss der umfangreichen Begründung: »Die Verhaftung von Herrn Mohammed Hajib ist willkürlich, sie verletzt die Artikel 5, 9, 10 und 11 der Allgemeinen Erklärung der Menschenrechte und die Artikel 7, 9 und 14 des Internationalen Paktes zu den bürgerlichen und politischen Rechten. Seine Verhaftung erfüllt die Kategorie III der willkürlichen Verhaftung (…). Deswegen ersucht die Arbeitsgruppe die Regierung von Marokko, die unmittelbare Freilassung von Herrn Hajib zu veranlassen und ihm eine angemessene Entschädigung nach Maßgabe des Artikel 9 Abs. 5 des Internationalen Paktes zu den bürgerlichen und politischen Rechten zuzusprechen.«[153] Deutliche Worte, sollte man meinen, denen Taten folgen müssten – und wenn schon nicht ohne weiteres durch Marokko, wohl aber aufgrund entsprechenden Drucks aus Deutschland, nicht nur wegen der traditionellen engen Verbundenheit, sondern der besonderen Umstände dieses Falles, der deutschen Staatsangehörigkeit des Betroffenen und der Mitverantwortung deutscher Behörden. Aber weit gefehlt.

Zu einer offiziellen Intervention auf höchster Ebene (wie etwa im Fall der Ukrainerin Julija Timoschenko) hat sich die Bundesregierung aber dennoch nicht bewegen lassen. Im Gegenteil: Das Bundesverwaltungsamt hat nach seiner Verhaftung in Marokko ein umfangreiches Verwaltungsverfahren eingeleitet mit dem Ziel, ihn auszubürgern, ihm also die deutsche Staatsbürgerschaft zu nehmen, obwohl diese wenigstens in Marokko einen gewissen Schutz gewährt hätte. In der Begründung wurde angeführt, dass er bei seiner Einbürgerung verschwiegen habe, dass er Funktionär der islamistischen terroristischen Organisation namens»Tablighi Jamaat« sei. Als der Autor in dem Verwaltungsverfahren durch Vorlage von Sachverständigengutachten aus den USA nachweisen konnte, dass diese islamische Vereinigung (der auch der langjährige Guantanamo-Häftling Murat Kurnaz angehört hatte) eine völlig unpolitische, keineswegs terroristische Organisation ist, bequemte sich das Bundesverwaltungsamt die Ausbürgerung nicht weiter zu betreiben, offiziell mit Rücksicht auf die beiden deutschen Kinder von Mohammed Hajib (die natürlich auch schon zum Zeitpunkt der Einleitung des Ausbürgerungsverfahrens hätten berücksichtigt werden können und müssen).

Die unheilvolle Zusammenarbeit der Geheimdienste, die kaum zu leugnende Mitverantwortung für schwerste Folterungen und eine nicht zu verantwortende hohe Freiheitsstrafe sowie die versuchte Ausbürgerung sind aktuelle Beispiele dafür, wie der antimuslimische institutionelle Rassismus im Zeitalter des Antiterrorismus funktioniert.

Nach langem Rechtsstreit konnte im Januar 2015 kurz vor Ende der inzwischen auf fünf Jahre reduzierten Haftstrafe und vor Antritt einer weiteren Haftstrafe von zwei Jahren wegen»Meuterei« im Gefängnis auch auf Drängen der

---

[153] Aus den Handakten des Autors.

Kammer des Verwaltungsgerichts Berlin erreicht werden, dass ein Vergleich geschlossen wurde; danach hat das Auswärtige Amt offiziell bestätigt, dass ihm von einem Ermittlungsverfahren in Pakistan wegen Terrorismus nichts bekannt sei. Mohammed Hajibs Hoffnung, damit in Marokko seine Rehabilitierung und baldige Freilassung erreichen zu können, war allerdings vergeblich, selbst nachdem Marokko 2016 zum sogenannten sicheren Drittstaat für Flüchtlinge erklärt werden sollte (sodass Geflüchtete dorthin ohne ernsthafte Prüfung ihres Asylantrages auf Verfolgungsschicksal wieder abgeschoben werden können).[154]

Immerhin konnte er im März 2017 nach Deutschland zurückkehren, schwer gezeichnet von den jahrelangen Misshandlungen, der Folter und Isolationshaft. Es wird also noch einige Zeit und Ausdauer kosten, bis er wieder halbwegs genesen seine Rehabilitation betreiben und die ihm zustehenden Ansprüche auf Schadensersatz gegen Marokko und Deutschland durchsetzen kann.

Keine Atempause gönnen die deutschen zuständigen Behörden dem Mandanten, der seine Rehabilitation in Duisburg an mehreren Wochenenden unterbrochen hat, um seine Frau und seine kleinen Kinder in Irland besuchen zu können, wo diese sich gegenwärtig aufhalten: Jedes Mal wurde er nach der üblichen Ausreisekontrolle am Flughafen einer besonderen Behandlung unterzogen, intensiv befragt, körperlich durchsucht und immer neuen Schikanen ausgesetzt. Anfang Juni 2017 musste ich mich deshalb an die Bundespolizei direkt wenden, um diese Schikanen, für die es keine Rechtsgrundlage gibt, zu unterbinden. Im Rahmen des weiteren Verfahrens gelang es, wenigstens einen Anhaltspunkt für diese schikanöse und offensichtlich rechtswidrige Praxis herauszubekommen. Aus einer Polizeiverfügung ging hervor, dass der Mandant einer Einschätzung unterlag, wonach »Gefährder wie Sie, zu denen bestimmte Tatsachen die Annahme rechtfertigen, dass Sie politisch motivierte Straftaten von erheblicher Bedeutung (…) begehen werden« – ohne dass ein Ermittlungsverfahren oder auch nur Tatsachen für einen Anfangsverdacht behauptet würden. Hier soll offenbar bruchlos die Repressionsmaßnahme von Februar 2010 durch die Staatsschutzabteilungen aus Hessen und Nordrhein-Westfalen fortgesetzt werden, wonach sich der Mandant laut Protokoll »nach der erfolgten Gefährderansprache« von der Ankunft »in unserer Obhut bis zum Abflug seiner Maschine nach Marokko gegen 22:30 h (…)« befand. Das Vorgehen gegen den Mandanten wurde also damit begründet, dass er »Gefährder« sei – ein mehr als fragwürdiges Konstrukt, mit dem Menschenrechte und insbesondere die Unschuldsvermutung un-

---

[154] Vgl. dazu die Pressemitteilung auf www.menschenrechtsanwalt.de/2017/04/deutsch-marokkaner-Mohammed-hajib-schwer-traumatisiert-aus-gefaeng-nis-in-marokko-zurue-eck-in-deutschland-mit-neuen-schikanen-kon-frontiert-ansprueche-auf-entschaedigung-ge-gen-marokko-und-deutsche/

terlaufen werden, und auf das ich später noch näher eingehen werde. Eine Klärung steht bei Redaktionsschluss noch aus.

Vorläufig aber entnehmen wir diesem Fall: Die unheilvolle Zusammenarbeit der Geheimdienste, die kaum zu leugnende Mitverantwortung für schwerste Folterungen und eine nicht zu verantwortende hohe Freiheitsstrafe sowie die versuchte Ausbürgerung sind aktuelle Beispiele dafür, wie der antimuslimische institutionelle Rassismus im Zeitalter des Antiterrorismus funktionieren kann. Ein Vorgeschmack dessen, was auf uns und vor allem Geflüchtete zukommen kann, wenn mit Marokko als sogenanntem sicheren Drittstaat Ernst gemacht wird; mit der Folge, dass Geflüchtete dorthin ohne ernsthafte Prüfung ihres Asylantrages auf Verfolgungsschicksal abgeschoben werden können[155] – solange besteht die Gefahr, dass sie als »Gefährder« mit einer elektronischen Fußfessel oder gleich in Abschiebehaft festgesetzt werden (siehe dazu auch S. 206ff.).

2. Die systematische Verdrängung, Verharmlosung und Unterstützung rassistischer Gewalttaten durch staatliche Institutionen

Dass die Saat rassistischer Diskriminierungen durch »geistige Brandstifter« auch in Deutschland längst aufgegangen ist, ist ernsthaft nicht zu bestreiten. Es lohnt sich daher, die offiziellen Reaktionen auf die drei besonders beachteten rassistischen Gewalttaten, die die öffentliche Debatte des letzten Jahrzehnts bestimmt haben, unter diesem Aspekt zu betrachten. Haben wenigstens diese zu einer selbstkritischen Reflexion und klarer antirassistischer Positionierung geführt?

Der rassistische Mord an Marwa El-Sherbini und seine Aufarbeitung

Die aus Ägypten stammende muslimische Pharmazeutin, deren Ehemann in Dresden promovierte, wurde am 1. Juli 2009 im Gerichtssaal des Landgerichts von einem Rassisten ermordet, weil er der Meinung war, sie habe in Deutschland »kein Lebensrecht«, und weil die Richter es sträflich versäumt hatten, sie vor möglichen Attacken dieses wegen rassistischer Beleidigungen vom Amtsgericht verurteilten Täters zu schützen oder auch nur zu warnen.

Hierzu zunächst die Darstellung von Bade: »Ein Beispiel dafür war die grauenhafte und weltweit Aufsehen erregende Abschlachtung der im dritten Monat schwangeren ägyptischen Pharmazeutin und Handballspielerin Marwa El-Sherbini in einem Gerichtssaal des Dresdner Landgerichts am 1. Juli 2009. Tathergang: Angeklagt und wegen seiner wiederholten öffentlichen Pöbeleien ge-

---

155 Vgl. dazu die Pressemitteilung auf www.menschenrechtsanwalt.de/2016/05/kein-pfingst-wunder-2016/

genüber Marwa El-Sherbini (›Islamistin‹, ›Terroristin‹, ›Schlampe‹) und nach wiederholten Verwarnungen und Geldstrafen möglicherweise von einer Haftstrafe bedroht, war der geradezu manisch islamfeindliche russlanddeutsche Aussiedler Alex Wiens, der sich als Bauhelfer und Hausmeistergehilfe durchgeschlagen hatte und zuletzt Hartz IV bezog. Wiens hatte ein Küchenmesser mit 18 cm langer Klinge in den Gerichtssaal eingeschmuggelt.

Von dem vor Islamhass rasenden Täter wurde Marwa El-Sherbini vor Gericht öffentlich buchstäblich abgeschlachtet: 16 Messerstiche, die ihr Schulterblatt zertrümmerten, Rücken, Brust, rechten Arm, Luftröhre, Speiseröhre, Brustkorb, Lunge, Leber, Milz und Herz verletzten. Verzweifelt versuchte ihr Ehemann, der am Dresdner Max Planck-Institut für molekulare Zellbiologie und Genetik arbeitende Genforscher Elwi Ali Okaz, seine blutüberströmte und lebensgefährlich verletzte Frau vor dem mit dem langen Messer weiter auf sie einhackenden Täter zu retten. Vergeblich. Der Rasende verletzte auch ihn schwer durch Messerstiche in Unterkiefer, Hals, Brustkorb, Schulter und Bauch. Er wurde obendrein noch von einem zufällig anwesenden Bundespolizisten angeschossen, der ihn in dem Getümmel für den Täter hielt.

Das Projektil aus der schweren Polizeipistole durchschlug das Bein und zertrümmerte den Oberschenkelknochen des schon durch die Messerstiche Schwerverletzten. Er brach nach dem Schuss bewusstlos zusammen, musste reanimiert, dann in ein künstliches Koma versetzt werden und überlebte mit schweren körperlichen und psychischen Schäden knapp, während seine Frau nicht mehr zu retten war.

Zeuge der Blutorgie an den Eltern wurde der gleichermaßen schwer traumatisierte, beim Versuch, ihn in Sicherheit zu bringen verletzte, dreijährige Sohn Marwa El-Sherbinis, der mit ansehen musste, wie seine Mutter im Gerichtssaal verblutete. Das grauenhafte Ereignis erregte in Politik und Medien in Deutschland zunächst wenig Aufsehen. Wie hätte das Echo in den Medien wohl ausgesehen, wenn der Gewalttäter ein fundamentalistischer Islamist und sein Opfer eine schwangere Deutsche ohne Migrationshintergrund gewesen wären?

In Alexandria hingegen, wo sie bestattet ist, gilt Marwa El-Sherbini als Märtyrerin. Die Tatsache, dass die Bundeskanzlerin sich beim ägyptischen Staatspräsidenten erst spät für den vor allem bei muslimischen Organisationen in Ägypten Empörung hervorrufenden Mord an einer Ägypterin in einem deutschen Gerichtssaal entschuldigte, hat in der muslimischen Welt erhebliche Irritationen hinterlassen. Das Teilstück einer Dresdner Straße nach dem Mordopfer zu benennen, wurde von FDP und CDU abgelehnt, weil man ein ›Netzwerk der Schande‹ fürchtete, zu dem es allen Anlass gegeben hätte.

In ihrer Begründung der lebenslänglichen Haftstrafe für den Mörder Alex Wiens betonte die Richterin am Dresdner Landgericht am 11. November 2009,

der Täter habe nicht aus ›diffusem Rassismus‹, sondern aus blankem Hass auf Muslime‹ gehandelt. ›Woher aber hatte der Mörder diesen Hass?‹ (...)«.[156]
Als Rechtsanwalt der Familie nach Ende des Verfahrens gegen den rassistischen Mörder Wiens ist vom Autor ergänzend auszuführen: Der Täter wurde von den Ermittlungsbehörden als »verwirrter Einzeltäter« behandelt, rassistische Hintergründe kaum behandelt und Verbindungen zu organisierten Neonazis und deren Ideologie ausgeblendet, obwohl dieser öffentlich zur Wahl der NPD aufgerufen hatte. Die bei ihm beschlagnahmte Festplatte seines PCs, auf der sich auch die Korrespondenz mit den Neonazis befand, ging ausgerechnet während der Untersuchung in der Staatsschutzabteilung des LKA in Flammen auf und war nicht mehr rekonstruierbar, wie die Akteneinsicht ergab. Ein merkwürdiger Zufall, der interessanterweise ausgerechnet in derartigen Verfahren mit rassistischem politischen Hintergrund wiederholt ähnlich aufgetreten ist, wie im Falle des in einer Polizeizelle in Dessau gefesselten verbrannten Afrikaners Oury Jalloh und des beim Plakatkleben in Hannover in den 1990er Jahren von einem Polizeibeamten erschossenen kurdischen Jugendlichen Halim Dener – ein Schelm, wer Böses bei solchen Zufällen denkt!

Das strafrechtliche Ermittlungsverfahren gegen die Dresdner Richter wegen des Unterlassens geeigneter Maßnahmen zum Schutze von Marwa wurde von der Staatsanwaltschaft Dresden eingestellt, weil die Attacken des Rassisten nicht voraussehbar gewesen wären. Ebenso wenig wurde der Bundespolizist strafrechtlich zur Verantwortung gezogen, der – viel zu spät zu Hilfe gerufen, als Marwa bereits in ihrem Blut am Boden lag und ihr Ehemann versuchte, dem Täter das Messer zu entreißen – ausgerechnet auf den Ehemann schoss und diesen schwer verletzte, statt auf den (blonden) Angreifer: das Verfahren gegen den Polizisten wurde von der Staatsanwaltschaft eingestellt, weil er sich nachvollziehbar geirrt habe.

Sehr viel weniger rücksichtsvoll ging die Staatsanwaltschaft in dem Zusammenhang mit der Medienwissenschaftlerin Sabine Schiffer um: Sie wurde wegen übler Nachrede an der Polizei angeklagt, weil sie die Vermutung geäußert hatte, es könnte rassistische Gründe haben, dass der Bundespolizist nicht auf den Angreifer, sondern ausgerechnet auf den ägyptischen Ehemann des Opfers geschossen hat, der seine Frau vor weiteren tödlichen Messerstichen retten wollte! Und es fand sich ein zuständiger Amtsrichter, der die Journalistin deswegen tatsächlich verurteilt hat. Erst in der zweiten Instanz besann man sich – wohl auch aufgrund zunehmender Proteste und öffentlicher Kritik – des Grundrechts

---

156 Klaus Jürgen Bade: »Kritik und Gewalt. Sarrazin-Debatte, ›Islamkritik‹ und Terror in der Einwanderungsgesellschaft«, Schwalbach/Ts, 2013, S. 265-267

der Meinungsfreiheit, das bekanntlich auch unbequeme Meinungen gegenüber staatlichen Eingriffen schützen soll.

Alle Versuche des Autors, die Mitverantwortung der Richter des Dresdner Landgerichts durch ein unabhängiges Strafgericht klären zu lassen, weil sie es versäumt haben, den rassistischen Angeklagten und späteren Mörder vor dem Gerichtssaal durchsuchen und kontrollieren zu lassen und nach der Attacke für schnelle Hilfe zu sorgen, und es nicht für nötig hielten, Verwandte der Eheleute bzw. die ägyptische Auslandsvertretung zu informieren, sind bisher gescheitert; das gleiche gilt für den Bundespolizisten, der auf den blutüberströmten schwarzhaarigen Ehemann statt auf den blonden Attentäter geschossen hat. Das Verfahren beschäftigt inzwischen den UN-Ausschuss gegen rassistische Diskriminierung (vgl. dazu auch das Kapitel über das Verfahren gegen Sarrazin, S. 126f.).

Exkurs: Die Verarbeitung der Attentate des »antimuslimischen Rassisten und christlichen Fundamentalisten« Anders Breivik und der rechtsterroristischen NSU-Mordserie

Auch hierzu ein Zitat von Klaus Jürgen Bade:»Erst im Juli 2011 kam für die antiislamische Agitation in Deutschland eine grundstürzende Veränderung. Am 22. Juli zündete der antiislamisch, aber auch antimultikulturell, antidemokratisch, antiliberal und anti-europäisch motivierte christlich-fundamentalistische Terrorist Anders Behring Breivik im Stockholmer Regierungsviertel eine schwere Autobombe, die gewaltige Schäden anrichtete, acht Menschen tötete und viele Passanten sowie Beschäftigte in den umliegenden Büros verletzte. Anschließend erschoss er, als Polizist verkleidet, auf der vorgelagerten Ferieninsel Utöya mit Handfeuerwaffen 69 vorwiegend jüngere Menschen und verletzte andere schwer. Zunächst wurde allenthalben, insbesondere von ›Terrorexperten‹ der Medien, an einen islamistisch motivierten Terroranschlag gedacht, was in der Erwartungshaltung mehr aus der kollektiven Stimmungslage schöpfte als aus der Kriminalstatistik; denn nach Informationen von Europol gab es (...) 2010 in der EU zwar 249 Terroranschläge, von denen aber nur drei einen islamistischen Hintergrund hatten. Bis in den Abend hinein wetteiferten die ›Terrorexperten‹ mit einschlägigen Nicht-Ausschluss-Vermutungen, die, so der sarkastische Kommentar von Stefan Niggemeier in der FAZ, ›höchstens noch Millimeter von der ›Switch‹-Satire entfernt‹ waren, ›in der die Reporterin auf die Frage nach der Ursache eines gerade passierten Unglücks sagt: Al Qaida. Alles andere wäre zum jetzigen Zeitpunkt reine Spekulation.‹ Dann kam die Wahrheit ans Licht. Mit einem Schlag trat der vordem von kritischen Zeitgenossen immer wieder vergeblich angeprangerte potentielle Zusammenhang von Wortgewalt und Tatgewalt auf blutige Weise zutage. Der Terrorakt setzte, wie Kommentatoren treffend titelten, ›Europas Rechtspopulisten unter Stress‹.

Breiviks Tat war ein ›Schlag ins Gesicht der Anti-Islam-Bewegung‹; denn jetzt ging es de facto um nicht weniger als um ›geistige Brandstiftung‹ im Zusammenhang von ›Wort und Mord‹ und das Thema ›virtueller und echter Terror‹ beherrschte kurzzeitig die Mediendiskussion.«[157]
Die Geschichte der Selbstaufdeckung der NSU-Massenmorde zeichnet Bade unter der Überschrift »Anti-Islamismus und neonationalsozialistische Gewalt: die NSU-Serienmorde in Deutschland« nach und schreibt u.a.: »Das, was von ihnen (d.h. den kritischen Stimmen, d. Verf.) im Stillen befürchtet worden war und von Vertretern von Politik und Behörden von ihrer vermeintlich höheren Warte aus, wieder einmal, für einen albernen Albtraum gehalten wurde, brach nun aus nur scheinbar heiterem Himmel herein: Es war die Erkenntnis, wie dünn der Firnis der demokratischen Werte in randständigen Kreisen geworden war. Damit verband sich die angstvolle Frage, wie weit solche Tendenzen der Auflösung von Anerkennung durch Teilhabe und Akzeptanz kultureller Vielfalt in sozialem Frieden auch in der Mitte der Einwanderungsgesellschaft wirksam sein könnten.«

»Die Hinrichtung von Türken, wie sich nun herausstellte, durch Neonazis, war jahrelang den Opfern und ihrem mutmaßlichen ›Milieu‹ zugeschrieben worden. Im Begriff ›Dönermorde‹ schien der antitürkische Rassismus der Behörden und der Medien zu sich zu kommen. Gerade bei gut ausgebildeten und erfolgreichen deutschen Türken trifft man derzeit auf eine Mischung aus enttäuschter Liebe zu ihrer Heimat, auf Wut, Trauer und allgemeine Aufgewühltheit, in einem Maß, das einem Angst um dieses Land und seinen Zusammenhalt machen kann. Wir verlieren so die Besten. Auch diejenigen, die nicht weggehen, schließen innerlich mit Deutschland ab. Diesen Kulturbruch in der Einwanderungsgesellschaft verdanken wir zu wesentlichen Teilen der von der Sarrazin-Debatte nachhaltig forcierten vulgärrationalistisch-kulturrassistischen publizistischen ›Islamkritik‹ und ihren digitalen, im Argument noch grobschlächtigeren Begleitkommandos im Web 2.0.«[158]
Hierzu das treffende Zitat aus dem gemeinsamen Aufruf der Bürgerrechtsorganisationen zur Demonstration am 13.4.2013 in München anlässlich des Prozessauftaktes des NSU-Verfahrens gegen Beate Zschäpe u.a. beim OLG: »Rassistische Gewalt und rechter Terror durch Neonazis haben sich in den bundesdeutschen Alltag eingeschrieben und doch bleiben auch heute noch Opfer rechter und rassistischer Gewalt der fatalen Mischung aus Ignoranz, Inkompetenz, Verharmlosung und Vertuschung bei Strafverfolgern und Justiz ausgesetzt,

---

[157] Klaus J. Bade, ebd., S. 270f.
[158] Ebd.

die das Staatsversagen im NSU-Komplex im Zusammenspiel mit institutionellem Rassismus erst ermöglicht haben.«

3. Die verfassungs- und menschenrechtlichen Standards: Entscheidungen des Europäischen Gerichtshofs für Menschenrechte (EGMR) und des UN-Ausschusses gegen rassistische Diskriminierung (ICERD)

Die unzulässige, verfassungswidrige Beweisführung anhand religiöser Schriften

Für die rechtliche Bewertung der Tätigkeit von »Salafisten« auf den Gebieten des Strafrechts, des Vereinsrechts (sowohl im Hinblick auf Vereinsverbote als auch hinsichtlich der Gemeinnützigkeit von derartigen Vereinen), im Aufenthaltsrecht und im Zivilrecht werden häufig angebliche oder tatsächliche Stellen aus dem Koran zitiert bzw. religiöse Texte, die sich auf Koranzitate stützen, angeführt, um die Verfassungsfeindlichkeit bzw. die Strafbarkeit der Aktivitäten zu belegen. So wird immer wieder versucht, mit Zitaten aus religiösen Schriften, für deren Verbreitung »Salafisten« verantwortlich gemacht werden, zu belegen, dass die Betreffenden die Scharia in Deutschland einführen wollen, Gewalt gegen Frauen propagieren und den Dschihad vorbereiten. Dazu ist auf das Gebot einer sachgerechten Interpretation derartiger Passagen unter verfassungsrechtlichen Maßstäben ebenso hinzuweisen wie auf offenbar wenig bekannte Inhalte etwa der christlichen und jüdischen Religion.

Hierzu sei die bereits erwähnte grundlegende Entscheidung des Oberlandesgerichts Stuttgart in dem von mir vertretenen Strafverfahren gegen einen Imam angeführt. Das OLG hatte in dem Revisionsverfahren wegen des Vorwurfs der Volkverhetzung durch Verbreitung eines Buches in deutscher Sprache (Übersetzung eines moslemischen Gelehrten aus Saudi-Arabien) zur *Reichweite der Religionsfreiheit* den Stand der höchstrichterlichen Rechtsprechung, insbesondere des Bundesverfassungsgerichts, umfassend und präzise dargestellt, der wegen der besonderen Bedeutung dieser eigentlich selbstverständlichen Grundsätze hier ausführlich wieder gegeben werden soll.

Auszüge aus einer Grundsatzentscheidung des Oberlandesgerichts Stuttgart:

»Nach den Feststellungen des Landgerichts befasst sich die verfahrensgegenständliche Schrift mit den religiösen Pflichten von Muslimen (…) sowie mit den Sanktionen bei Pflichtverletzung. Derartige Schriften fallen in den Schutzbereich der religiösen Bekenntnisfreiheit nach Art. 4 Abs. 1 GG (…). Dieser Schutz umfasst die gesamte Schrift, auch die Passagen, in denen nach Auffassung von Staatsanwaltschaft und Amtsgericht zur Tötung aufgerufen wird. Die Todesstrafe für Religionsverbrechen war und ist Religionen keineswegs fremd und war es auch nicht dem Juden- und Christentum (s. nur III. Mose 20, 13; hierauf beruhend Art.116 Constitutio Criminalis Carolina 1532). Ebenso wie die Meinungsfreiheit vorbehaltlich ihrer Schranken auch extremistische Meinungen schützt, schützt das Religionsrecht vorbehaltlich seiner Schranken auch fundamentalistische oder extremistische religiöse Bekenntnisse. Die Bekenntnisfreiheit nach Art. 4 Abs. 1 GG ist für den religiösen Bereich lex specialis zu Art. 5 Abs. 1 GG und folgt den zur Meinungsfreiheit entwickelten Grundsätzen (...). Im Hinblick auf § 130 StGB hat das Bundesverfassungsgericht – 3. Kammer des 2. Senats – diese Grundsätze in seinem Beschluss vom 24.09.2009 wie folgt zusammengefasst: »(...) die Fachgerichte haben bei der Auslegung und Anwendung von §130 StGB insbesondere die aus Art. 5 Abs. 1 GG abzuleitenden verfassungsrechtlichen Anforderungen zu beachten, damit die wertsetzende Bedeutung des Grundrechts auf der Normanwendungsebene zur Anwendung kommt.

aa) Voraussetzung jeder rechtlichen Würdigung von Äußerungen ist, dass ihr Sinn zutreffend erfasst worden ist (...). Ziel der Deutung ist die Ermittlung des objektiven Sinns einer Äußerung. Maßgeblich ist daher weder die subjektive Absicht des sich Äußernden noch das subjektive Verständnis des von der Äußerung Betroffenen, sondern der Sinn, den sie nach dem Verständnis eines unvoreingenommen verständigen Publikums objektiv hat (vgl. BVerfGE 93 [...]). Dabei ist stets vom Wortlaut der Äußerung auszugehen. Dieser legt ihren Sinn aber nicht abschließend fest. Der objektive Sinn wird vielmehr auch vom Kontext und von den Begleitumständen der Äußerungen bestimmt, soweit diese für den Rezipienten erkennbar sind (...).

bb) Ist eine Äußerung mehrdeutig, so haben die Gerichte, wollen sie die zur Anwendung sanktionierender Normen führende Deutung ihrer rechtlichen Würdigung zugrunde legen, andere Auslegungsvarianten mit nachvollziehbaren und tragfähigen Gründen auszuschließen (...) ([...] ständige Rechtsprechung.) Gründe dieser Art können sich auch aus den Umständen ergeben, unter denen die Äußerungen gefallen ist (...).

cc) Die Wahrung der wertsetzenden Deutung der Meinungsfreiheit erfordert im Rahmen der auslegungsfähigen Tatbestandsmerkmale des einfachen Rechts zudem regelmäßig eine fallbezogene Abwägung zwischen der Bedeutung der Meinungsfreiheit und dem Rang des durch die Meinungsfreiheit beeinträchtigten Rechtsguts. Das Ergebnis dieser Abwägung ist verfassungsrechtlich nicht vorgegeben, sondern hängt von den Umständen des Einzelfalls ab.

Bei der hiernach erforderlichen Deutung der verfahrensgegenständlichen Schrift verbietet sich eine isolierte Betrachtung einzelner Äußerungsteile, da sie den Anforderungen an eine zuverlässige Sinnermittlung regelmäßig nicht gerecht würde (...). Daher muss die Schrift in ihrer Gesamtheit zum Gegenstand der neuen Hauptverhandlung, Beweisaufnahme und Urteilsfindung gemacht werden. Weiterhin muss der religiöse und islamisch-rechtliche Kontext, in dem die beanstandeten Passagen stehen, sachverständig beraten ermittelt und gewürdigt werden (…).

Auf dieser Grundlage wird zu würdigen sein, ob die Aussagen, die religiösen Pflichten des Fastens im Ramadan und der Zahlung von Zakat gehörten zu den fünf Grundpflichten des Islam, wer gegen sie verstoße, müsse aufgefordert werden zu bereuen, und wer das nicht tue, falle vom Glauben ab und müsse getötet werden bzw. die Todesstrafe erleiden, als Aufforderung zu deuten ist, im Inland lebende Muslime unter Missachtung der deutschen Rechtsordnung zu töten, oder ob andere Deutungsvarianten möglich erscheinen, ohne mit nachvollziehbaren und tragbaren Argumenten ausgeschlossen werden zu können.

Auf der Grundlage einer den verfassungsrechtlichen Anforderungen genügenden Deutung der beanstandeten Passagen ist schließlich eine fallbezogene Abwägung zwischen der Bedeutung der religiösen Bekenntnisfreiheit einerseits und dem Rang durch ihre Wahrnehmung im Einzelfall beeinträchtigten Rechtsguts erforderlich.«[159]

Was aber sagt die Rechtsprechung zum Missionieren, also dem aktiven Werben für den Islam bei Menschen anderen Glaubens bzw. Atheisten? Und wie sieht die praktische Umsetzung aus?

Missionieren für »Salafisten« durch die Religionsausübungsfreiheit geschützt?

Für das Bundesverfassungsgericht ist es seit der Entscheidung BVerfGE 12, 1, 4ff. selbstverständlich, dass zur Religionsausübungsfreiheit auch das Missionieren gehört; dazu heißt es in dieser Entscheidung:»Denn sie erlaubt nicht nur auszusprechen und auch zu verschweigen, dass und was man glaubt oder nicht glaubt. Dem Sinne dieser im Grundgesetz getroffenen politischen Entscheidung entspricht es vielmehr, die Glaubensfreiheit auch auf die Werbung für den eigenen Glauben wie für die Abwerbung von einem fremden Glauben zu erstrecken. Das muß auch das Recht einschließen, die Glaubensabwerbung unabhängig von einer Glaubenswerbung zu schützen.«[160]

In der Entscheidung im 24. Band (S. 236ff.) heißt es:»2.a) Das Grundrecht der ungestörten Religionsausübung (Art. 4 Abs. 2 GG) ist an sich im Begriff der Glaubens- und Bekenntnisfreiheit (Art. 4 Abs. 1 GG) enthalten. Dieser Begriff umfasst nämlich – gleichgültig, ob es sich um ein religiöses Bekenntnis oder eine religionsfremde oder religionsfreie Weltanschauung handelt – nicht nur die innere Freiheit, zu glauben oder nicht zu glauben, d. h. einen Glauben zu bekennen, zu verschweigen, sich von dem bisherigen Glauben loszusagen und einem anderen Glauben zuzuwenden, sondern ebenso die Freiheit des kultischen Han-

---

[159] Urteil des OLG Stuttgart vom 19.05.2011 1 SS 175/11 – H
[160] BVerfGE 12-1, S. 4ff.

delns, des Werbens, der Propaganda (BVerfGE 12, 1 [3f.]). (...) Diese Freiheit der Religionsausübung erstreckt sich zudem nicht nur auf die christlichen Kirchen, sondern auch auf andere Religions- und Weltanschauungsgemeinschaften. Das folgt aus dem für den Staat verbindlichen Gebot weltanschaulich-religiöser Neutralität (BVerfGE 18, 385 [386]; 19, 206 [216]) und dem Grundsatz der Parität der Kirchen und Bekenntnisse (BVerfGE 19, 1 [8]). Es ist deshalb nicht gerechtfertigt, die Kultusfreiheit enger auszulegen als die Glaubens- und Bekenntnisfreiheit.« (BverfGE 24, S. 245f.)

Wie wenig diese eindeutige und klare Aussage heute wert ist, lässt sich an einem aktuellen Beispiel aus Niedersachsen belegen. Dem Vorstandsmitglied eines Vereins in Braunschweig, der jahrelang unbeanstandet Informationsstände in Braunschweig, Gifhorn und Wolfsburg betrieben hatte, wurde der »Sondernutzungsantrag für einen Informationsstand des Islam« in Wolfsburg mit Bescheid vom 31.5.2016 abgelehnt. In der Begründung heißt es, es sei davon auszugehen, dass der Antragsteller »als Gründungsmitglied und Vorstandsangehöriger in Braunschweig der salafistischen Szene in Großraum Braunschweig angehör[t]. (...) Durch Ihre Kontakte besteht die Gefahr, dass es im Rahmen Ihres Informationsstandes zu Äußerungen und Aufforderungen zu Straftaten kommt, die die innere und äußere Sicherheit oder sonstige erhebliche Belange der Bundesrepublik Deutschland gefährden. (...) Aufgrund aktueller Geschehnisse der letzten Monate in Paris, Hannover oder Brüssel ist das subjektive Sicherheitsgefühl der Bevölkerung nicht unerheblich beeinträchtigt. Es liegt im öffentlichen Interesse, diese Beeinträchtigung nicht zusätzlich zu verstärken.«[161]

Danach darf also das nicht unerheblich beeinträchtigte Sicherheitsgefühl der Bevölkerung im öffentlichen Interesse durch einen Informationsstand eines Vereins, der der »salafistischen Szene« zugerechnet wird, nicht zusätzlich beeinträchtigt werden. Damit wird also die ansonsten gern bemühte Unterscheidung innerhalb der »salafistischen Szene« mit dem Konstrukt einer überwiegend gewaltlosen und nur zum geringen Teil gewaltaffinen »salafastischen Szene« einerseits und dem »dschihadistischen Salafismus« andererseits endgültig aufgegeben. Damit wird das Amalgam von antimuslimischem Rassismus und »Antiterrorismus« auf den Punkt gebracht: Das »subjektive Sicherheitsgefühl« der Bevölkerung geht dem Grundrecht der Religionsausübungsfreiheit vor – eine Steilvorlage für Rechtspopulisten und AfD.

---

[161] Aus den Handakten des Autors.

Der EGMR zum Verhältnis von (rassistischer) Diskriminierung und Meinungsfreiheit

Sowohl der zuständige UN-Ausschuss gegen rassistische Diskriminierung (CERD) als auch der EGMR haben den hohen Stellenwert der Freiheit vor Rassismus für ein friedliches Zusammenleben in einem demokratischen Land sowie die Gefährlichkeit der Verbreitung von Ideen rassistischer Unter- und/oder Überlegenheit erkannt und berücksichtigen dieses aus der Geschichte herrührende Wissen entsprechend bei der Abwägung der Meinungsäußerungsfreiheit gegen notwendige Maßnahmen zur Bekämpfung rassistischer Diskriminierung.

So hat der EGMR in vielen Entscheidungen zur Einschränkung rassistischer Meinungsäußerungen ausgeführt, dass es genereller Zweck des Art. 17 EMRK ist, auszuschließen, dass Einzelne aus der Konvention ein Recht darauf herleiteten, an irgendeiner Aktivität teilzunehmen oder irgendeine Handlung vorzunehmen, die auf die Zerstörung eines der Rechte oder einer der Freiheiten der Konvention gerichtet ist; niemandem solle es möglich sein, die Bestimmungen der Konvention zur Vornahme von Handlungen auszunutzen, welche die Zerstörung der genannten Rechte und Freiheit beabsichtigten. Zu dieser Problematik gibt es eine Reihe von Entscheidungen, die von der deutschen Justiz bisher nicht zur Kenntnis genommen, geschweige denn umgesetzt wurden (im Einzelnen: EGMR, Norwood v. Vereinigtes Königreich, Unzulässigkeitsentscheidung vom 16.11.2004, No. 23131103).

Der Beschwerdeführer, ein Mitglied der rechtsextremen British National Party (BNP), ist für das Aufhängen eines Plakates (60 x 38cm) im Fenster seiner Wohnung verantwortlich: Das Plakat zeigte ein Foto der New Yorker Zwillingstürme in Flammen mit den Worten:»Islam raus aus Britannien – Schützt das Britische Volk« sowie ein Symbol eines Sichelmondes und eines Sterns in einem Verbotszeichen. Er wird strafrechtlich wegen (in Deutschland vergleichbar) Volksverhetzung verurteilt, wogegen er sich unter Berufung auf seine Meinungsäußerungs- und Kunstfreiheit an den EGMR wendet. Dieser lehnt die Beschwerde ab und führt in der Begründung der Entscheidung aus:»Ein solch genereller, vehementer Angriff auf eine religiöse Gruppe, durch welchen die Gruppe als Ganzes mit einem schweren Akt des Terrorismus in Verbindung gebracht werde, sei unvereinbar mit den von der Konvention verkündeten und garantierten Werten, namentlich Toleranz, sozialer Frieden und Nicht-Diskriminierung. Die Ausstellung des Posters in dem Fenster stelle eine dem Art. 17 EMRK unterfallende Handlung dar und genieße daher nicht den Schutz von Art. 10 oder 14 EMRK.« Das heißt, der Gerichtshof sieht derartige Äußerungen bereits außerhalb des Anwendungsbereichs der Europäischen Menschenrechtskonvention generell, falls die entsprechenden – in den uns interessierenden Fällen – rassistischen Äußerungen ein gewisses Maß an Schwere erreichen.

Im Urteil EGMR 15615107, Feret gegen Belgien, vom 16.7.2009, führt der Gerichtshof aus (Zusammenfassung aufgrund des französischen Originals): Der Beschwerdeführer ist Präsident der belgischen politischen Partei »Front National – National Front«. Er ist verantwortlicher Herausgeber der Schriften dieser Partei sowie Eigentümer ihrer Webseite. Von Juli 1999 bis Oktober 2001 veröffentlichte die Partei »Front National« während ihrer Wahlkampagne mehrere Flugblätter und Schreiben rassistisch-diskriminierenden Inhalts (unter anderem »gegen die Islamisierung Belgiens«, »schickt die außereuropäischen Arbeiter zurück«,»Palmiers-Straße: Ein Zentrum für Flüchtlinge vergiftet das Leben der Anwohner«,»reserviert den Belgiern und Europäern das Recht auf Sozialhilfe«). Nachdem die Immunität des Politikers aufgehoben worden war, wurde er zu einer Strafe von 250 Stunden gemeinnütziger Arbeit, die im Bereich der Integration von Personen mit ausländischer Nationalität zu verrichten war, sowie einer auf Bewährung ausgesetzten Haftstrafe von zehn Monaten verurteilt. Des Weiteren sprach es die Aussetzung des passiven Wahlrechts für zehn Jahre aus.

Der EGMR führte in seiner Entscheidung aus, das Recht des Beschwerdeführers auf Meinungsäußerungsfreiheit sei durch die Verurteilung nicht verletzt. Die Freiheit der politischen Diskussion bedeute nicht, dass sie einen absoluten Charakter besitze, da Toleranz und gegenseitiger Respekt aller Menschen die Basis einer demokratischen und pluralistischen Gesellschaft sind. Der Gerichtshof erkennt an, dass die Anstiftung zum Hass nicht unbedingt den Aufruf zu einem Akt der Gewalt oder einer anderen strafbaren Handlung erfordert. Verletzungen durch Beleidigungen oder Verleumdung eines Teils der Bevölkerung oder Anstiftungen zu Diskriminierung genügen, damit die Behörden dem Kampf gegen rassistische Reden Vorrang einräumen können gegenüber einer unverantwortlichen Meinungsfreiheit, die die Würde oder die Sicherheit dieser Bevölkerungsgruppen verletzt.

Aber auch in den anderen, weniger gewichtigen Fällen rassistischer Äußerungen weist der Gerichtshof, genauso wie CERD, in seiner Entscheidung TBB./.Deutschland, Communication No 48/2010, darauf hin, dass die Inanspruchnahme des Rechts auf freie Meinungsäußerung mit Verantwortung und Pflichten einhergeht, keinesfalls unbeschränkt ist und das Recht des Gegenübers auf ein Leben ohne rassistische Diskriminierung und Herabwürdigung zu achten hat. Ebenso hat sich der Ausschuss der Europäischen Union gegen Rassismus und Intoleranz eindeutig positioniert und sich u.a. auf eine weitere Entscheidung des EGMR im Fall Jean Marie Le Pen gegen Frankreich gestützt. In diesem Fall war das Gericht der Auffassung, eine Verurteilung sei gerechtfertigt, weil die Äußerungen des Beschwerdeführers Le Pen zweifellos die (gesamte) muslimische Gemeinschaft negativ dargestellt haben, was sehr wahrscheinlich Gefühle der Ablehnung und Feindseligkeit zeitigen würde; nach Ansicht des Gerichts haben die Beschwerdeführer die Franzosen in Opposition zu einer Gemeinschaft gesetzt, deren religiöse Zugehörigkeit ausdrücklich erwähnt wurde (Zulassungsentscheidung Nr. 18788/09, 20.4.2010).

Der UN-Ausschuss gegen rassistische Diskriminierung und die Verurteilung Deutschlands im Fall Sarrazin

Menschenrechtskonventionen der Vereinten Nationen, welche von dem betreffenden Mitgliedsstaat ratifiziert wurden, sind rechtlich bindendes Völkerrecht. Ihre Umsetzung wird von dem jeweiligen spezifischen Ausschuss oder der entsprechenden Kommission überwacht. Deutschland hat das Internationale Übereinkommen zur Beseitigung jeder Form von Rassendiskriminierung (ICERD) und auch die Möglichkeit der Individualbeschwerde zum UN-Ausschuss ratifiziert und ist daher rechtlich gebunden, die Konvention umzusetzen. Der UN Antirassismus-Ausschuss CERD überwacht die Einhaltung des Abkommens, stellt Verletzungen durch die Vertragsstaaten fest und veröffentlicht regelmäßige »General Comments« (allgemeine Empfehlungen) als Orientierungshilfen zur Auslegung des Übereinkommens.

Artikel 1 des Abkommens lautet: »In diesem Übereinkommen bezeichnet der Ausdruck ›Rassendiskriminierung‹ jede auf der Rasse, der Hautfarbe, der Abstammung, dem nationalen Ursprung oder dem Volkstum beruhende Unterscheidung, Ausschließung, Beschränkung oder Bevorzugung, die zum Ziel oder zur Folge hat, dass dadurch ein gleichberechtigtes Anerkennen, Genießen oder Ausüben von Menschenrechten und Grundfreiheiten im politischen, wirtschaftlichen, sozialen, kulturellen oder jedem sonstigen Bereich des öffentlichen Lebens vereitelt oder beeinträchtigt wird.«

Im General Comment Nr. 14 von 1993 bekräftigt der Ausschuss, dass es für einen Verstoß gegen das Abkommen genügt, wenn die entsprechende Äußerung, Handlung, Praxis oder gesetzliche Regelung die Wirkung einer rassistischen Diskriminierung erzeugt, und dass alle Gesetze und Praktiken für nichtig zu erklären sind, die die Wirkung haben, rassistische Diskriminierung zu erzeugen oder fortbestehen zu lassen. Selbst indirekte Aussagen und Handlungen genügen, um rassistisch zu sein. Der Staat ist verpflichtet, nicht nur staatliche Stellen, sondern auch Private an die Verpflichtungen aus dem Abkommen zu binden.

In den Entscheidungen G. und A. ./.Dänemark (CERD/C/68/D/34/2004 und CERD/C/77/D/43/2008) hat der Ausschuss wiederholt und bestimmt festgehalten, dass mangelnder (auch strafrechtlicher) Schutz gegen Aussagen generalisierter Negativeinordnungen angelehnt ausschließlich an die ethnische Herkunft – indirekte Aussagen genügen – einen Verstoß gegen ICERD darstellen.

Dies ist vom UN-Ausschuss gegen rassistische Diskriminierung in einer »bahnbrechenden Entscheidung« im Jahre 2013 gegen Deutschland ausdrücklich im Zusammenhang mit dem Strafverfahren Dr. Sarrazin klargestellt worden. Darin heißt es unter anderem:»Der Ausschuss verweist auf seine frühere Rechtsprechung, laut welcher es im Sinne des Artikels 4 der Konvention nicht ausreichend ist, Akte der Rassendiskriminierung lediglich auf dem Papier als strafbar zu erklären. Vielmehr müssen Strafgesetze und andere gesetzliche Bestimmungen, die Rassendiskriminierung verbieten, effektiv von zuständigen nationalen Gerichten und anderen Staatsinstitutionen umgesetzt werden. (…) Der Ausschuss verweist auf seine Rechtsprechung und erinnert daran, dass die Ausübung der Meinungsfreiheit spezielle Aufgaben und Verantwortlichkeiten mit sich bringt, insbesondere die Verpflichtung, kein rassistisches Gedankengut zu verbreiten.

Er stellt außerdem fest, dass Artikel 4 der Konvention die Verantwortung des Vertragsstaats kodifiziert, die Bevölkerung gegen Aufstachlung zum Rassenhass, aber auch gegen Formen rassistischer Diskriminierung durch die Verbreitung jeglicher Auffassungen, die auf einem Gefühl der rassischen Überlegenheit oder Rassenhass beruhen, zu schützen. (…) Während der Ausschuss die Wichtigkeit der freien Meinungsäußerung anerkennt, urteilt er, dass Herrn Sarrazins Äußerungen eine Verbreitung von Auffassungen, die auf einem Gefühl rassischer Überlegenheit oder Rassenhass beruhen, darstellen und Elemente der Aufstachlung zur Rassendiskriminierung entsprechend Artikel 4, Paragraf (a), der Konvention enthalten.«[162]

Soweit die wichtigsten Passagen aus der Entscheidung des Ausschusses im Verfahren des türkischen Bundes gegen Deutschland im Fall Sarrazin.

Auf die Behandlung der weiteren Strafanzeige gegen Dr. Thilo Sarrazin wegen der rassistischen Äußerung in seinem Buch»Deutschland schafft sich ab« wird auf den Seiten 135ff. noch zurückzukommen sein. An dieser Stelle soll zunächst die Darstellung Deutschlands durch den UN-Ausschuss gegen Rassismus und Diskriminierung behandelt werden.

Deutschland vor dem UN-Ausschuss gegen rassistische Diskriminierung – die Schattenberichte und der Staatenbericht 2015

Der Ausschuss ICERD sieht u.a. regelmäßige Überprüfungen der Staatenpraxis zur Einhaltung und Umsetzung des UN-Abkommens im Follow-up-Verfahren vor, bei dem auch Organisationen der Zivilgesellschaft mitwirken können (sogenannte Schattenberichte).

Der Türkische Bund Berlin-Brandenburg (TBB) führt unter anderem in seinem Parallelbericht an den UN-Menschenrechtsausschuss aus: Die von CERD geforderten Empfehlungen seien bisher gar nicht bzw. höchst unvollkommen

---

[162] TBB ./. Deutschland C 4/2010, Entscheidung vom 26.2.2013

umgesetzt worden, insbesondere die Aufforderung zur breiten Veröffentlichung ist nicht ausreichend erfolgt.»Die Veröffentlichung auf der Internetseite des Bundesministeriums der Justiz ist äußerst versteckt und nicht leicht aufzuspüren. Die Veröffentlichung in der EuGRZ (Europäische Grundrechte-Zeitschrift, auf die sich die Bundesregierung beruft – d.Verf.) ist lediglich eine Teilveröffentlichung (von einem Rechtsprofessor, der die CERD-Entscheidung ablehnt und eine eigene, nicht autorisierte Übersetzung vorgenommen hat – d.Verf.).

10. Bisher hat die Bundesrepublik keine Änderung der Gesetzeslage zur Umsetzung der Empfehlungen des UN-Antirassismus-Ausschuss veranlasst und sieht offenbar hierzu keine Veranlassung. Die Bundesregierung verweist bezüglich geplanter Gesetzesänderungen lediglich auf die fundamentale Bedeutung der Meinungsfreiheit. Auch folgt sie nicht der Empfehlung des Ausschusses, die Schwelle der strafbaren Volksverhetzung (§130 StGB) herabzusetzen, um ihrer Pflicht aus Art. 2 Absatz 1 ICERD nachzukommen. (…)

11. Die Strafbarkeit rassistischer Diskriminierung und Haßrede wird somit an den rechtsradikalen Rand der Gesellschaft verwiesen. Entgegen Art. 4a ICERD handelt die Bundesrepublik damit ihrer eigenen Aussage zuwider, dass rassistische Äußerungen und die diesen zugrunde liegenden Denkmuster in allen Segmenten der Gesellschaft zu verorten sind und es aufgrund dessen umso wichtiger sei, sämtliche Schichten der Bevölkerung für Ursachen und Erscheinungsformen von Rassismus zu sensibilisieren und rassistische Äußerungen und Handlungen zu bekämpfen. (…)

All diese Erfahrungen weisen deutlich darauf hin, dass die Bundesrepublik stärker hätte kontrollieren müssen, inwieweit der Verbreitung und Umsetzung der Empfehlungen des UN-Antirassismus-Ausschusses in den Bundesländern und den jeweiligen Justizbehörden nachgekommen wurde. In den nach der Ausschussentscheidung angestrengten Strafverfahren gegen Dr. Sarrazin und Dr. Fest tritt ein Vorgehensmuster der Justizbehörden zutage, welches Rassismus aus der gesellschaftlichen Mitte – die oft weniger biologistisch, sondern vielmehr kulturell argumentiert – nicht erkennt, diesen relativiert und als bloße Meinungsäußerung hinnimmt. Immer wieder ist die Sprache von bedauerlichen Einzelfällen. Dies belegt auch die Antwort der Bundesregierung auf die parlamentarische Anfrage der Partei DIE LINKE. Sie stellt fest, im Rahmen der NSU-Ermittlungen hätten ›Fehlleistungen einzelner Behördenmitarbeiter und -mitarbeiterinnen zum Misserfolg der Strafverfolgungsbehörden und Verfassungsschutzämter beigetragen‹, und blendet damit die systematischen und strukturell verankerten, latenten rassistischen Denkmuster in Gesellschaft und Strafverfolgung konsequent aus. Auch in deutschen Justizbehörden muss ein Verständnis für zeitgenössische Ausdrucksformen von Rassismus entstehen und dafür, dass rassistische Haßrede keine Meinungsäußerung, sondern ein zu ahndender Straftatbestand ist bzw. sein sollte. Ansonsten wird es auch zukünftig keinen effektiven Rechtsschutz für Betroffene gegen rassistische Äußerungen geben.«[163] Das Netzwerk muslimischer Vereine, Insaan e.v., zeigt in seinem »Schattenbericht« im Abschnitt über »Institutionelle Diskriminierung« zahlreiche Belege für die strukturelle Diskriminierung in der Schule, bei der Praktikums- und Ausbildungsplatzsuche, beim Zugang zum Arbeitsmarkt sowie am Arbeitsplatz und durch die Kopftuchverbote und kritisiert den mangelnden Schutz durch bestehende Antidiskriminierungsmaßnahmen und das Allgemeine Gleichbehandlungsgesetz (AGG). In den Empfehlungen zu Artikel 4 ICERD (Bekämpfung rassistischer Propaganda) heißt es:

»5.1. zu Artikel 4. Absatz c. (Durchsetzung des Verbots rassistischer Diskriminierung bei allen Behörden)

Zur praktischen Umsetzung des Diskriminierungsverbots in allen deutschen Behörden verweist der Staatenbericht auf die im Nationalen Aktionsplan Integration verankerte positive Maßnahme, die Erhöhung von Beschäftigten mit Migrationshintergrund im öffentlichen Dienst zu befördern.

In diesem Kontext wurden inzwischen in Verwaltungen und Behörden in den verschiedenen Städten und Kommunen sehr erfolgreiche Maßnahmen durchgeführt.

Leider müssen wir aber feststellen, dass diese mit Blick auf den Abbau struktureller Barrieren für MuslimInnen, vor allem wenn diese als solche erkennbar sind, nicht wirksam sind und sich die Situation für Frauen, die ein Kopftuch tragen, beim Zugang zu den Tätigkeitsfeldern in Justiz oder im öffentlichen Dienst, für die die Neutralitätsgesetze keine Gültigkeit besitzen, nicht verbessert hat. Aufgrund der symbolischen Ausstrahlungskraft der landesrechtlichen ›Kopftuchverbote‹ kommt es selbst in den Bereichen, in denen die Verbote gar keine Gültigkeit haben, immer wieder zu ›vorauseilenden‹ Diskriminierungen. Beispielsweise wurden dem Berliner Senat 2013 vier Fälle bekannt, in denen Anwältinnen mit Kopftuch in der mündlichen Verhandlung durch die jeweiligen RichterInnen zurückgewiesen wurden. Die Rechtsanwaltskammer schritt mit einer Pressemitteilung ein und stellte klar, dass Anwältinnen einen freien Beruf ausüben und darum die staatliche religiöse Neutralität keine Rolle spielt. Eine Schöffin, die ein Kopftuch trug, wurde von der Staatsanwaltschaft abgelehnt, mit dem Hinweis, dass sie zur Ausübung des Schöffenamtes unfähig sei.

---

[163] Parallelbericht des Türkischen Bundes Berlin-Brandenburg e.V. an den UN-Antirassismus-Ausschuss zum 23.-26. Bericht der Bundesrepublik Deutschland nach Artikel 9 des Internationalen Übereinkommens zur Beseitigung jeder Form von rassistischer Diskriminierung vom 9.3.2015, S. 5-7, 9, 10

6. Artikel 5. a) Gleichberechtigung vor den Gerichten und Organen der Rechtspflege

Obwohl rassistische Diskriminierungen zum Alltag von MuslimInnen gehören und das Allgemeine Gleichbehandlungsgesetz den Betroffenen Rechtsansprüche verleiht, mit denen sie gegen erlittene Benachteiligungen vorgehen könnten, gibt es im Vergleich zu anderen Diskriminierungskategorien, wie Lebensalter, Behinderung oder Geschlecht kaum gerichtliche Verfahren. Zwischen 2006 und 2009 gab es in sechs Bundesländern nur sieben Klagen von MuslimInnen vor Arbeitsgerichten. Auch die Zahl der Diskriminierungsklagen sowie Strafanzeigen in Fällen von islamfeindlicher Hasskriminalität spiegelt nicht das Ausmaß anti-muslimischer und islamfeindlicher Handlungen in Deutschland, wie es sich aus den Studienergebnissen und Berichten der Beratungsstellen andeutet. Da für MuslimInnen zahlreiche Barrieren beim Zugang zum Recht bestehen, werden in den meisten Fällen Diskriminierungen, antimuslimische Beleidigungen, Drohungen oder gar Angriffe nicht gemeldet. Gründe hierfür sind mangelnde Sprach- oder Rechtskenntnisse, ›Schwellenangst‹ zum Rechtssystem oder mangelndes Vertrauen in Ämter, Justiz und rechtsstaatliche Verfahren. Das Nichterkennen des Vorliegens einer Diskriminierung ist ein Grund dafür, dass ein Vorfall rechtlich nicht als Diskriminierung thematisiert wird. Neben solchen subjektiven bildungs- oder migrationsbedingten Barrieren beim Zugang zum Recht spielen aber auch antimuslimische und islamfeindliche Vorurteile und daran anknüpfende strukturelle Diskriminierung innerhalb der Justiz als objektive Barrieren beim Zugang zum Recht eine Rolle. (…)

Im Kontext des Kampfes gegen den Terrorismus sind MuslimInnen, vor allem junge Männer, von einem erhöhten Risiko, als potentielle Kriminelle wahrgenommen zu werden, betroffen. Muslimische Männer sehen sich im Rahmen eines ›religious profiling‹ häufiger mit (verdachtsunabhängigen) Polizeikontrollen konfrontiert. 24% der im Rahmen einer FRA (Agentur der EU für Grundrechte – d. Verf.) Untersuchung in Deutschland befragten MuslimInnen gaben an, in den letzten 12 Monaten von der Polizei kontrolliert worden zu sein. 37% von diesen glauben, dass sie von der Polizei gezielt herausgegriffen wurden. Ein Gutachten basierend auf den offiziellen Statistiken verweist darauf, dass Jugendliche mit Migrationshintergrund nicht häufiger kriminell werden, sondern einem »erhöhten Kriminalisierungsrisiko« unterliegen, d.h., dass sie in Konfliktsituationen häufiger bei der Polizei angezeigt werden als Jugendliche ohne Migrationshintergrund. Auch bemerkt das Gutachten ein ungleiches Verhalten von Staatsanwaltschaften und Gerichten gegenüber AusländerInnen, denen vermehrt Untersuchungshaft angeordnet wurde.

Mediale Diskurse, in denen immer wieder ein enger Zusammenhang zwischen Islam, Migration, Kriminalität und Gewalt behauptet und reproduziert

wird, fördern die weit verbreitete rassistische Legende über das besondere De-
liquenzrisiko von muslimischen MigrantInnen. Diese ›salonfähig‹ gewordene
antimuslimische Einstellung macht nicht vor der Justiz halt und so fragt ganz
selbstverständlich eine angehende Juristin in einer Fortbildung des Deutschen
Instituts für Menschenrechte für RechtsreferendarInnen nach, warum AraberIn-
nen häufiger kriminell sind als andere Gruppen. (…)
Studien aus den USA und Großbritannien belegen, dass rassistische Vorver-
ständnisse erheblich zu Rechtsungleichheit für Beschuldigte, die ethnischen
Minderheiten angehören, beitragen können. Zur Rolle und möglichen Einflüs-
sen antimuslimischer Einstellungen auf Ermittlungs- und Gerichtsverfahren in
Deutschland gibt es allerdings bislang keine wissenschaftlichen Erkenntnisse.
Allein eine aktuelle Studie liegt vor, die feststellt, dass Vorurteile gegenüber
muslimischen Männern eine negative Wirkung auf die Rechtsprechung haben,
und sogenannte Ehrenmorde nicht nur, wie weithin angenommen, aufgrund eines unterstellten ›Islam-Rabatts‹ milder, sondern im Gegenteil sogar schwerer
als ›normale‹ Partnerinnentötungen bestraft werden.«[164]

Der aktuelle Staatenbericht Deutschland des ICERD-Ausschusses der UN 2015 und dessen Empfehlungen für Deutschland

Auf seiner 2348. Sitzung am 13. Mai 2015 hat der Ausschuss in seinem Staatenbericht Deutschland die folgenden »abschließenden Bemerkungen« verabschiedet. Ich dokumentiere einige wesentliche Passagen zu unserem Thema im Zusammenhang:[165]
*»7. Der Ausschuss nimmt zwar die Bestätigung des Vertragsstaats (d.h.
Deutschlands – d. Verf.), dass das Übereinkommen in der nationalen Rechtsordnung unmittelbar Anwendung findet, zur Kenntnis, ist jedoch darüber besorgt, dass das Fehlen einer gesetzlichen Definition von rassistischer Diskriminierung im Einklang mit Artikel 1 des Übereinkommens in der nationalen
Gesetzgebung in unmittelbarem Zusammenhang mit dem Versagen des
Vertragsstaats steht, sich mit rassistischer Diskriminierung schutzwürdiger
Gruppen nach dem Übereinkommen nicht angemessen auseinanderzusetzen. Insbesondere scheint das Fehlen einer gesetzlichen Definition in Über-
einstimmung mit Artikel 1 des Übereinkommens bei Richtern und Richterinnen an deutschen Gerichten eine Zurückhaltung zu bewirken, sich auf das
Übereinkommen zu beziehen. Der Ausschuss erkennt die Wichtigkeit der
Auseinandersetzung mit Rechtsextremismus und Neonazismus an, ist jedoch
auch besorgt über die anhaltende Verwendung dieser Bezeichnungen, um*

[164] Ebd., S. 52-54
[165] tbb-berlin.de/downloads_tbb/INT_CERD_COC_DEU_20483_E-1.pdf, DIMR (inoffi-
zielle Übersetzung der vorläufigen Fassung) Abschließende Bemerkungen zu den zusammen-
gelegten 19. bis 22. periodischen Berichten der Bundesrepublik Deutschland.

den weiter gefassten Begriff der rassistischen Diskriminierung zu erfassen, über die Verwendung der Bezeichnung»Fremdenfeindlichkeit« für rassistische Diskriminierung im Sinne des Artikel 1 des Übereinkommens und über die Verwendung der Bezeichnung»kulturelle Unterschiede« für»ethnische Vielfalt« (Hervorhebung v. Verf.). *(Art. 1 [1], 2 und 6).*

Der Ausschuss (…) fordert den Vertragsstaat dazu auf:

(a) das Übereinkommen in der nationalen Rechtsordnung so umzusetzen, dass die unmittelbare Anwendung vor deutschen Gerichten gewährleistet ist, um allen Personen umfassenden Schutz zu bieten;

(b) sicherzustellen, dass die Rechtsvorschriften eine gesetzliche Definition von rassistischer Diskriminierung enthalten, die voll im Einklang mit Artikel 1 Absatz 1 des Übereinkommens steht und rassistische Diskriminierung eindeutig benennt, so dass der umfassende Schutz von Gruppen oder Einzelpersonen, die aufgrund des Übereinkommens einen Schutzanspruch haben, gewährleistet ist;

(c) auf allen Ebenen des Bildungssystems, in der Öffentlichkeit und in den Medien durch Aufklärungsmaßnahmen das Bewusstsein für die Definition von rassistischer Diskriminierung und die Auswirkung solcher Diskriminierung auf die Opfer zu entwickeln;

(…)

9. Der Ausschuss nimmt zwar die von Regierungsangehörigen unternommenen Schritte zur Förderung von Toleranz und zur Bekämpfung rassistischer Diskriminierung zur Kenntnis, darunter auch die Veränderung von Begriffen wie etwa der ›Integration‹, die eine Pflicht zur Assimilierung von Minderheiten bedeuten könnte, hin zu Begriffen wie ›Inklusion, Partizipation und Respekt‹, ist jedoch der Ansicht, dass auf allen Ebenen der Bundesregierung ebenso wie auf Länderebene zur Abschreckung vor Akten rassistischer Diskriminierung viel mehr unternommen werden muss. Der Ausschuss ist sehr besorgt über die Vermehrung und Verbreitung von rassistischem Gedankengut durch bestimmte politische Parteien und Bewegungen und über den Mangel an wirksamen Maßnahmen zur Bestrafung und Verhinderung solcher Diskurse und Verhaltensweisen. Der Ausschuss ist besorgt über die zunehmende Auslösung rassistisch motivierter Taten durch solche Diskurse, darunter Gewalt gegen die vom Übereinkommen geschützten Gruppen (Art. 2, 4, und 7).

Im Lichte seiner Allgemeinen Empfehlung Nr. 35 (2013) zur Bekämpfung rassistischer Hassrede wiederholt der Ausschuss seine vorherige Empfehlung (Randnr. 16) und empfiehlt weiterhin, dass bei Fragen, welche die ethnischen Minderheiten in der Bevölkerung angehen, der Vertragsstaat seinen politischen Willen zur Förderung des Verständnisses und der Toleranz zwischen der Mehrheitsbevölkerung und den verschiedenen ethnischen Gruppen in seinem Diskurs und seinen Handlungen klar zum Ausdruck bringt. Der Ausschuss empfiehlt dem Vertragsstaat zudem:

(a) seine Bemühungen zu verstärken und alle möglichen Mittel einzusetzen, um die Welle von Rassismus einzudämmen, insbesondere durch die nachdrückliche Verurteilung jeglicher rassistischen Aussagen von führenden politisch Verantwortlichen, von Behörden und Personen des öffentlichen Lebens, einschließlich durch das Einleiten von Strafverfahren;

(b) eine umfassende Strategie zu erarbeiten, einschließlich einer verpflichtenden Ausbildung, um das Verständnis des Begriffs rassistischer Diskriminierung bei Polizei, Staatsanwaltschaft und Richterschaft sowie der Mittel zur Bekämpfung rassistischer Diskriminierung zu erweitern, und sicherzustellen, dass jede Tat, die rassistische Beweggründe haben könnte, wirksam ermittelt und gegebenenfalls angeklagt und bestraft wird;

(c) geeignete Maßnahmen zu treffen, um die Ausbreitung von Handlungen und Erscheinungsformen von Rassismus im Internet zu bekämpfen, einschließlich durch die Sperrung von Internetseiten, die sich der Aufstachlung zu rassistischer Diskriminierung und Hass widmen.

(d) in seinem folgenden periodischen Bericht statistische Daten über die Tendenzen zu Vorfällen von rassistischer, einschließlich islamophober Hassrede und Gewalt vorzulegen, um eine Beurteilung der Wirksamkeit der vom Vertragsstaat verabschiedeten Maßnahmen zur Bekämpfung rassistischer Hassrede zu ermöglichen. Zum Thema »Institutionelle Versäumnisse bei der Ermittlung rassistisch motivierter Taten« heißt es u.a.:

(…)

10. Der Ausschuss nimmt zwar die Bestätigung der Delegation hinsichtlich der Schwierigkeiten des Vertragsstaats in Bezug auf wirksame Ermittlungen zu der NSU-Mordserie zur Kenntnis, ist jedoch weiterhin besorgt über das fortwährende Versagen des Vertragsstaats, die systemischen Mängel bei der Identifizierung von und beim Umgang mit Taten mit rassistischen Beweggründen zu erkennen, wohinter sich institutioneller Rassismus verbergen kann. Der Ausschuss ist beunruhigt über die Mitteilung aus der Zivilgesellschaft, wonach Informanten, die von Vollzugsbeamten im Rahmen der Ermittlungen beauftragt wurden, selbst Anhänger der NSU waren und dass einer der Zeugen, der eindeutig Unterstützung für den NSU zeigte, während des Verfahrens staatliche Rechtsberatung erhielt. Der Ausschuss ist besorgt, dass selbst der Bericht des parlamentarischen Untersuchungsausschusses zu diesen Versäumnissen nicht explizit auf rassistische Diskriminierung und die rassistischen Beweggründe der Mordtaten hinweist. All diese Aspekte scheinen darauf hinzudeuten, dass die Hauptursache für diese Probleme in struktureller Diskriminierung liegen könnte (Artikel 2, 5 und 6).

Insofern die NSU-Ermittlungen betroffen sind, fordert der Ausschuss den Vertragsstaat auf:

(a) die erforderlichen Maßnahmen zu treffen, um die rassistischen Beweggründe hinter den begangenen Morden in den noch nicht abgeschlossenen konkreten NSU-Ermittlungen klar zu identifizieren, und alle erforderlichen Maßnahmen zu treffen, um die restlichen Dimensionen und die Ausdehnung der NSU-Bewegung, ihre Verbindungen und die bis heute möglicherweise bestehende Bedrohung offenzulegen.

(b) die erforderlichen Maßnahmen gegen alle ErmittlungsbeamtInnen zu treffen, die für diskriminierende Handlungen verantwortlich waren, besonders gegenüber den Opfern und ihren Familienangehörigen, während sie ermittelten;

In Erinnerung an seine vorherigen Schlussbemerkungen (Randnr. 18) fordert der Ausschuss den Vertragsstaat des Weiteren dazu auf:

(c) parallel zur Gesetzänderung des §46 Strafgesetzbuch in die Polizeidienstvorschriften und in die Richtlinien für das Strafverfahren und das Bußgeldverfahren die Verpflichtung zur Ermittlung und Dokumentation jeglicher rassistischer oder anderer diskriminierender Beweggründe aufzunehmen;

(d) das Erhebungssystem des Vertragsstaats für Statistiken über die Klagen gegen Hassverbrechen nach Muttersprachen, gängigen Sprachen oder anderen Indikatoren für die ethnische Vielfalt aufzuschlüsseln und das Erhebungssystem so zu verbessern, dass die Strafverfolgungsbehörden von Amts wegen die Fälle aufzeichnen und den Bundesbehörden weiterleiten, und diese Daten regelmäßig zu veröffentlichen;

(e) sicherzustellen, dass alle Taten, die gegen schutzbedürftige Gruppen im Sinne des Übereinkommens begangen werden, unter dem Blickwinkel der rassistischen Diskriminierung und mit Fokus auf die Opfer ermittelt werden, und hierfür auch die systematische Datenerhebung zu Indikatoren von rassistischer Diskriminierung wie etwa die Identität des Opfers und andere intersektionalen Kriterien wie das Geschlecht und die Religion zugrunde gelegt wird;

(f) für ErmittlungsbeamtInnen verbindliche Weiterbildungsmaßnahmen und Prüfungsverfahren bezüglich rassistischer Diskriminierung und Mitteln zur Bekämpfung rassistischer Diskriminierung einzuführen und Anklagen gegen Hassverbrechen zu berichten und zu ermitteln;

(g) die Repräsentation von ethnischen Minderheiten in Ermittlungsbehörden auf Bundes- und Landesebene zu erhöhen;

(...) Das Komitee empfiehlt dem Vertragsstaat (...):

(a) eine gründliche Überprüfung bisheriger Maßnahmen zur Verbesserung des Zugangs zu Beschäftigung von Angehörigen der ethnischen Minderheiten durchzuführen, mit einem Schwerpunkt auf Intersektionalität zwischen Gender und Religion. Der Ausschuss ermutigt den Vertragsstaat vor allem dazu, eine Auswertung des XENOS-Programms, das statistische Daten unter anderem nach Ethnizität und Sprache aufschlüsselt, vorzunehmen;

(b) auf Bundes- und Länderebene die bestehenden Maßnahmen zu stärken, um die ethnischen Minderheiten besser in den Arbeitsmarkt einzugliedern und um die strukturelle Diskriminierung, der sie sich ausgesetzt sehen, anzugehen.

(c) die Bemühungen zu intensivieren, um die Anwerbung von Angehörigen der ethnischen Minderheiten für Stellen im privaten und öffentlichen Sektor anzuregen, mit besonderen Maßnahmen nach Bedarf;

(d) die Fälle von rassistischer Diskriminierung im Erwerbsleben wirksam zu ermitteln und geeignete Rechtsmittel für die Opfer vorzusehen.

Intersektionale Diskriminierung

15. Der Ausschuss nimmt zwar die Erklärungen der Delegation bezüglich des Selbstbestimmungsrechts der kirchlichen Einrichtungen gemäß den Sondervorschriften nach §9 Absatz 1 des Allgemeinen Gleichbehandlungsgesetzes zur Kenntnis, ist jedoch darüber besorgt, dass einige Bestandteile der Ausnahmeregelung im Allgemeinen Gleichbehandlungsgesetz Muslimas und Muslime und andere Gruppen beim Zugang zu Beschäftigung indirekt diskriminieren könnten (Art. 2, 5 und 6).

Der Ausschuss empfiehlt dem Vertragsstaat eine Aufhebung oder Änderung des §9 Absatz 1 des Allgemeinen Gleichbehandlungsgesetzes in Betracht zu ziehen, um seine Verpflichtungen aus dem Übereinkommen zu erfüllen und die Ausnahmeregelung im Allgemeinen Gleichbehandlungsgesetz auf unmittelbar konfessionelle Einrichtungen zu begrenzen.

16. Der Ausschuss nimmt die berechtigten Bedenken und die vom Vertragsstaat ergriffenen Maßnahmen zur Bekämpfung von Antisemitismus zur Kenntnis, ist jedoch darüber besorgt, dass der Vertragsstaat sich mit anderen Formen von rassistischer Diskriminierung, darunter institutionellem antimuslimischem Rassismus *(Hervorhebung v. Verf.), Diskriminierung von Frauen aus Minderheitsgruppen und Intersektionalität zwischen LGBTI-Diskriminierung und rassistischer Diskriminierung nicht angemessen auseinandersetzt.*

Der Ausschuss empfiehlt dem Vertragsstaat, seine Sensibilisierungsmaßnahmen für die Öffentlichkeit, die Angestellten des öffentlichen Dienstes und die VollzugsbeamtInnen zur Islamophobie zu verstärken und Toleranz zwischen den verschiedenen ethnischen Gruppen in der Bevölkerung, einschließlich Intersektionalität zwischen Ethnizität und Religion, Geschlecht und sexueller Orientierung zu befördern.«

Wie dringend die Umsetzung dieser Empfehlungen ist, lässt sich am Beispiel der weiteren Strafanzeige gegen Dr. Thilo Sarrazin gut nachvollziehen.

Das bisherige Schicksal der weiteren Strafanzeige gegen Sarrazin

Vor dem Hintergrund dieser klaren Empfehlungen ist es nur als beschämend zu bezeichnen, wie die Berliner Justiz die weitere Strafanzeige gegen Sarrazin wegen der rassistischen Äußerungen in seinem Buch »Deutschland schafft sich ab«, die ich im Namen zweier Berlinerinnen mit deutschem Ausweis und türkischer »Migrationsgeschichte« erstattet hatte und der sich inzwischen Hunderte Betroffene angeschlossen haben, behandelt hat. Das Strafverfahren war eingestellt worden, weil die Berliner Staatsanwaltschaft meint, Sarrazins Ausführungen seien keine Hetze gegen Migrantinnen und Migranten aus der Türkei und arabischen Ländern und keine Verletzung ihrer Menschenwürde. Mit der Beschwerde gegen diese Einstellung hatten wir auf die Flut von Hassmails an die AnzeigeerstatterInnen und all diejenigen verwiesen, die es gewagt hatten, Sarrazins pseudowissenschaftliche Thesen öffentlich zu kritisieren, und von

Todesdrohungen berichtet. Im Bescheid der Generalstaatsanwaltschaft Berlin vom 26.7.2011 wurde die Beschwerde mit der lapidaren Begründung zurückgewiesen:»Ein strafbares Verhalten von Herrn Dr. Sarrazin liegt nicht vor. Dass manche Personen seine Ausführungen missverstehen und/oder zum Anlass für unflätige Äußerungen nehmen, ist ihm nicht anzulasten.«[166]

Dazu erklärte die Anzeigeerstatterin Azize Tank, MdB, in einer Pressemitteilung:»Von einem ›Missverständnis‹ kann nur sprechen, wer solche unverantwortlichen Äußerungen wie die von Sarrazin in Schutz nehmen will, die gerade den geistigen Nährboden für die schrecklichen Attentate in Norwegen darstellen. Hass-E-Mails und Todesdrohungen als ›unflätige Äußerungen‹ zu verharmlosen, ist skandalös. Will sich die Berliner Generalstaatsanwaltschaft dem Verdacht aussetzen, rassistische Schreibtischtäter reinzuwaschen wie seinerzeit zahlreiche Politiker und Akademiker, die mit ihrem Antisemitismus mithalfen, den Nationalsozialismus hoffähig zu machen?«[167]

Nachdem der Antrag auf gerichtliche Entscheidung ebenso wie die Verfassungsbeschwerde aus formalen Gründen zurückgewiesen wurde, ist der Fall beim UN-Ausschuss gegen rassistische Diskriminierung anhängig. Außerdem wurde eine Wiederaufnahme des Verfahrens wegen neuer Umstände beantragt, nachdem Sarrazin in seinem 2014 erschienenen Buch über den»Tugendterror« seine rassistischen Angriffe ausdrücklich verteidigt hat.[168]

Nach dem Bekanntwerden der Entscheidung des ICERD wurde das Ermittlungsverfahren gegen Sarrazin nicht etwa wieder aufgenommen.

Ein kleiner Erfolg konnte immerhin erzielt werden, mit dem sich auch die Bundesregierung gegenüber dem UN-Ausschuss gebrüstet hat: Ein Staatsanwalt in dem von mir eingeleiteten Ermittlungsverfahren, der sich abfällig über die CERD-Entscheidung geäußert hatte (es hätten ja nicht qualifizierte Richter aus Ländern entschieden, in denen die Menschenrechte nicht eingehalten würden), wurde auf meine Rüge hin von der Bearbeitung des Ermittlungsverfahrens entbunden und versetzt – gleichzeitig wurde mir allerdings mitgeteilt, in der Sache gäbe es keinen Grund, die bisherige Entscheidung zu korrigieren:

Auch das von mir als Beleg für die rassistische Diskriminierung und Erfüllung des Tatbestandes der Volksverhetzung angeführte spätere Buch von Thilo Sarrazin sowie die neuen dazu möglichen Sachverständigengutachten können nicht dazu führen, das Ermittlungsverfahren wieder aufzunehmen. Es bleibt

---

[166] Aus den Handakten des Autors.

[167] Aus den Handakten des Autors.

[168] Vgl. auch die satirische Kritik von Klaus Jürgen Bade (2015) :»In der ›Flüchtlingskrise‹ vom Kopf auf die Beine kommen«, in www.migazin.de/2015/12/07/bades-meinung-in-fluechtlingskrise-kopf

also nur die Hoffnung, dass wenigstens der UN-Ausschuss ICERD, bei dem ich den Fall inzwischen anhängig gemacht habe, die Bundesregierung auf ihre völkerrechtliche Pflicht hinweist, für eine Bestrafung rassistischer Diskriminierung zu sorgen.

Der NPD-»Heimführungsbeauftragte«, ein Armutszeugnis Berliner Justiz

Der sogenannte Heimführungsbeauftragte der neonazistischen NPD wird nach erfolgreicher Verfassungsbeschwerde vom Berliner Kammergericht verurteilt, seine rassistischen Ausführungen gegenüber einer Bundestagsabgeordneten zu unterlassen – die Berliner Ermittlungsbehörden weigern sich aber, ein Ermittlungsverfahren wegen Volksverhetzung durchzuführen.

Ein »Heimführungsbeauftragter« des NPD-Landesvorstands Berlin hatte im Bundestagswahlkampf 2013 Kandidaten zur Bundestagswahl mit Migrationsgeschichte persönlich angeschrieben und aufgefordert, Deutschland freiwillig zu verlassen, um Schaden vom deutschen Volk abzuwenden. Ich habe den NPD-»Heimführungsbeauftragten« vor dem Landgericht zivilrechtlich auf Unterlassung der Äußerungen und des Anschreibens aufgefordert und gleichzeitig Strafanzeige wegen Volksverhetzung erstattet. Im zivilrechtlichen Verfahren hatte das Landgericht dem Antrag auf Unterlassung im Eilverfahren weitgehend stattgegeben, auf eine Berufung des NPD-»Heimführungsbeauftragten« hin das Kammergericht das Urteil aber aufgehoben und im Wesentlichen ausgeführt, die Ausführungen seien wirr und im Übrigen im politischen Meinungskampf gedeckt. Eine dagegen erhobene Verfassungsbeschwerde zum Verfassungsgerichtshof Berlin war erfolgreich, so dass das Kammergericht gezwungen werden konnte, sein vorheriges Urteil zu revidieren, weil derartige diskriminierende Äußerungen nicht von der Meinungsfreiheit gedeckt seien – also ein wichtiger Erfolg. Hierzu dokumentiere ich meine Pressemitteilung zu dem Ergebnis:

Pressemitteilung zur erfolgreichen Verfassungsbeschwerde gegen rassistische Äußerungen des NPD-»Heimführungsbeauftragten«

Das Kammergericht verurteilt den »Heimführungsbeauftragten« der NPD wegen Verletzung der Persönlichkeitsrechte von Azize Tank, MdB (DIE LINKE) – entsprechend den Vorgaben des Verfassungsgerichtshofs.

Aufgrund der heutigen mündlichen Verhandlung hat der 10. Zivilsenat des Kammergerichts am Nachmittag die Entscheidung verkündet: Dem NPD-»Heimführungsbeauftragten« wird auch verboten, wörtlich oder sinngemäß im Bezug auf Azize Tank zu verbreiten, ihre politische Einflussnahme auf die ethnische Gruppe der Deutschen könne aus menschenrechtlichen Erwägungen vielleicht sogar strafbar sein, weil es verboten sei, den physischen oder psychischen Zustand einer ethnischen Gruppe zu mani-

pulieren, sowie den im Internet befindlichen Brief an Wahlkandidaten zu verbreiten; dem »Heimführungsbeauftragten« werden die Kosten beider Instanzen auferlegt.
Damit folgte das Kammergericht erwartungsgemäß den Vorgaben des Berliner Verfassungsgerichtshofs. Dieses hatte die vorangegangene, für meine Mandantin negative Entscheidung des Kammergerichts aus dem letzten Jahr wegen Verletzung der allgemeinen Persönlichkeitsrechte der Beschwerdeführerin aufgehoben.
Das ist ein großer Erfolg in dem 2013 anhängig gemachten Eilverfahren (vgl. dazu meine früheren Pressemitteilungen). Es bleibt abzuwarten, ob der NPD-»Heimführungsbeauftragte« nunmehr versucht, im Rahmen eines sogenannten Hauptsacheverfahrens eine andere Entscheidung zu erreichen.
In dem parallel dazu angestrengten Strafverfahren gegen den NPD-»Heimführungsbeauftragten« wegen Volksverhetzung u.a. steht der Erfolg noch aus. Hier hatte der 3. Strafsenat des Kammergerichts den Antrag auf gerichtliche Entscheidung gegen die Ablehnung der Generalstaatsanwaltschaft, ein Ermittlungsverfahren einzuleiten, aus formalen Gründen als unzulässig verworfen. Nach erfolgloser Verfassungsbeschwerde wird sich nunmehr der zuständige UN-Ausschuss gegen rassistische Diskriminierung (CERD) damit befassen.
Zu dem heutigen positiven Urteil des Zivilsenats des Kammergerichts erklärt Azize Tank: »Ich bin froh über diese wichtige Entscheidung, die hoffentlich dazu beitragen wird, die Rechte von Menschen mit Migrationshintergrund gegen rassistische Diskriminierungen zu stärken. Ich möchte ausdrücklich allen danken, die mich bisher unterstützt haben. Bis zur Verwirklichung der gleichberechtigten Teilhabe aller Menschen mit Migrationshintergrund an der Demokratie ist es aber noch ein weiter Weg, wie ja auch das bisherige Schicksal des Strafverfahrens zeigt. Hier müssen wir weiter kämpfen, damit endlich ein Ermittlungsverfahren gegen den ›Heimführungsbeauftragten‹ der NPD wegen Volksverhetzung durchgeführt wird.«

Berlin, 14. Dezember 2015, H.-Eberhard Schultz

Mit dieser positiven Entscheidung des Verfassungsgerichtshofs und des Kammergerichts wurde versucht, auch das Strafverfahren wieder in Gang zu bringen. Doch auch der Hinweis auf die positiven Entscheidungen des Berliner Verfassungsgerichtshofs und die Entscheidung des Kammergerichts im Zivilverfahren konnten die Berliner Staatsanwaltschaft nicht dazu bewegen, das Ermittlungsverfahren gegen den NPD-»Heimführungsbeauftragten« wegen Volksverhetzung aufzunehmen.

Gestützt hat sich die Staatsanwaltschaft hierbei darauf, dass der Verfassungsgerichtshof sich im Strafverfahren – im Gegensatz zu dem zivilrechtlichen Verfahren – außerstande sah, in der Nicht-Verfolgung des NPD-»Heimführungsbeauftragten« wegen Volksverhetzung eine Verletzung von Grundrechten zu erkennen. Wir dürfen also auch hier gespannt sein, wie das Beschwerdeverfahren bei dem UN-Ausschuss ICERD ausgeht.

Teil 4
Die Verteufelung des »Salafismus«, der aufhaltsame Aufstieg des »IS«, von HOGESA und PEGIDA – Terror und Terrorwarnungen und die institutionellen Konsequenzen der »Inneren Sicherheit«

1. »Salafismus« – ein Geheimdienstkonstrukt

Ganz anders als mit Neonazis und »Islamkritikern« gehen die zuständigen Behörden, also Polizei, Innenministerien, Verfassungsschutz und Geheimdienste, mit Äußerungen, Taten und Aktivitäten im Bereich des »Islamismus« um. In der Tradition des »Antiterrorismus« und der Abwehr einer weitgehend imaginierten »Gefahr für die Innere Sicherheit der Bundesrepublik Deutschland« (siehe hierzu Teil 1) werden sie hier tätig, wie am Beispiel des neuen Hauptfeindes »Salafismus« ausgeführt werden soll.

Wie mehrfach erwähnt, hat das »Feindbild Islam« in den letzten fünf Jahren ein neues, zusätzliches Gesicht bekommen: die »Salafisten«, die zunehmend dämonisiert und verteufelt werden. Obwohl nach Angaben aus Geheimdienstkreisen nur wenige an der Zahl in Deutschland, machen sie regelmäßig Schlagzeilen, etwa im Zusammenhang mit der Aktion des kostenlosen Verteilens von Koran-Exemplaren oder mit Aktionen gegen Kundgebungen von Rechtspopulisten mit demonstrativem Zeigen der »Mohammed-Karikaturen« (siehe hierzu S. 175f.). Teilweise wird damit »der Islam« insgesamt aus der Schusslinie genommen und sogar betont, gegen den Großteil der Moslems bestünden keinerlei Bedenken, aber vorherrschend bleiben auch sie wohl nur »die Spitze des Eisbergs«, will sagen eine besonders gefährliche Variante des insgesamt gewaltgeneigten Islam, der mit den Werten des »christlich (-jüdischen, wie z.T. ergänzt wird) Abendlandes« und einer Demokratie rechtsstaatlicher Prägung unvereinbar sei. Und so finden sich bei genauerem Hinsehen bekannte Merkmale des Geheimdienstkonstrukts »Islamismus« oder »islamistischer Terrorismus«, die im Folgenden dargestellt werden sollen.

Für den damaligen Bundesinnenminister Friedrich wie für verschiedene Verfassungsschutzämter stellt der »Islamismus in der Form des Salafismus« in den letzten Jahren die »Hauptgefahr für die innere Sicherheit« dar, wie 2013 in den Jahresrückblicken unter ausdrücklicher Bezugnahme auf den »verhinderten Bombenanschlag im Bonner Hauptbahnhof« erklärt wurde. Dies zeigt: die »Salafisten« haben endgültig die Muslimbrüder als »Hauptfeinde« abgelöst, die jahrzehntelang als der Inbegriff »terroristischer Islamisten« galten, bis vor einigen Jahren selbst die Adenauer-Stiftung ihre »Modernität« und Kompatibilität mit westlichen Werten entdeckte und sich mit führenden Vertretern in Kairo traf.

Besonders pikant ist, dass eine angeblich besonders gewaltbereite Strömung der »Salafisten«, der »Wahabismus«, ausgerechnet von Saudi-Arabien aus finanziert wird, einem islamischen Staat, der sich der Unterstützung des Westens und speziell der Bundesrepublik erfreut, wie die 2014 geplante Lieferung von Leopard-Panzern an das saudische Königshaus ebenso zeigt wie die jahrelange Unterstützung der bewaffneten Gruppen Aufständischer in Syrien und im Irak (ISIS), von denen eine Reihe dem »Salafismus« zugerechnet werden, die durchaus mehr als bloße Sympathien des Westens zu genießen schienen, solange sie hauptsächlich gegen das Assad-Regime vorgehen. Dies erinnert an die Rolle, die US-Geheimdienste beim Aufbau, der Finanzierung und Instrumentalisierung der Dschihadisten in Afghanistan gegen die Sowjetunion spielten, wie inzwischen als historisch erwiesen gelten muss (vgl. Mahmut Mamdani, Böser Moslem – guter Moslem, siehe Teil 1). Insoweit könnte auch hier von »Zauberlehrlingen« gesprochen werden, derer der Westen nicht mehr Herr wird. Damit sollen keineswegs die ihnen zugeschriebenen terroristischen Gräueltaten gerechtfertigt, sondern die Mitverantwortung des Westens angesprochen werden, die den wesentlichen Aspekt dieses Beitrages unterstreicht: Auch »Salafisten« dürfen nicht rassistisch diskriminiert, dämonisiert oder gar außerhalb der Rechtsordnung gestellt werden, für sie haben die Unschuldsvermutung und alle Grund- und Menschenrechte zu gelten wie für alle anderen Menschen.

Der seit einiger Zeit ins Felde geführte »neue Aspekt« einer »Radikalisierung islamistischer Extremisten«, der mit einem angeblichen typischen *»Radikalisierungsprozess«* abgebildet wird, der vom *»Unmut«* über eine *»Ideologisierung«* schließlich in die *»Mobilisierung«* für den Dschihad und spätere Anschläge in Deutschland münden soll, steht auf tönernen Füßen.

Dazu werden zunächst religiöse Inhalte des Islam und dann speziell der *»Salafismus«* verteufelt. Dem gegenüber ist das ABC der vergleichenden Religionswissenschaften zu berücksichtigen, das inzwischen auch bei einigen Obergerichten angekommen ist (siehe OLG Stuttgart, vgl. S. 120ff.).

Die Ausführungen der Geheimdienste zum Salafismus offenbaren eine völlig einseitige und voreingenommene Sichtweise einer breiten Strömung des Islam, die weder in tatsächlicher Hinsicht haltbar ist, noch den verfassungsrechtlichen Anforderungen entspricht. Vielmehr handelt es sich um ein Konstrukt der westlichen Geheimdienste, die einer Strömung des Islam bestimmte Eigenschaften zuschreiben.

Wie aber werden »Salafisten« von den Geheimdiensten überhaupt definiert, woran werden sie erkannt? Die Antwort ist einfach. Ein Mandant erhielt auf sein Auskunftsersuchen vom Verfassungsschutz Sachsen, in dem es heißt, er sei im Oktober 2014 auf dem Frankfurter Flughafen kontrolliert worden, die bezeichnende Auskunft: *»Sie gehörten aufgrund ihres Erscheinungsbildes (langes weißes Gewand, Bart) offenkundig zur Islamisten- bzw. Salafisten-Szene«.* Genauso lassen sich Feindbilder aufgrund von Zuschreibungen am »Erscheinungsbild« einfach festmachen.

»Das Konstrukt des ›gewaltbereiten dschihadistischen Salafismus‹ als neuer Hauptfeind der Inneren Sicherheit«

Zunächst ist zu berücksichtigen, dass es den *»Salafismus«* nicht gibt, sondern dass es sich hierbei um die Zuschreibung westlicher Geheimdienste und ihnen nahestehender Wissenschaftler handelt. Vielmehr werden zig Millionen von Moslems in der ganzen Welt, die sehr unterschiedliche Auffassungen in vielen Fragen, z.b. zum Verhältnis zum Staat und zu den Gesetzen haben, über einen Kamm geschoren. Dies fasst der unabhängige Experte *Dr. Lutz Rogler* in einem unveröffentlichten Gutachten für den Autor so zusammen:

Experten-Gutachten zum »Salafismus«

»Was heute oft in undifferenzierter Weise als ›Salafismus‹ bezeichnet wird, kann weder in diachroner noch in synchroner Hinsicht als eine einheitliche Bewegung oder als eine homogene Doktrin oder gar als kohärente (politische) Ideologie betrachtet werden.

Als puritanischer Impuls, der den ›wahren‹, ›unverfälschten‹ Islam der islamischen Frühzeit (der Zeit der as-salaf as-salih, der ›frommen Altvorderen‹) zum Maßstab für religiöse Glaubenstreue und Heilswissen macht, ist ›Salafismus‹ (salafiyya) seit Jahrhunderten eine immer wieder in bestimmten Milieus und Strömungen der sunnitisch-islamischen Welt auftretende (sozio-) religiöse Orientierung gewesen, die sich insbesondere gegen ›neue‹ theologische und philosophische Konstruktionen, gegen volksreligiöse (mystische, magische etc.) Praktiken und gegen die Vernachlässigung religiös-ritueller Vorschriften und religiös begründeter Sozialnormen richtete. Ganz allgemein gesprochen, ist ›Salafismus‹ in islamischen Kontexten daher als religiöse bzw. religiös motivierte Reaktion auf bzw. Anpassungsversuch an neue gesellschaftliche Entwicklungen verschiedenster Art zu betrachten. Ob ›salafitische‹/›salafistische‹ Milieus und Strömungen über ihre religiöse Aktivität (Polemik, Praxis, Mission) hinaus dabei überhaupt politisch aktiv wurden und werden – und wenn ja, in welcher Art und Weise –, ist letztlich abhängig von den jeweiligen gesellschaftlichen Kontexten und kaum verallgemeinerbar.
(...)
Nicht zuletzt aufgrund der Tatsache, dass trotz der deutlich überwiegenden Orientierung an religiösen ›Autoritäten‹ (Personen, Milieus, z.T. Institu-

tionen) in Saudi-Arabien keine zentrale oder gar hierarchisch organisierte Autoritätsstruktur in diesen neuen ›salafistischen‹ Milieus existiert, hat sich insbesondere im Verlauf der letzten zwei Jahrzehnte eine relativ große Pluralität und Heterogenität von ›salafistischen‹ Richtungen bzw. Gruppierungen ergeben, die zum Teil auch in Konkurrenz oder gar in Rivalität zueinander stehen.

Bei aller Heterogenität ›salafistischer‹ Vorstellungen und Praktiken lässt sich durchaus als gemeinsames Merkmal derartiger Milieus und Gruppierungen eine starke Tendenz zur religiös-symbolischen Abgrenzung gegenüber ›Anderen‹ (insbesondere sufisch-mystische, schi'itische, ›volksreligiöse‹, nichtislamische Traditionen) und einer entsprechenden Rhetorik feststellen. Dies mag aus der Perspektive einer säkularen Weltsicht bisweilen befremdlich erscheinen; in der Regel unterhalten solche Milieus und Gruppierungen dennoch – komplexe – Beziehungen zur bestehenden gesellschaftlichen Realität, die die starke symbolische und rhetorische Abgrenzung relativieren. Dieser Zusammenhang sollte auch deshalb beachtet werden, um eine – aus der Außensicht erfolgende – politische (Über-)Interpretation von religiösen Vorstellungen und Konzepten zu vermeiden, die in erster Linie eine – wenn auch tendenziell puritanische – Identifizierung der eigenen Religiosität in Abgrenzung von anderen (muslimischen, nichtmuslimischen, areligiösen) Vorstellungen und Praktiken beinhalten. Gerade in Diaspora- und Minderheitensituationen und multireligiösen Kontexten, wo Probleme der Erhaltung oder Anpassung oder Verteidigung oder Demonstration etc. von – kollektiv geteilten und religiöse Identität stiftenden – Elementen für viele (nicht nur islamische!) Religionsgemeinschaften besonders akut werden, spielt die konservative Orientierung an als ›substantiell‹ aufgefassten traditionellen Bestimmungen (sowohl Gebote wie auch Verbote) häufig eine zentrale Rolle.

In diesem Zusammenhang sollte auch beachtet werden, dass die häufig anzutreffende Formulierung, ›Gott ist der einzige Gesetzgeber‹ sich nicht ohne Weiteres in einen Bezug (bzw. in einen unüberbrückbaren Gegensatz) zu einem spezifischen säkularen Rechtssystem setzen lässt. Während rituelle und liturgische sowie einige als ›substantiell‹ betrachtete Normen (Speiseverbote etc.) als im Wesentlichen unveränderlich angesehen werden, sind die Bereiche der ›shari'a‹, die soziale Beziehungen und Institutionen betreffen, auch in den ›salafistischen‹ Überzeugungen letztlich an bestimmte ›menschliche‹ Interpretationen von Koran und Prophetentradition gebunden, die allerdings in einem ethisch-moralischen Sinn mit dem ›wahren islamischen Geist‹ übereinstimmen sollen. Im Sinne (der bereits oben erwähnten) grundsätzlichen Achtung der ›ordnungserhaltenden‹ Funktion von weltlichen politischen Systemen wird daher auch in ›salafistischen‹ Vorstellungen ein ›säkulares‹ Rechtssystem in aller Regel respektiert oder kann sogar als prinzipiell dem Prinzip der ›Gerechtigkeit‹ entsprechend befürwortet werden.

Zusammenfassend kann man allgemein festhalten, dass sich eine wissenschaftlich eindeutige und verallgemeinernde Definition von ›Salafismus‹ aufgrund der historischen Entwicklungen und der komplexen Heterogenität des ›Phänomens‹ in sozioreligiöser Hinsicht nicht vornehmen lässt. In der Gegenwart sich selbst als ›salafistisch‹ bezeichnende oder von anderen als ›salafistisch‹ bezeichnete Milieus und Gruppierungen teilen zwar – innerhalb des weiten Spektrums von islamischen Interpretationen und Gemeinschaften – bestimmte Auffassungen und Praktiken, sind aber in ihrer prinzipiellen Haltung gegenüber autoritativen religiösen Texten und in ihren konservativ-traditionalistischen Orientierungen durchaus vergleichbar mit ›strenggläubigen‹ Milieus und Gruppierungen in anderen religiösen Traditionen (Christentum, Judentum, Buddhismus).«

Sebastian Friedrich und *Hannah Schultes* weisen in ihrem Beitrag »Bedrohung Salafismus?« (Standpunkte 15/2012) anhand einer diskursanalytischen Auswertung ausgewählter Texte der Süddeutschen Zeitung und der Frankfurter Allgemeinen Zeitung darauf hin, dass die Debatte über den Salafismus im Kontext des hiesigen antimuslimischen Rassismus steht, den Sicherheitsdiskurs bedient und einer extremismus-theoretischen Logik folgt. Bis 2012 werde der Salafismus kaum erwähnt, in jenem Jahr gibt es dann eine Reihe von Hintergrundberichten, Reportagen und Portraits über »Konvertiten«, insbesondere den Prediger Pierre Vogel. Hierzu heißt es in dem Beitrag u.a.:

»Zwar gab es bereits vor der Welle der Thematisierung von ›Konvertiten‹ vereinzelt Meldungen über Salafismus in Deutschland, allerdings nur im Zusammenhang von Warnungen des Verfassungsschutzes. Die aufgeregte Konzentration auf ›Deutsche‹, die scheinbar plötzlich zum Islam konvertieren, lässt aus rassismusanalytischer Sicht tief blicken: Das Bild des ›Konvertiten‹ symbolisiert die Angst der weiß-deutschen Mehrheitsgesellschaft vor Unterwanderung durch MuslimInnen und den damit verbundenen Verlust der eigenen Dominanz.

Während bis dato die (islamische) ›Gefahr‹ entweder als eine von ›außen‹ oder zumindest als eine von ›Anderen‹ (MigrantInnen) ausgehende im Inneren gedeutet wurde, scheint die Vorstellung besonders besorgniserregend, dass Teile der ›Wir‹-Gruppe sich für Ideen der ›Anderen‹ interessieren oder diese gar den ›westlichen Werten‹ vorziehen könnten. Zum einen wird hauptsächlich über zum Islam Konvertierte berichtet, kaum bis gar nicht aber über Menschen, die sich zu anderen Glaubensrichtungen bekennen.

Zum anderen impliziert der Begriff des Konvertiten bzw. der Konvertitin die Annahme, die sich zum Islam Bekennenden hätten sich vorher zu einer anderen Religion bekannt. Der Begriff des ›Konvertiten‹ wird zum Synonym für weiß-deutsche ChristInnen, die zum Islam konvertieren. Die Diskussionen um Salafismus verschärfen sich nach dem Anschlag in Frankfurt/Main im März 2011. (…)

Zentrale Ereignisse für die Debatte um Salafismus stellen allerdings die Koran-Verteilungen ab April 2012 dar und die Auseinandersetzungen mit extremen Rechten von Pro NRW bei Kundgebungen in Bonn und Solingen Anfang Mai. Allein von April bis Juni erschienen in FAZ, FAS und SZ zusammen genommen 286 Beiträge, in denen die Begriffe Salafismus und Salafisten genannt wurden (im Vergleich: Im gesamten Jahr 2011 waren es in SZ und FAZ/FAS 178 und 2010 sogar nur 30 Beiträge). Auf der inhaltlichen Ebene lassen sich 2012 im Vergleich zu den Vorjahren keine wesentlichen neuen Aussagen und Urteile ausmachen, quantitativ hingegen zeigt sich ein sprunghafter Anstieg. (…)

Eine zentrale Annahme der Debatte um den Salafismus ist die objektive Existenz der Gruppe der ›Muslime‹ – unter diesen gäbe es ›Salafisten‹, die wiederum in gewaltbereite und nicht gewaltbereite einzuteilen seien. Die Kategorisierung der Bevölkerung nach der nur ungenau festzustellenden Religionszugehörigkeit, die in keiner bestimmbaren Verbindung mit der tatsächlichen Religionsausübung steht, bildet die Grundlage für Rassifizierungsprozesse. Unter Bezug auf Namen, Phänotyp und/oder Kleidungsstücke und andere Merkmale wird Menschen eine islamische Religionszugehörigkeit zugeschrieben. Die ›Rassifizierung von MuslimInnen‹ äußert sich in einer primären Wahrnehmung als Musliminnen und Muslime und bildet die notwendige Bedingung für alltägliche Diskriminierung auf Basis von antimuslimischem Rassismus, bei dem durch ›Essentialisierung, Dichotomisierung und Hierarchisierung (…) die Hybridität, Durchlässigkeit und Dynamik kultureller Identitäten geleugnet‹ wird. Auf dieser Grundlage wurden in den letzten Jahren in Deutschland viele andere Themen mit dem Islamdiskurs gekoppelt, was jeweils antimuslimische Effekte zur Folge hatte. So wurde das ›Integrationsparadigma‹ mit damit verbundenen Anforderungen auf angenommene oder tatsächliche Religiosität bezogen und häufig die Inszenierung eines Werte- und Kulturkonflikts fortgeschrieben. Weiter wurden selektiv emanzipatorische Argumente genutzt, um die Konzeption des ›muslimischen Anderen‹ als unaufgeklärt und rückständig zu stützen und der neoliberale Unterschichtendiskurs mit dem antimuslimischen Rassismus verbunden. Diese Deutungsmuster tauchen allesamt auch bei der Debatte um Salafismus auf. Die problematischen Tendenzen in der medialen und politischen Verhandlung des Salafismus 2011 und 2012 lassen sich in erster Linie auf den bei dem Thema mehrheitlich bedienten Sicherheitsdiskurs zurückführen.

Die insbesondere seit dem 11. September 2001 hergestellte Verbindung von Islam und Terrorismus stärkt die Konstruktion ›des gefährlichen Anderen‹. Vor allem Kopftuch und Bart werden in der medialen Verhandlung des Salafismus immer wieder als Kennzeichen von SalafistInnen hervorgehoben. Auf der Alltagsebene verstärkt diese Deutung bereits etablierter Marker als ›salafistisch‹ die wahrgenommene Haltung von MuslimInnen zum politischen Islam und zum Terrorismus. ›Nicht jeder Salafist ist ein Terrorist‹, verkündeten sowohl der ehemalige Präsident des Verfassungsschutzes, Heinz Fromm 2011 (zit. nach: SZ,

2.7.2011 und SZ, 17.4.2012), wie auch Innenminister Friedrich 2012 (zit. nach: Die Welt, 8.6.2012).

Dieser Allgemeinplatz wurde jeweils mit der Markierung von Terrorismus als salafistisch ergänzt, so meinte zum Beispiel Fromm: ›Aber fast alle Terroristen, die wir kennen, hatten Kontakt zu Salafisten oder sind Salafisten‹ (zit. nach: SZ, 2.7.2011). Diese Sätze erinnern nicht umsonst an den nach den Anschlägen vom 11. September 2001 geprägten Spruch: ›Nicht alle Muslime sind Terroristen, aber alle Terroristen sind Muslime.‹

Die ›Initiative Sicherheitspartnerschaft – Gemeinsam mit Muslimen für Sicherheit‹, eine Kooperation von muslimischen Verbänden mit Sicherheitsbehörden, veranstaltete im Juni 2011 einen ›Präventionsgipfel‹. An der Praxis der Sippenhaftung und des Generalverdachts änderten jedoch die Bekenntnisse zum Grundgesetz, die beständige Selbstverpflichtung zur Wachsamkeit und die Distanzierung von Gewalttaten im Namen des politischen Islam nichts. Denn die Diskussion prägt nicht nur die Einteilung in radikale und moderate MuslimInnen, sondern auch die Behauptung ›fließender Grenzen‹ zwischen ihnen. Fernab vom realen politischen Einfluss des Salafismus wird zum Beispiel in der SZ eine schleichende Unterwanderung angedeutet: ›Sehr genau sind diese Zahlen nicht, denn die ideologischen Grenzen zwischen den salafistischen Ultras und Vertretern anderer, politisch ebenso bedenklicher oder auch nur konservativer Auslegungen des Islam sind fließend. Klar ist aber: Obwohl die Salafisten nur eine winzige Minderheit unter den etwa vier Millionen Muslimen sind, wächst ihre Bedeutung‹ (SZ, 17.4.2012).«[169]

Im Weiteren stellen die Autoren die antimuslimischen Effekte der Extremismustheorie dar und kommen zum Schluss, dass die höchst problematische Entwicklung auf eine Rehabilitation des in die Kritik geratenen Verfassungsschutzes hinausläuft.

»Das Bedrohungsszenario Salafismus rehabilitiert im Effekt den Verfassungsschutz in zweierlei Form: Erstens wird auf die Notwendigkeit von Verfassungsschutzbehörden verwiesen, und zweitens findet eine De-Thematisierung von Rassismus statt. Beide Stränge widersprechen den kritischen Auseinandersetzungen um Ineffektivität und Rechtsoffenheit des Verfassungsschutzes im Kontext der NSU-Morde. In der medialen Thematisierung von Salafismus wurde zumeist auf die Arbeit des Verfassungsschutzes verwiesen, indem in den Medienberichten dessen Einschätzungen und Zahlen zum Salafismus aufgegriffen wurden – Kritik war in diesem Zusammenhang nicht zu vernehmen, fast so, als hätte es die NSU-Morde bei gleichzeitigem Versagen der Behörden nicht gege-

---

[169] Sebastian Friedrich/Hannah Schultes: »Bedrohung Salafismus?«, in: Standpunkte, 15/2012

ben. Die beinahe wöchentlichen Warnungen vor dem Salafismus durch Innenminister Friedrich aktualisierten Bedrohungsszenarien, und die Verbote, Razzien und Abschiebungen stellten symbolisch die Handlungsfähigkeit der Behörden wieder her. Zugleich schien die Debatte um Salafismus die versprochene Aufarbeitung der NSU-Morde und die Verstrickungen von Behörden in Rassismus von der Agenda zu verdrängen.«

Exkurs: Junge Moslems und Geheimdienste im Sog des »Kalifats« IS/ISIS oder der Kampf um Öl und geostrategischen Einfluss nach dem Irakkrieg?

An dieser Stelle erscheint zunächst wieder ein kurzer Blick auf den »äußeren Feind« notwendig, um vollständig begreifen zu können, wie sich die weitere Zuspitzung der rassistischen Diskriminierung »gewaltbereiter Salafisten« in Deutschland vollziehen konnte. Hatte sich die Einteilung in radikale und moderate MuslimInnen und die Behauptung »fließender Grenzen« zwischen ihnen doch als kaum fassbar erwiesen – abgesehen davon, dass das ganze Konstrukt offensichtlich gegen das Grundrecht auf Religionsausübungsfreiheit verstieß.

Im Sommer 2014 tauchte dann scheinbar aus dem Nichts eine neue Gruppierung von »Salafisten« bzw. »Dschihadisten« in den öffentlichen Debatten auf und beherrschte monatelang die Schlagzeilen, zunächst mit der nicht nur auf den ersten Blick erstaunlichen Meldung, eine »dschihadistische Terrormiliz« habe große Teile des Iraks erobert, sei dabei, die Millionenstadt Mosul zu erobern und rücke auf Bagdad vor.

Schon damals drängten sich kritischen BeobachterInnen Fragen auf: War diese Gruppierung etwa vom Himmel gefallen? Wie war es möglich, dass eine Terrormiliz, die zunächst mit »bis zu 20.000 Kämpfern« durch die Massenmedien geisterte, riesige Landesteile im Irak und Syrien beherrschte, die halb so groß sind wie Deutschland? Sie fragten sich weiter, wie es zu erklären ist, dass die Geheimdienste – allen voran die US-Auslandsgeheimdienste, die bekanntlich keine Schwierigkeiten haben, führende »islamistische Terroristen« genau zu orten und mithilfe von Kampfdrohnen zu liquidieren – von dem Vormarsch nichts bemerkt und/oder nichts berichtet haben. Solche (in den Massenmedien gar nicht erst gestellten) Fragen verstummten vollends, als wenig später über das Schicksal von Vertreibung, Flucht und Vergewaltigung der kurdischen Yeziden durch den IS in Syrien berichtet wurde. Deren Schicksal war nicht nur in aller Munde, plötzlich wurde in den Massenmedien und in dem Parlament darüber diskutiert, ob und wie ihnen am wirksamsten geholfen werden könnte, wobei die Lieferung von Waffen und Rüstungen die Frage nach anderen, humanitären Hilfsmöglichkeiten in den Hintergrund drängte, erst recht die Frage, ob nicht der UN-Sicherheitsrat zuständig ist, wenn es sich um die Bedrohung des internationalen Friedens handelt.

In diesem Zusammenhang drängen sich mir zwei wichtige Erfahrungen aus der jüngsten Vergangenheit auf: Als Menschenrechtsanwalt 2014 auf einer Delegationsreise in den USA habe ich selbst in den seriösen Massenmedien ausführliche Berichte darüber gelesen, dass es sich bei den Erfolgen des Islamischen Staates im Irak und Syrien (ISIS) keineswegs um die einer »Terrormiliz«, sondern um ein Bündnis handelte, bestehend aus verschiedenen oppositionellen Kräften, unter anderem Teilen der ehemaligen Baath-Partei und der irakischen Armee, die den sunnitischen Teil der Bevölkerung als Opfer einer sektiererischen Unterdrückungspolitik des Maliki-Regimes entlang der religiösen Siedlungsgebiete interpretierte und für die die Auseinandersetzung mit den »Gotteskriegern« des ISIS zweitrangig waren; außerdem war dort zu lesen, dass dieses Bündnis große Sympathie und Unterstützung insbesondere vom jüngeren Teil der Bevölkerung erhalte.

Das Schicksal der kurdischen Yeziden, die wegen ihrer Rechtlosigkeit und der Unterdrückung durch die Behörden und Teile der muslimischen Bevölkerung in der Türkei, dem Irak und Syrien in den 1980er Jahren auch in größerer Zahl in die Bundesrepublik geflüchtet waren, war den hiesigen Behörden jahrzehntelang ziemlich egal. Es gelang nur unter großen Schwierigkeiten und langen Kämpfen, für einen Teil von ihnen ein politisches Asyl durchzusetzen und einigermaßen erträgliche Lebensbedingungen zu schaffen. Noch im letzten Jahrzehnt wurden Yeziden aufgrund eines dubiosen, völkerrechtlich mehr als fragwürdigen »Abschiebeabkommens« nach Syrien unter Assad Senior abgeschoben, selbst wenn sie dort nicht registriert waren und obwohl selbst das Auswärtige Amt davon ausging, dass sie alleine wegen des Asylantrags in Deutschland Inhaftierung und Folter riskierten. Es drängte sich also der Eindruck auf, dass hinter der jetzigen Sorge um das Schicksal der Yeziden andere als nur humanitäre Interessen standen.

Im September 2014 veröffentlichte der »Freitag« dann einen Artikel unter der Überschrift »Mit dem Teufel spielen«, in dem es unter anderem hieß: »Im syrischen Bürgerkrieg, so die Brookings Institution in Washington, haben vor allem Geldgeber aus Kuwait extremistische Gruppen finanziert. ›Mit dem Feuer spielen‹ heißt die Ende 2013 vorgelegte Studie. Das sei aus dem Ruder gelaufen. So könne der ›Islamische Staat‹ nun seine Botschaft in dem von der US-Invasion zerstörten und mit einer repressiven schiitischen Führung versehenen Irak verbreiten.«

Am 17.10.2014 schreibt Hans-Christof Kraus in der *FAZ* unter dem Titel »Und Ihr denkt, es geht um einen Diktator« unter anderem: »Der aktuelle Konflikt um ein Eingreifen oder Nicht-Eingreifen in den syrischen Bürgerkrieg ist deshalb so brisant, weil sich in dieser Frage der Gegensatz zwischen zwei radikal unterschiedlichen geostrategischen und weltpolitischen Konzeptionen manifestiert«;

der westlichen Seite gehe es nicht um die Hilfe für die syrische Bevölkerung, »sondern um Einflussnahme auf die Neugestaltung des Landes nach einem voraussichtlichen Sturz des derzeitigen Regimes, obwohl man mit diesem bisher stets gut zusammenarbeiten konnte. Mehrere, seit längerem geplante, für den Westen wichtige Öl- und Gaspipelines stehen auf dem Spiel, die Saudi-Arabien und Katar mit dem östlichen Mittelmeerraum und der Türkei verbinden und deshalb partiell durch syrisches Gebiet führen sollen.«[170]

Auch »Spiegel Online« meldet einen Monat später, nachdem Präsident Obama der Terrormiliz IS den Krieg erklärt und die Welt darauf vorbereitet hatte, dass sich der Kampf über Jahre hinziehen wird: »Darüber duften sich vor allem US-Rüstungskonzerne und private Sicherheitsfirmen freuen. Sie versprechen sich von neuen Militäraktionen im Irak oder in Syrien Milliardengeschäfte.« Gerade hat die »Lockheed-Aktie an der Börse spürbar zugelegt. Und nicht nur die: auch der Index, der die gesamte US-Rüstungsindustrie zusammenfasst steigt seitdem.«[171]

Allmählich verbreitete sich auch bei uns die Erkenntnis, dass die Terrormiliz IS zumindest, solange sie in Syrien aktiv war, von Saudi-Arabien bzw. Katar aus ausgebildet und finanziert worden ist – offenbar hatte die westliche Staatengemeinschaft nichts dagegen, solange es gegen den Feind Assad ging. Erst als »die Sache aus dem Ruder lief«, ein »Kalifat« nicht nur ausgerufen, sondern auch staatliche Strukturen in den vom Bündnis unter Führung der IS agierenden Kräften aufgebaut wurden, wurde die Terrormiliz als das schlimmste Monster verteufelt, unterfüttert mit mediengerecht aufgearbeiteten Videos von Enthauptungen westlicher Journalisten und anderen Gräueltaten gegen yezidische und andere Kurden. Da mochte auch die Bundesregierung nicht mehr zurückstehen und zum ersten Mal wurde auch offiziell das Tabu, Rüstungsgüter in Krisengebiete zu liefern, mit Waffenlieferungen an Kurden gebrochen, die die Terrormiliz bekämpfen sollten.

Zurück zur Situation in Deutschland. Parallel zu Meldungen über immer neue Gräueltaten der Terrormiliz begann die »Sorge um junge Muslime« und deren Familien hierzulande um sich zu greifen und die Schlagzeilen zu erobern. Nachdem die wohlmeinenden Ratschläge von SicherheitsexpertInnen und PädagogInnen darüber, wie der zunehmenden Radikalisierung muslimischer Jugendlicher zu begegnen sei, jahrelang ein Schattendasein auf Tagungen und Fachzeitschriften geführt hatten, schreckten die Medien im April 2014 mit der Geschichte auf: »Ex-Rapper schließt sich Terrorgruppe an – laut Verfassungs-

---

[170] Zitiert nach Winfried Wolk: »Alles aus dem Ruder gelaufen?« in: *Ossietzky* Nr. 24, S. 831f.

[171] Ebd.

schutz kämpfen 50 Berliner in Syrien«, und diesem Bericht der *Berliner Zeitung* zufolge war die »ultrakonservative Salafistenszene (…) nach Einschätzung der Sicherheitsbehörden in der Hauptstadt auf inzwischen über 400 Anhänger angewachsen« (Berliner Zeitung, 16.4.2014). Etwas wissenschaftlicher argumentierte der Beitrag von Behnam Said in der *Zeitschrift für Polizeiwissenschaft und polizeiliche Praxis*, herausgegeben von der Sicherheitsakademie des Bundesministeriums für Inneres der Republik Österreich. Dieser Beitrag geht davon aus: »Spätestens seit den Ausschreitungen von Solingen und Bonn im Mai 2012 und der Koran-Verteilaktion des Netzwerks ›Die wahre Religion‹ wird in Deutschland das Phänomen Salafismus ausführlich diskutiert.«[172] Der Salafismus werde zu Unrecht (nur) als eine ausländische Bewegung angesehen; er werde von Politik, Medien und Sicherheitsbehörden oft direkt oder indirekt in einen Zusammenhang mit Terrorismus gestellt: »Insbesondere die Ereignisse von Solingen und Bonn haben gezeigt, dass es auch im Salafismus einen Bereich zwischen ›gewaltfrei‹ und ›terroristisch‹ gibt. Bislang subsumierten Sicherheitsbehörden unter der Kategorie ›dschihadistisch‹ sowohl Terroristen als auch gewaltorientierte Jugendliche, was analytisch nicht weiter haltbar ist.«[173]

Immerhin gesteht der Autor zu: »*Politisch motivierte Kriminalität (PMK) von Islamisten bleibt statistisch gesehen, trotz der Ausschreitungen von Solingen und Bonn, dabei noch immer ein marginales Phänomen, wenn man die Zahlen mit den Bereichen ›rechts‹ und ›links‹ vergleicht. (…)* In diesem Prozess (einer Auseinandersetzung mit diesen Ereignissen) ist deutlich geworden, dass die Mehrheit der Salafisten Gewalt als Mittel der politischen und religiösen Auseinandersetzung ablehnt. Dafür spricht zum einen die Tatsache, dass sich ›von bundesweit 3.800 Salafisten (Stand 2012) gerade einmal 300 an der Gewalt in Bonn beteiligten, noch weniger waren es in Solingen.‹ Dies zeige auch, ›dass der Salafismus nicht rein aus theoretischer Schriftlage, in der immer wieder das Tötungsgebot für die Prophetenbeleidigung betont wird, beurteilt werden kann. Zudem zeigt es, dass Teile der Szene sogar den Dialog mit dem politischen Gegner suchten‹.«[174]

In seinem Fazit heißt es unter anderem: »Während Sicherheitsbehörden die Themen ›Islamismus‹ und ›Salafismus‹ schon lange nicht mehr unter der Rubrik ›Ausländerextremismus‹ bearbeiten, verlaufen sich Medien und Politiker oftmals noch immer in der Konstruktion einer deutschen per se demokratischen Gesellschaft, die von dem angeblich ausländischen und besonders demokratie-

---

[172] Behnam Said, »Salafismus – ein deutscher Extremismus«, Wien 2013, online publiziert: 07/2013 www.bmi.gv.at/cms/BMI_SIAK/4/2/1/2013/ausgabe_1/files/Said_1_2013.pdf, S. 19
[173] Ebd.
[174] Ebd., S. 25f.

feindlichen Salafismus bedroht sei. Innenminister Hans Peter Friedrich sagte beispielsweise, dass der Salafismus ›nicht in eine freie Gesellschaft, wie wir sie in Deutschland haben‹ passe. Autoren des *Spiegel* fragten wiederum: ›Wie geht der Staat mit solchen Gegnern der westlichen Gesellschaft um?‹ Es ist zunächst absolut richtig zu konstatieren, dass gewisse Strömungen innerhalb des Salafismus gegen die freiheitlich demokratische Grundordnung agitieren und damit als extremistisch zu bezeichnen sind. Doch dieses Kriterium teilt er mit links- und rechtsextremistischen Strömungen, die Teil der deutschen politischen Landschaft sind und es auch bleiben werden. Es wird ein falsches Bild vermittelt, wenn der Salafismus als außergewöhnlicher oder extremistischer als andere Formen des Extremismus beschrieben wird. Zudem läuft man so Gefahr, den Salafismus, der eigentlich ein Randphänomen ist, für Jugendliche erst recht interessant zu machen. Auch die Einforderung besonderer Handlungsweisen des Staates, da es sich angeblich um ein nicht deutsches Phänomen handele, ist wenig zielführend. Genau dies taten jedoch einige deutsche Politiker, die nach Solingen und Bonn in der Öffentlichkeit Forderungen nach Abschiebungen der Täter aufstellten. So wurde etwa Bayerns Innenminister Joachim Herrmann (CSU) in der Presse mit den Worten zitiert: ›Ich bin aber eindeutig dafür, dass man jemanden, der als Ausländer bei uns Hass predigt oder zu Gewalt aufruft, abschiebt. So etwas dulden wir nicht in unserem Land.‹ In diesen und ähnlichen Äußerungen weiterer Politiker reflektiert sich ein grundlegend falsches Verständnis von dem Phänomen Salafismus, das noch immer als ›ausländisch‹ und damit losgelöst von der deutschen Gesellschaft gebrandmarkt wird, was eine sachliche Auseinandersetzung mit dem Problem und vor allem Lösungsfindungen erschwert. Salafismus ist der hiesigen Grundordnung nicht mehr oder weniger entgegengestellt als andere extremistische Strömungen auch. Er ist nicht nur auf Grund seiner Anhänger und Protagonisten deutsch, sondern auch auf Grund seiner Vorgehensweise. Rufe nach Abschiebungen oder gar Änderungen des Grundgesetzes, wie sie der niedersächsische Innenminister Schünemann für Salafisten forderte, sind überzogen, populistisch und wenig zielführend. Sie suggerieren, dass der Salafismus nur eine temporäre und wieder ins ›Ausland‹ zurückverlegbare Erscheinung ist.«[175] Der Autor plädiert daher dafür, den Salafismus »als neuen Bestandteil der heimischen extremistischen Landschaft zu akzeptieren«, und meint abschließend: »Dem Salafismus lässt sich daher nicht mit rein repressiven staatlichen Maßnahmen begegnen. Vielmehr muss von staatlicher und muslimischer Seite weiter daran gearbeitet werden, Jugendlichen in Deutschland zu signalisie-

---

[175] Ebd., S. 27f.

ren, dass sie deutsch und muslimisch zugleich sein können und dass Islam und Grundgesetz keine entgegengesetzten Wertesysteme sind.«[176] Eine ernstzunehmende empirische Sozialforschung über das »Klientel Salafismus« sei bisher nicht erfolgt. Diesem Anspruch wird insbesondere nicht die im Sommer 2014 veröffentlichte umfangreiche Untersuchung des Bundesministeriums des Inneren zum Thema »Lebenswelten junger Muslime in Deutschland« gerecht, die auf 764 Seiten Befunde aus diversen Teilstudien verschiedener Universitäten zusammenfasst. Hier ist nicht der Ort, diese ausführlich darzustellen und zu analysieren. Herausgreifen möchte ich aber zwei Punkte:

- Die einleitenden Begriffsbestimmungen sind fragwürdig. Zwar heißt es, wohl »dürfte ein streng religiöser Muslim durchaus von einem islamischen Gottesstaat ›träumen‹, solange er akzeptiert, dass die Bundesrepublik Deutschland keiner ist, und solange er sich insofern an die hier geltenden Gesetze hält. Eine derartige Auffassung könnte man dementsprechend dann als radikal, nicht aber als extremistisch auffassen«.[177] Gilt dies nach Ansicht der WissenschaftlerInnen auch bei bibeltreuen Christen und Katholiken, die bekanntlich bis vor einigen Jahrzehnten ebenfalls dazu angehalten waren, »Gottes Gesetze« höher zu stellen als die der Menschen?

- Weiter wird das Konstrukt der westlichen Geheimdienste übernommen, wenn es heißt: »Der heute gebräuchliche Oberbegriff für alle sich an den Ursprung des Islams orientierten Reformbewegungen ist Salafismus.«

In den Ergebnissen der Untersuchungen, die neben Interviews mit einer Reihe von Familien und Einzelpersonen hauptsächlich auf Telefoninterviews zu beruhen scheinen und schon deshalb fragwürdig sein dürften, heißt es unter anderem: »Vor dem Hintergrund der von uns präferierten Auffassung von Radikalisierung und Fundamentalismus lassen sich circa 15 % der (…) deutschen Muslime als ›streng Religiöse mit starken Abneigungen gegen den Westen, tendenzieller Gewaltakzeptanz und ohne Integrationstendenz‹ bezeichnen.«[178]

Bei der Medienanalyse wird zwar ausdrücklich kritisiert, dass »muslimische Akteure in den deutschen Sendern (…) häufiger als Täter auftauchen«, aber ausgerechnet bei einem türkischen Sender heißt es an hervorgehobener Stelle: »In Bezug auf Art und Weise der Gestaltung von Beiträgen stach vor allem Kanal D hervor: Vergleichsweise häufig bedient sich der Sender einer dramatischen Darstellungsweise durch Sprache und Ton.«[179] Als ob eine »dramatische Darstellungsweise« anderen deutschen Sendern fremd wäre, wenn es um die The-

---

[176] Ebd., S. 29
[177] Ebd., S. 30
[178] Ebd., S. 614
[179] Ebd., S. 623

menkomplexe »Islamismus« usw. geht. Weiter heißt es in der Studie, »dass das ›Thema Terrorismus‹ und die Darstellung von Muslimen als Terroristen in der deutschen Berichterstattung noch immer einen großen Raum einnehmen, wenn über Muslime berichtet wird«.[180]

Kein Wunder, dass insgesamt konstatiert wird, »dass sich die deutschen Nichtmuslime bei einem Großteil der Indikatoren weniger vorurteilsbehaftet und weniger negativ eingestellt darstellen als die sich häufig nicht voneinander unterscheidenden beiden muslimischen Gruppen«.[181]

In dem Exkurs »Vor und nach Sarrazin« wird festgestellt, dass die Veröffentlichung des Sarrazin-Buches die Einstellungen und Meinungen der Muslime beeinflusst hat. In dem noch ausführlicheren Kapitel, das die Ergebnisse auf über 30 Seiten zusammenfasst, wird kein Wort über die terroristische Mordserie des NSU verloren, offenbar ist nach deren Einfluss auf die Einstellung von Muslimen nicht einmal gründlich gefragt worden. Schon deshalb hat sich diese Studie in meinen Augen diskreditiert.

Dabei könnten die nach wie vor widersprüchlichen Meldungen durchaus Anlass einer tiefergehenden Analyse sein. Hierzu zwei Beispiele aus der damaligen Zeit:

■ Am 16.5.2014 erschien die *Berliner Zeitung* mit dem Aufmacher »Bestatter verkaufte Pässe von Toten – Inhaber eines islamischen Beerdigungsinstituts in Berlin-Neukölln soll Schleuserbande mit Ausweisen beliefert haben / In Syrien veräußert / Mitarbeiterin eines Bezirksamtes als Helferin« – darunter die Meldung »Ein bisschen weniger Sklaverei – Katar will sein umstrittenes Sponsoren-System für Gastarbeiter abschaffen (…)«.[182]

■ Bevor die Meldungen über die »Terrormiliz IS/ISIS« endgültig die Schlagzeilen beherrschten, gab es Meldungen, die als Alarmsignale hätten wirken müssen, wie der am 30.7.2014 in der Berliner Zeitung erschiene groß aufgemachte Artikel unter der Überschrift »Fremdenhass in Deutschland – Übergriffe auf jüdische und muslimische Institutionen häufen sich. Alte Stereotypen werden wieder genutzt«. Das Schwergewicht des Artikels mit einem Foto von einem Brandanschlag auf die Synagoge in Wuppertal bildet ein Bericht über wissenschaftliche Studien über neue Formen des Antisemitismus, weiter heißt es: »Eines habe sich jedoch nicht geändert: Nur ein geringer Teil der Schreiber sei dem Rechtsradikalismus zuzuordnen. Über 60% kommen aus der sogenannten Mitte.« Diese leugneten »immer vehement, antisemitisch eingestellt zu sein«.

---

[180] Ebd., S. 629
[181] Ebd., S. 613
[182] Berliner Zeitung vom 16.5.2014, S. 1

Weiter wird darüber berichtet, dass im Internet zurzeit auch sehr viele islamkritische Äußerungen zu lesen seien. Einer der Vorsitzenden des Verbandes der türkischen Gemeinde in Deutschland wird mit der Meldung wiedergegeben, dass »seit dem islamfeindlichen Kommentar eines führenden Bild-Journalisten entsprechende Mails an türkische Institutionen mehr geworden seien«; nach Mitteilung der Bundesregierung auf eine Kleine Anfrage der Linkspartei sei auch die Zahl der Übergriffe auf Moscheen in Deutschland gestiegen: »Danach haben die Sicherheitsbehörden im vorigen Jahr 36 Angriffe auf muslimische Gebetshäuser gezählt. 2012 waren es 35, zwischen 2001 und 2011 im Schnitt 22 Angriffe pro Jahr.«[183]

Im Spätsommer 2014 folgen die Meldungen Schlag auf Schlag: Am 1.9.2014 widmet die Berliner Zeitung die Seite »Politik« fast ausschließlich dem »Kampf gegen IS« mit vier Artikeln »Waffen aus dem Kanzleramt«, »Golfstaaten – Vereint gegen einen Feind«, Großbritannien – Furcht vor Rückkehrern« und »Verfassungsschutz – Deutsche bomben für IS«. Darin heißt es unter anderem: »Inzwischen seien in beiden Kriegsgebieten über 400 Dschihadisten bekannt, die aus Deutschland stammten oder längere Zeit hier gelebt hätten (…)«, und es wird der Präsident des Bundesamtes zitiert. Dies »sei ein ›Grund zu großer Sorge‹, sagte Maaßen, auch weil zu befürchten sei, dass einige dieser Kämpfer mit der Absicht zurückkehrten, auch in Deutschland Terroranschläge zu verüben.« »Der Leiter des Verfassungsschutzes in Düsseldorf (…) bestätigte (…), dass ein deutscher Konvertit Philip Bergner aus Dinslaken vor drei Wochen ein Selbstmordattentat nahe der Stadt Mossul begangen hat. Er sei nicht der einzige Fall. (…) Viel spreche dafür, dass der IS Druck ausübe, damit westliche Ausländer sich zu solchen Taten bereit erklärten. Die Ausrufung des Kalifats durch den IS sei in der deutschen Islamisten-Szene geradezu euphorisch begrüßt worden (…). Die Grausamkeit der IS-Kämpfer sei für viele junge Männer faszinierend. Solange der IS Erfolg habe, werde die Radikalisierung junger Leute wie auch die Ausreisen nach Syrien weiter zunehmen (…)«[184]

Die *Berliner Zeitung* vom 8.9.2014 macht auf der ersten Seite Schlagzeilen mit dem Hauptartikel unter der Überschrift »Berliner Islamist als IS-Propagandist – Verfassungsschutz warnt vor Denis Cuspert alias ›Deso Dogg‹:»Großes Mobilisierungspotenzial in Deutschland / Ex-Rapper ist in Syrien / Innensenator Henkel für mehr Aufklärung an Schulen«.

Die Seite 2 »Tagesthema« der *Berliner Zeitung* vom 9.9.2014 ist vollständig dem Thema gewidmet: Über einem Bild von betenden »Islamisten« auf dem Potsdamer Platz – »hinter ihnen verteilen junge Salafisten kostenlos Korane

---

[183]   Berliner Zeitung vom 30.7.2014, S. 5
[184]   Berliner Zeitung vom 1.9.2014, S. 7

an Passanten« erscheinen die Worte »Zunehmend attraktiv«, einleitend heißt es: »Islamismus – Die Vertreter der ›Scharia-Polizei‹ in Nordrhein-Westfalen haben auch Verbindungen zur Salafisten-Szene in Berlin. Junge Muslime, die sich radikalisieren, im Ausland kämpfen und zurückkehren, sind in ganz Europa ein Sicherheitsrisiko.«

Berichtet wird von der Festnahme dreier Deutscher am Flughafen aufgrund eines von der Bundesanwaltschaft beantragten Haftbefehls wegen Mitgliedschaft in einer ausländischen terroristischen Vereinigung. Im Artikel heißt es dann unter anderem: »Besorgt verfolgen die Sicherheitsbehörden, wie sich Berlin zur Hochburg des Salafismus entwickelt, einer besonders radikalen und schnell wachsenden Strömung des Islams. Der Berliner Verfassungsschutz musste jetzt seine Zahlen aus dem letzten Jahresbericht nach oben korrigieren: Rund 550 von bundesweit 6000 Salafisten leben in Berlin – Tendenz steigend. Sie haben inzwischen gut organisierte Netzwerke gebildet. Etwa 60 Berliner sind laut Verfassungsschutz nach Syrien ausgereist und wollen den Dschihad logistisch unterstützen oder selbst kämpfen. Wie viele dieser Leute sich dem IS angeschlossen haben, wissen die Behörden nicht. (…) ›Für die Berliner salafistische Szene gewinnt der IS zunehmend an Attraktivität‹, sagt Isabelle Kalbitzer, Sprecherin des Verfassungsschutzes. (…) Die Sympathisanten betreiben in Berlin inzwischen eine Facebook-Gruppe und zeigen sich auch öffentlich. Als im August in Neukölln Kurden gegen den IS-Terror demonstrierten, gab es Tumult, als fünf Islamisten eine IS-Fahne entrollten. Die Polizei kam in die unangenehme Lage, radikale Islamisten vor Gewalttätern schützen zu müssen.«[185]

Und auf der Seite »Politik« wurden die LeserInnen der Berliner Zeitung auf die Perspektiven eingestimmt, unter der Überschrift »USA erwarten jahrelangen Kampf gegen IS – Washington zählt auf Beteiligung Deutschlands«.[186] »Politiker warnen vor Rückkehrern: (…) Kanzlerin Angela Merkel (CDU) sagte, es sei Wachsamkeit geboten«; drei Rückkehrer säßen bereits in Untersuchungshaft aufgrund eines Verfahrens beim Generalbundesanwalt.[187]

Anschließend geht es Schlag auf Schlag: Am 10.9.2014 berichtet die Berliner Zeitung auf der Seite Politik unter dem Stichwort »Kampf gegen IS« und unter der Überschrift »Die USA werben für eine Koalition«. Darunter folgt ein Interview mit dem Vize-Präsidenten des Bundestages, Johannes Singhammer, CSU, unter der Überschrift »Wir müssen uns entscheiden, was uns unsere Freiheit wert ist«, in dem unter anderem heißt: »Es ist unglaublich, dass militante Islamisten auf offener Straße am Brandenburger Tor werben können. Das dürfen

---

[185] Berliner Zeitung vom 9.9.2014, S. 2
[186] Berliner Zeitung vom 9.9.2014, S. 6
[187] Frankfurter Rundschau vom 9.9.2014

wir uns nicht gefallen lassen. Das Werben für Terrorgruppen muss wieder unter Strafe gestellt werden – das kostet nicht mehr Geld, sondern nur ein Gesetz.«[188] Trotz einiger kritischer Analysen wurde der »Kampf gegen IS« ungebrochen weitergeführt und war zum Beispiel im September 2014 wieder das Thema auf einer ganzen Seite der Berliner Zeitung: Über einem Bild des US-Präsidenten Obama mit der Überschrift »Obamas Krieg« heißt es: »Kampf gegen IS – Präsident Obama ordnet Luftangriffe gegen die Terroristen auch in Syrien an. Am Boden sollen gemäßigte Oppositionelle den Kampf führen. Saudi-Arabien und Frankreich wollen helfen – mit ganz eigenen Interessen«. In dem Artikel selbst wird der US-Präsident mit den Worten zitiert: »Es werde Zeit brauchen ›ein Krebsgeschwür‹ wie IS zu beseitigen.« (…) 14 Minuten dauert die Rede an die Nation. »›*Möge Gott unsere Soldaten segnen*‹ (Hervorhebung d. Verf.), sagt er zum Abschied.«[189] Also stellt sich auch der Friedensnobelpreisträger als US-Präsident in die Tradition des »Heiligen Krieges« (siehe die Ausführungen von Domenico Losurdo in Teil 1, S. 40ff.)

Am 23.9.2014 meldet die *FAZ* auf der ersten Seite: »IS ruft zu Anschlägen im Westen auf« und bezieht sich auf eine »Erklärung der Extremisten«, die weder hier noch in dem Artikel »Die Schwerter des Islams« auf der Politik-Seite 3 hinsichtlich ihrer Authentizität einer einzigen Zeile wert ist.

Aufschlussreich allerdings, wie in dem großen Artikel auf der Politik-Seite drei unter der groß gedruckten Überschrift »Die Schwerter des Islams« über Verbindungen zwischen »IS« und Saudi-Arabien berichtet wird: »In Saudi-Arabien haben die Enthauptungen drastisch zugenommen. Auch wenn das Königreich die Dschihadisten des ›Islamischen Staats‹ bekämpft, sind die Gemeinsamkeiten in religiösen Fragen nicht so einfach beiseite zu wischen. Uns das wird besonders deutlich bei einer öffentlichen Hinrichtung.« Dazu heißt es u.a.: »Der Vormarsch des ›Islamischen Staats‹ mag eine direkte Bedrohung für die Legitimation des saudischen Königshauses darstellen, das Dschihadistengruppen im Kampf gegen den syrischen Diktator Baschar al Assad lange unterstützte. Doch die buchstabengläubige und puritanische Auslegung der religiösen Quellen des Islams predigen sowohl die Religionsgelehrten im Königreich als auch die Hassprediger der Dschihadisten. Frauen werden grundlegende Freiheitsrechte versagt, Andersgläubige verfolgt, schwere Körperstrafen und öffentliche Hinrichtungen in Mossul und Raqqa ebenso praktiziert wie in Dschida und Riad.«[190] Der lange Artikel enthält viele Details über die Politik und die Hintergründe der Auseinandersetzungen in Saudi-Arabien, jedoch kein Wort darüber, dass Sau-

---

[188] Berliner Zeitung vom 10.9.2014, S. 6
[189] Berliner Zeitung vom 12.9.2014
[190] FAZ vom 23.9.2014, S. 3

di-Arabien nicht nur enger Verbündeter der USA und der NATO ist, sondern auch von der Bundesrepublik mit schweren Waffen, Panzern usw. beliefert wurde. Die *Berliner Zeitung* vom 23.9.2014 macht auf Seite eins mit der Überschrift auf:»Radikaler Salafist in Berlin inhaftiert – Vorwurf lautet auf Vorbereitung einer schweren staatsgefährdenden Straftat / Der 40-Jährige soll ein an schweren Waffen ausgebildeter Kämpfer des Islamischen Staates mit Syrien-Erfahrung sein«. Auch in diesem Artikel wird wieder ohne Erörterung der Authentizität Bezug genommen auf»einen IS-Aufruf vom Montag, Bürger aller Staaten zu töten, die sich der internationalen Koalition zum Kampf gegen den IS angeschlossen haben«.[191]
     Die folgenden Seiten sind großen Artikeln über den internationalen Kampf gegen die»IS Terrormiliz« gewidmet.»Deutsche Islamisten: Jung, männlich, kriminell« heißt die Überschrift von einer Meldung von ZEIT ONLINE, wonach der Verfassungsschutz wohl die Lebensläufe deutscher Islamisten näher untersucht habe, die seit Mitte 2012 in das Bürgerkriegsland Syrien gereist seien:»Einer bisher unveröffentlichten Analyse des Verfassungsschutzes nach sind sie zum großen Teil Männer, haben gescheiterte Karrieren und sind meist schon als Kriminelle auffällig geworden.«[192] »Wegen Islam – viele Deutsche fühlen sich wie ›Fremde‹«, meldet *Die Welt* am 11.9.2014. Die Mehrheit der Deutschen – 60% – wolle die eigenen Traditionen und Werte wieder mehr in den Vordergrund rücken; fast ein Drittel sehe eine Gefahr darin,»von den Migranten überrannt zu werden«; auch seien 86% der Befragten der Meinung, frisch nach Deutschland gezogene Migranten verdienten zwar die gleichen Rechte wie alle anderen, gleichzeitig gaben aber 32% an, sie sollten sich»mit weniger zufrieden geben«, und 17% seien der Meinung, zugezogene Ausländer müssten sich»hinten anstellen, wenn es nicht für alle reicht«. Gleichzeitig wird dies als Vorurteil gegen Juden und Muslime und Doppelmoral kritisiert:»Forscher sehen ›Doppelmoral‹ bei Deutschen.«[193]
     In dem darauffolgenden Monat geht die Saat auf, es kommt zu den ersten gewaltsamen Auseinandersetzungen:»Es besteht Anlass zur Sorge, dass sich die gewalttätigen Auseinandersetzungen zwischen den verschiedenen Extremisten auf unseren Straßen weiter aufschaukeln«, wird der Präsident des Bundesamtes für Verfassungsschutz zitiert. Anfang Oktober seien in Hamburg Proteste gegen den IS eskaliert:»Gewaltbereite mutmaßliche Unterstützer von

[191] Berliner Zeitung vom 23.9.2014, S. 1
[192] ZEIT ONLINE vom 11.9.2014, www.zeit.de/politik/deutschland/2014-09/deutsche-islamisten-syrien-verfassungsschutz
[193] Die WELT vom 11.9.2014, www.welt.de/132120410

Islamistengruppen hatten sich nach der Kurden-Demo mit den Protestteilnehmern geprügelt. Es gab zahlreiche Verletzte.«[194] Einen Monat später beherrschten wieder die alten Feindbilder die Schlagzeilen:»Deutschland ist eine der wichtigsten Brutstätten des IS«, meldete am 22.11.2014 FOCUS Online, eine»Terrorexpertin des privaten Geheimdienstes ›SITE Institute‹ in Washington, D.C.« (vgl. den Antrag aus dem Münchner Staatsschutzprozess, Teil 1, S. 74) kommt ausführlich zu Wort: Das große Problem der westlichen Geheimdienste sei, dass sie nicht wüssten, wie sie gegen diese moderne Form des Terrorismus vorgehen sollten, wie sie in einem Interview mit der Bild-Zeitung ausgeführt hatte.[195]

Zwei Tage später berichteten die Medien in großer Aufmachung über einen »Vater, der es als seine ›religiöse Pflicht‹ ansieht, seinen Sohn an die Terrormiliz zu vermitteln«, und ihn damit in den Tod schicke.[196]

Ende November war die Zahl der gewaltbereiten Muslime in Berlin nach Angaben der Geheimdienste erneut angewachsen und am 25.11.2014 meldete die Berliner Zeitung unter der Überschrift»Deutsche zunehmend besorgt über Ausbreitung des Islams«:»Die Deutschen befürchten stärker als noch vor einigen Jahren, dass sich der Islam zu stark in der Gesellschaft ausbreitet. 42% der Bundesbürger machen sich deshalb große Sorgen, ergab eine Umfrage von Infratest dimap (…) . 2009 hatten nur 36% große Sorgen vor einer zu starken Ausbreitung des Islams geäußert. Ebenfalls 42% machen sich derzeit wenig Sorgen. Nur 16% der deutschen Bevölkerung sind deswegen gänzlich unbesorgt.«[197]

Nirgendwo befindet sich in der hierzulande veröffentlichten Meinung ein Sterbenswörtchen über die scharfe Verurteilung der IS-Aktivitäten und des»Kalifats« durch einen»offenen Brief« von Dutzenden der führenden islamischen Rechtsgelehrten (die oberste Autorität für Muslime in religiösen Fragen; eine den christlichen Kirchen vergleichbare Hierarchie gibt es bekanntlich nicht), insbesondere jener, die von den Geheimdiensten und selbsternannten Terrorismusexperten den Predigern des»dschihadistischen Salafismus« zugerechnet werden. In diesem im Internet in arabischen und anderen muslimisch geprägten Ländern sowie auch auf Deutsch verbreiteten»offenen Brief« heißt es unter anderem in der Kurzfassung:

---

[194] SPIEGEL ONLINE vom 28.10.2014, www.spiegel.de/politik/deutschland/verfassungs-schutz-warnt-vor-gewalt-auf-deutschen-strassen-a-999658.html
[195] FOCUS Online, 22.11.2014, www.focus.de/politik/ausland/terror-expertin-warnt-deutschland-ist-wichtigste-brutstaette-fuer-den-is*id_4294574.html
[196] Kölner Stadtanzeiger und Frankfurter Rundschau vom 23.11.2014, www.fr-online.de/politik/is-terror-herr-b---terrorvermittler,147 2596,29131212.html
[197] Berliner Zeitung, 25.11.2014, S. 5

Auszüge aus dem offenen Brief führender Islamgelehrter an den selbsternannten Kalifen des IS Bagdadi

»1. Es ist im Islam verboten, ohne die dafür jeweils notwendige Bildung und Kenntnis zu haben, fatwa (Rechtsurteile) zu sprechen. (...) Bei der Sprechung einer Fatwa, unter Verwendung des Korans, können nicht ›die Rosinen unter den Versen herausgepickt‹ werden, ohne Berücksichtigung des gesamten Korans und der Hadithe (...).

3. Es ist im Islam verboten, Scharia-Angelegenheiten zu stark zu vereinfachen und festgelegte islamische Wissenschaften zu missachten.

4. Es ist im Islam [den Gelehrten] gestattet, Meinungsverschiedenheiten über bestimmte Angelegenheiten zu haben, außer in all jenen, welche als die Fundamente der Religion gelten, die allen Muslimen bekannt sein müssen.

5. Es ist im Islam verboten, bei der Rechtsprechung die Wirklichkeit der Gegenwart zu missachten.

6. Es ist im Islam verboten, Unschuldige zu töten.

7. Es ist im Islam verboten, Sendboten, Botschafter und Diplomaten zu töten; somit ist es auch verboten, alle Journalisten und Entwicklungshelfer zu töten.

8. Dschihad ist im Islam ein Verteidigungskrieg. Er ist ohne die rechten Gründe, die rechten Ziele und ohne das rechte Benehmen verboten.

9. Es ist im Islam verboten, die Menschen als Nichtmuslime zu bezeichnen, außer sie haben offenkundig den Unglauben kundgetan.

10. Es ist im Islam verboten, Christen und allen ›Schriftbesitzern‹ – in jeder erdenklichen Art – zu schaden oder zu missbrauchen.

11. Es ist eine Pflicht, die Jesiden als Schriftbesitzer zu erachten.

12. Die Wiedereinführung der Sklaverei ist im Islam verboten. Sie wurde durch universellen Konsens aufgehoben.

13. Es ist im Islam verboten, die Menschen zur Konvertierung zu zwingen.

14. Es ist im Islam verboten, Frauen ihre Rechte zu verwehren.

15. Es ist im Islam verboten, Kindern ihre Rechte zu verwehren. (...)

17. Es ist im Islam verboten, Menschen zu foltern.

18. Es ist im Islam verboten, Tote zu entstellen. (...)

21. Bewaffneter Aufstand ist im Islam in jeglicher Hinsicht verboten, außer bei offenkundigem Unglauben des Herrschers und bei Verbot des Gebets.

22. Es ist im Islam verboten, ohne den Konsens aller Muslime ein Kalifat zu behaupten.«[198]

---

[198] http://madrasah.de/leseecke/islam-allgemein/offener-brief-al-baghdadi-und-isis (16.6.2015, 15:42 Uhr)

Fast alle meiner Mandanten beziehen sich positiv auf den Inhalt dieses offenen Briefes, auch wenn viele es ablehnen, sich von den terroristischen Aktivitäten vom IS u.a. zu distanzieren; genauso wie es nie von allen Christen verlangt wurde, sich von Terrorismus zu distanzieren, der sich auf die angebliche »Rettung des christlichen Abendlandes« stützte, wie etwa Anders Breivik, der Ku-Klux-Klan oder andere Terrorgruppen.

2. »Ausreiseuntersagungen« – eine Kehrtwende der Ausländerbehörden

Nachdem die Ausländerbehörden in den letzten Jahren alles daran gesetzt hatten, unerwünschte »Islamisten«, später zumeist »Salafisten«, loszuwerden, das heißt, auszuweisen und abzuschieben, und die Medien berichteten, dass offenbar die Geheimdienste auch mehr oder weniger offen Ausreisen nach Syrien mit dem Ziel, die Opposition gegen Assad zu stärken, unterstützten, zumindest duldeten, begann schon im Frühjahr 2014 eine auf den ersten Blick gegenteilige Strategie.

In einer Pressemitteilung des Bremer Senators für Inneres und Sport unter der Überschrift »Polizei beschlagnahmt Reisepässe von mutmaßlichen Salafisten – Innensenator Mäurer: Selbsternannte Gotteskrieger behalten wir genau im Auge« heißt es: »In Abstimmung mit der Innenbehörde hat die Bremer Polizei heute Morgen (1.4.2014) Hausdurchsuchungen bei sieben Männern vorgenommen, über die Erkenntnisse vorlagen, dass sie möglicherweise demnächst ins syrische Krisengebiet ausreisen wollten. Das Amtsgericht hatte die Durchsuchungsbeschlüsse zur Gefahrenabwehr nach dem Polizeigesetz erlassen. Bei der Aktion stellte die Polizei die Reisepässe der Männer sicher. Außerdem stellte sie Handys und Computer der Männer sicher sowie zwei Gaspistolen, zwei Schreckschusspistolen, vier Gotchawaffen und ein Elektroimpulsgerät. Den Behörden lagen Erkenntnisse vor, dass die Männer möglicherweise aufgrund einer zunehmenden Radikalisierung beabsichtigten, an Kampfhandlungen in Syrien teilzunehmen. Damit sie im Ausland keine Straftaten begehen können, aber auch zu ihrem eigenen Schutz wurden ihnen nun die Pässe entzogen und ihnen ein Ausreiseverbot erteilt. Bei den Betroffenen handelt es sich um vier Männer mit türkischer Staatsangehörigkeit, um einen Deutschen und zwei Männer mit türkischer und deutscher Staatsangehörigkeit.

Innensenator Mäurer bedankte sich heute Mittag bei der Polizei und fügte hinzu: ›Wir werden alles dafür tun, dass selbsternannte Gotteskrieger nicht von hier aus nach Syrien ausreisen und dort an Gewaltverbrechen teilnehmen. In Bremen werden die Sicherheitsbehörden die Aktivitäten dieser Leute und ihrer Gesinnungsgenossen weiterhin genau im Auge behalten.‹

Zur Erklärung: Beim Salafismus handelt es sich um eine besonders radikale Strömung innerhalb des islamistischen Extremismus. Ihre Anhänger orientieren sich am ›wahren Ur-Islam‹ und lehnen die demokratische Grundordnung ab.«[199] In einer ohne vorherige Anhörung ergangenen Verfügung der Bremer Ausländerbehörde gegen einen Mandanten vom März 2014 heißt es wörtlich: »1. Ihnen wird die Ausreise aus der Bundesrepublik Deutschland untersagt. 2. Sie haben Ihren Pass unverzüglich zwecks Anbringung eines Vermerkes über die Ausreiseuntersagung vorzulegen. 3. Sie werden aufgefordert sich jeweils dienstags und samstags bei einem von Ihnen zu benennenden Polizeirevier in Bremen persönlich zu melden. (…)«

Zur Begründung wird ausgeführt: Bei einer Reise nach Syrien komme die unmittelbare Beteiligung an Kampfhandlungen im syrischen Bürgerkrieg für dschihadistische Gruppierungen in Betracht. Eine solche Beteiligung sei geeignet, die auswärtigen Beziehungen oder unter Umständen auch das internationale Ansehen in der Bundesrepublik Deutschland zu schädigen. Darüber hinaus sei nach Beendigung der Terrorausbildung eine Rückreise nicht ausgeschlossen, um mit dem erlernten Wissen Anschläge in Deutschland zu begehen.

Hierzu werden Geheimdienstinformationen, insbesondere der angebliche Kontakt zu einem bekannten »Dschihadisten« in der von dem Betroffenen besuchten Moschee, angeführt, ohne die Quellen anzugeben. Der Betroffene erhob hiergegen Widerspruch unter anderem mit der Begründung, die Maßnahmen könnten unter Berücksichtigung des schweren Grundrechtseingriffs nicht auf pauschale Vorwürfe und Vermutungen gestützt werden; die vorgetragenen Befürchtungen seien haltlos und nicht nachvollziehbar: Er habe sich zu einem Familienmenschen entwickelt und 2013 nach islamischem Recht geheiratet, die standesamtliche Trauung stehe bevor, seine Frau sei schwanger und auf ihn angewiesen; er habe eine Ausbildung zum Fachlageristen begonnen, die er im Spätsommer abschließen werde. Zurzeit befinde er sich in den Prüfungsvorbereitungen und mache seinen Führerschein, deswegen gehe er nicht einmal zu den Freitagsgebeten.

Der Eilantrag auf Wiederherstellung der aufschiebenden Wirkung des Widerspruchs wurde vom Verwaltungsgericht abgelehnt mit der höchst fragwürdigen Begründung: »Insbesondere bewirken familiäre Bindungen im Bundesgebiet nach der allgemeinen Lebenserfahrung keinen zwingenden Verzicht auf einen zeitlich beschränkten Auslandsaufenthalt. Allerdings ist der Antragsteller den Tatsachenbehauptungen der Antragsgegnerin entgegengetreten. Daher wird im Widerspruchsverfahren und in einem möglichen nachfolgenden gericht-

---

[199] Pressestelle des Senats Freie Hansestadt Bremen, Pressemitteilung vom 1.4.2014, senatspressestelle.bremen.de/sixcms/detail.php?gsid=bremen146.c.83993.de

lichen Verfahren zu prüfen sein, ob sich die Tatsachenbehauptungen der Antragsgegnerin hinreichend belegen lassen. Bislang hat sich die Antragsgegnerin nur allgemein auf polizeiliche Kenntnisse berufen. Es erscheint aber nicht
ausgeschlossen (!, d. Verf.), dass die Antragsgegnerin insoweit zur Vorlage von
Beweismitteln in der Lage sein wird.«[200]

Weil es nicht ausgeschlossen sein soll, dass die Behörde Beweismittel vorlegen kann, wird der schwerwiegende Grundrechtseinwurf zunächst abgesegnet. Bei mutmaßlichen Dschihadisten reicht also ein pauschaler Verdacht auf
der Grundlage von fragwürdigen Geheimdienstinformationen, ist es doch »nicht
ausgeschlossen«, dass Beweismittel hierzu nachgeschoben werden – besser
kann die weitgehende Rechtlosigkeit mutmaßlicher »islamistischer Terroristen« kaum dargestellt werden, wie sie bereits in der Terroristenverfolgung des
letzten Jahrhunderts angelegt wurde (siehe Teil 1).

Nachdem ich die anwaltliche Vertretung des jungen Bremers übernommen
hatte und den im Dezember 2014 ergangenen Widerspruchsbescheid mit einer
Klage angefochten habe, die umfangreich begründet wurde, fand im Dezember 2015 (also mehr als eineinhalb Jahre später!) endlich die mündliche Verhandlung statt. Wieder hielt es das Gericht für unabdingbar, den Mandanten zu
seiner Religion, seiner religiösen Ausrichtung, der Moschee, die er damals und
heute besuche usw., zu befragen. Das Gericht gab dann nach der Protokollierung seine vorläufige Einschätzung bekannt: Es werde wohl der Klage stattge-
ben und den Bescheid der Ausländerbehörde aufheben. In der inzwischen vorliegenden schriftlichen Begründung des für den Mandanten positiven Urteils
heißt es u.a.: »Zwar hat die Beklagte Tatsachen vorgetragen, die die Begründet-
heit der behördlichen Gefahreneinschätzung jedenfalls im Zeitpunkt des Erlas-
ses des Ausreiseverbotes durchaus rechtfertigen können. (…) Diese Tatsachen,
die vom Kläger zumindest in wesentlichen Punkten substantiiert bestritten worden sind, hat die Beklagte jedoch nicht einmal ansatzweise belegt. Die Beklagte
hat sich lediglich allgemein auf polizeiliche Erkenntnisse berufen. Dies reicht
jedenfalls nicht. Damit bleibt völlig unklar, durch welche Informationen von
welchen Quellen die Verdachtsbehauptungen gestützt werden.«[201]

Die Freie Hansestadt Bremen ließ es sich nicht nehmen, gegen das noch nicht
rechtskräftige Urteil einen umfangreich begründeten Antrag auf Zulassung der
Berufung zu stellen, der erst im März 2017 vom Oberverwaltungsgericht zurückgewiesen wurde – also drei Jahre nach der Verfügung, so lange war es dem
Mandanten unmöglich, ins Ausland zu reisen!

---

[200] Aus den Handakten des Autors.
[201] Handakte des Autors

Das vorläufig positive Ergebnis in diesem Fall bestätigt jedoch den bisherigen Befund: Steht bei einem Moslem der Vorwurf, zur »salafistischen Szene« zu gehören, im Raum und werden Beziehungen zu Moslems behauptet, die dschihadistische Gruppen in Syrien unterstützen, werden ausländerbehördliche Maßnahmen erst einmal für zulässig gehalten, selbst wenn die konkreten Informationen und Informanten nicht angegeben werden. Bei einer engagierten, sachkundigen Vertretung lassen sich die Vorwürfe mit großem Aufwand unter Umständen entkräften und positive Ergebnisse erzielen, allerdings nur unter Preisgabe wesentlicher religiöser Einstellungen und Vorstellungen.

»Ausreiseuntersagung« nach dem Berliner Anschlag Dezember 2016

Dass derartige Ausreisuntersagungen kein Einzelfall sind, lässt sich an aktuellen Fällen, insbesondere im Anschluss an den Anschlag auf den Weihnachtsmarkt in Berlin-Charlottenburg am 19. Dezember 2016 belegen. Am 23.12.2016 erhielten zwei Mandanten aus Wolfsburg unabhängig voneinander eine Verfügung zur »Entziehung ihres Reisepasses und Untersagung der Ausreise aus dem Gebiet der Bundesrepublik Deutschland«. Gegen die Verfügung habe ich Klage erhoben und einen Eilantrag gestellt, aus dem ich die Stellungnahme zu den hier interessierenden Passagen der Verfügung wiedergeben möchte:»Darin wird ausdrücklich ›vor dem Hintergrund der aktuellen Entwicklung in der Terrorismusbekämpfung‹ der Passentzug und das Ausreiseverbot als angemessen und geeignet angesehen. Nach dieser Logik soll aufgrund des Anschlages jeder, dem die Zugehörigkeit zur ›salafistischen Szene‹ und/oder Kontakte zu – angeblich oder tatsächlich nach Syrien ausgereisten Moslems zugeschrieben werden, mit Ausreiseverboten und Passentzügen belegt werden können.

Dies kommt vorliegend in einem Vermerk vom 28.1.2017 zum Ausdruck, wenn es dort heißt, der Kläger werde ›von hier der Salafistenszene zugerechnet und gilt als radikalisiert. Hier liegen also Erkenntnisse vor, dass K.G. sich im Umfeld des Abou Wala bewegte, welcher zurzeit inhaftiert ist. Abou Wala bekennt sich offen zum so genannten ‚Islamischen Staat‘‹.[202] In Verbindung zu Abou Wala steht pressebekannt auch aktuell wegen eines Anschlages in Berlin gesucht *Anis Amri.*«[203]

Der Kläger soll also eine Gefahr für die öffentliche Sicherheit und Ordnung darstellen, die einen schweren Eingriff in seine Grundrechte rechtfertigt, weil er sich im »Umfeld« einer Person bewegt haben soll, der sich zu Daesch (»IS«) bekennt und der »pressebekannt in Verbindung mit einem gesuchten Top-Terroristen gestanden habe«.

---

[202] HA ES Kevin Gabriel wg. Passentzug, SS 27.3., S. 3-4
[203] Handakte des Autors, S. 220

Nach dieser Konstruktion einer vagen Kontaktschuld könnte also jeder Moslem, der der salafistischen Szene zugerechnet wird, mit schwerwiegenden Grundrechtseingriffen überzogen werden, wenn er nur »einem Umfeld zugerechnet werden kann«, in dem sich ein Kontaktmann zu einen gesuchten mutmaßlichen Terroristen befindet.

Dabei könnte ein etwas weniger aufgeregter Blick auf geschichtliche Beispiele und psychologisch-soziologische Aspekte diese übertriebene »Sorge« doch zumindest etwas relativieren. Hierzu dokumentiere ich einen Artikel, in dem *Helmut Dahmer* aus psychologischer Sicht die Anziehungskraft des »Kalifats« auf junge Moslems darstellt.

Der Sog des »Kalifats« – Warum Hunderte junger Männer aus den westlichen Wohlstandsoasen in den »Dschihad« ziehen

Die vagen mittelalterlichen Berichte von einem »Kinder«-Kreuzzug und die Verdichtung dieser Überlieferung in Gestalt der Sage vom »Rattenfänger«, der eigentlich ein »Kinderfänger« war, erinnern uns daran, daß der kamikazehafte Aufbruch Hunderter junger Männer aus den westlichen Wohlstandsoasen in den von islamistischen Sekten neuerlich ausgerufenen »Heiligen Krieg« nichts völlig Neuartiges ist. Jede junge Generation sucht sich den Zwängen von Elternhaus und Schule, Tradition und Arbeitswelt zu entziehen. Eine kleine, aktive Minderheit unter denen, die des Lebens, in das sie eingezwängt wurden, überdrüssig sind, wählt den Fluchtweg in die Fremde, dorthin, wo es Alternativen gibt oder zu geben scheint, ins Ausland, an die Fronten der Kriege und Bürgerkriege, zu Guerrilla- oder zu Söldnertruppen (wie der Fremdenlegion), in »befreite« Gebiete oder in weltentlegene Meditationszentren (wie das indische Poona).

Auch die Freiwilligen, die sich jetzt dem neuen »Islamischen Staat« andienen, treibt das Mißbehagen an ihrem Leben und dessen Perspektiven. Es drängt sie zur Suche nach etwas ganz anderem. Dies andere vermuten sie bei den Antipoden, im exotischen Orient und in einer längst vergangenen Zeit, von der sie als einer besseren träumen und die sie mit aller Gewalt noch einmal vergegenwärtigen wollen. Orientierungslos suchen die kriegshungrigen Aussteiger ihr Heil in der Flucht, ahnungslos hinsichtlich dessen, was sie im kürzlich ausgerufenen, heiß umkämpften syrisch-irakischen Kalifat erwarten mag. Sie hoffen, es werde jedenfalls ein Kontrast sein zu allem, was sie kennen und verachten. Und je weniger sie von Salafismus und Krieg wissen, desto weiter spannt sich der Projektionsschirm über dem Lande des neuen Mahdi. Die vom Fernsehen beglaubigte Nachricht ihrer Freunde und Werber, daß es dort, nur ein paar tausend Kilometer weiter, bewaffnete Gruppen gibt, die nicht nur diesem oder jenem Regime den Kampf angesagt haben, sondern der westlichen Moderne überhaupt, elektrisiert die Wallfahrer. Haben doch die Dschihadisten gerade dem von religiösen Einschränkungen entlasteten, konsumorientierten »westlichen« Lebensstil den Kampf angesagt, der die künftigen Gotteskämpfer längst schon überfordert und bei dem sie (nicht zu dem einen, sondern zu den 99% gehörend) nie recht mithalten konnten. Daß Hunderte von jungen Leuten sich in das fatale Abenteuer des Dschihad stürzen, ist eine Defizitanzeige. Nach dem Scheitern (der Niederschlagung, dem »Verrat« oder der Bürokratisierung) so vieler säkularer Aufstände und veritabler Revolutionen gegen den nationalen und internationalen Status quo erscheint dieser als »alternativlos«. (Daß er es in Wahrheit nicht ist, bezeugt das Mantra aller tonangebenden Politiker, er sei es.) Ist im Reich des Profanen keine Hoffnung mehr auf einen grundlegenden Wandel der Lebensverhältnisse, dann gewinnt die Sphäre des Sakralen wieder an Leuchtkraft. Darum beerben die »islamistischen« Bünde und Sekten gegenwärtig die steckengebliebenen antikolonialen Befreiungsbewegungen und die säkularen Parteien und Regime, die aus ihnen hervorgingen, und darum fällt es frommen Fanatikern leicht, den Freiraum zu besetzen, den die antidespotischen arabischen Aufstände der letzten Jahre geschaffen haben.

Die Verheißungen, mit denen die Religionen eh und je die Erniedrigten und Beleidigten vertröstet haben, werden für Millionen von Menschen wieder aktuell. Neuerlich bauen sie auf ein imaginäres Jenseits, in dem die Letzten die Ersten sein werden, und Zehntausende versuchen, ein Reich Gottes auf Erden zu erkämpfen, in dem dieser oder jener Messias mit seinen Getreuen nicht erst in einer fernen Zukunft, sondern morgen schon in Gottesfurcht und in Freuden leben wird. Die neuen Kreuzfahrer reißen sich gewaltsam von einer Gesellschaft los, von deren Geschichte sie nichts wissen (wollen), deren Struktur und Dynamik sie nicht verstehen und in der es für sie keinen Platz außer dem am Rande gibt. Die neue Gottesarmee ist attraktiv: Fernsehbilder zeigen bewaffnete, hochmobile Kampfgruppen unter schwarzen Fahnen, deren Vormarsch unaufhaltsam scheint. Die Regierungssoldaten laufen vor ihnen davon, und der Versuch, sie mit High-Tech-Waffen zu stoppen (mit Bomben, Raketen, Marschflugkörpern), richtet einstweilen wenig aus. Die frommen Barbaren versetzen die ganze Welt in Furcht und Schrecken, weil sie (auch darin Nachkommen der bewaffneten Wallfahrer von vor tausend Jahren) vor keinem Terror, keiner Grausamkeit zurückschrecken und kein Opfer scheuen. Sie gehen aufs Ganze, um auf den Ruinen gescheiterter Staaten ein neues, transnationales Reich Gottes zu errichten.

Die Fahrt ins Kalifat ist eine Reise aus quälender Ungewißheit und Vieldeutigkeit zur manichäischen Gewißheit, für die (einzig) richtige Sache zu kämpfen. Und dieser Exodus verspricht eine unerhörte Nobilitierung: Wer gestern noch zu den Marginalisierten, den Herumgeschubsten gehörte, reiht sich morgen schon in die Schar der Auserwählten ein. Wer jahrelang Frustrationen in sich hineinfraß, kann endlich aufgestaute Aggressionen ausleben, wird zum Herrn über Leben und Tod aller »Ungläubigen«. Der Preis, der dafür zu zahlen ist – die selbstrepressive Adoption der asketischen Gruppenmoral der Kämpfer und das Risiko, selbst verstümmelt oder getötet zu werden – erscheint den Flüchtlingen aus dem Westen nicht zu hoch. (Hundert Jahre nach dem Beginn des Ersten Weltkriegs erinnern wir uns an die europäische Intellektuellengeneration, die sich in den Jahren vor 1914, am Ende der »Belle Époque«, nach einem großen Krieg sehnte, von dem sie sich Heilung und Erneuerung versprach.) Intensive Frustrationserfahrung und das Gefühl der Ohnmacht führen zur »Entmischung« der Triebwünsche (Freud), zur Freisetzung unbeherrschbarer destruktiver Energien, die sich in Fremdenhaß, Krieg und Massaker austoben können. Mit dem destruktiven Potential ganzer Bevölkerungsgruppen »wirtschaften« die falschen Messiasse ebenso wie die Bellizisten aller Regime. Der selbsternannte neue Kalif von Bagdad hat es ihnen abgeschaut; auch er will dies trübe Wasser nun auf seine Mühlen leiten.[204]

Helmut Dahmer

Was die Geheimdienste zum »Sog des Kalifats« zu melden haben, lässt sich am Beispiel des Verfassungsschutzberichtes Niedersachsen ablesen. Dieser führt unter »4.5 Islamistischer Terrorismus« u.a. aus: »Die Sicherheitsbehörden gingen bislang für den gesamten Bereich der Bundesrepublik Deutschland von einer hohen abstrakten Gefährdungslage aus. In zwei Fällen, die beide Norddeutschland betrafen, konkretisierten sich nun diese Terrorgefährdungen für einen abgegrenzten räumlichen und zeitlichen Bereich. So wurde der für den 15.02.2015 geplante traditionelle Braunschweiger Karnevalsumzug ›Schoduvel‹ kurz vor dem geplanten Start abgesagt. Die Polizei hatte sich dazu entschließen müssen, weil konkrete Hinweise auf eine Anschlagsgefahr vorlagen. Die Hinweise waren bei Sicherheitsbehörden eingegangen. Ermittlungen ergaben, dass die Angaben als zuverlässig zu bewerten waren. Die Bremer Polizei erhöhte aufgrund konkreter Hinweise auf eine Terrorgefährdung Ende Februar deutlich ihre Präsenz in der Stadt. Aus unterschiedlichen Quellen lagen Hinweise vor, dass mehrere Punkte in Bremen Ziel eines Angriffes werden könnten. Zudem verdichteten sich Hinweise auf eine Bewaffnung salafistischer Gruppen. Mehrere Objekte, darunter das salafistisch orientierte Islamische Kulturzentrum, wurden durchsucht und zwei Personen vorübergehend festgenommen.«[205]

Zum Zeitpunkt der Veröffentlichung 2015 war bekannt, dass sich die angeblich »verdichteten Hinweise auf eine Bewaffnung salafistischer Gruppen« längst in Luft aufgelöst hatten und die Durchsuchung des Islamischen Kulturzentrums (IKZ) aufgrund einer dubiosen anonymen Geheimdienstquelle offensichtlich rechtswidrig war. Trotzdem ist der Bericht auch in dieser Form und ohne irgendeinen Zusatz im Internet im September 2016 abrufbar. Der Verfassungsschutzbericht Niedersachsen des Jahres 2015 enthält eine Aufzählung über

---

[204] Junge Welt vom 27.9.2014, S. 13
[205] Verfassungsschutzbericht 2015, S. 103ff.

eine Reihe von Umständen, aus denen sich ergibt, dass 2015 »die von den Sicherheitsbehörden grundsätzlich als abstrakt bezeichnete Gefahr mit der Absage mehrerer Großveranstaltungen konkret (wurde)«.[206] Zwar werden in dem Abschnitt und den vorangegangenen Abschnitten über den internationalen islamistischen Terrorismus immer wieder auch Terroranschläge aus den vorangegangenen Jahren erwähnt, mit keinem Wort jedoch der Großeinsatz wegen der angeblichen konkreten Terrorwarnung in Bremen – erst recht nicht, dass dieser sich ebenso als Fehlalarm herausgestellt hat und die Durchsuchung vom Landgericht inzwischen für rechtswidrig erklärt wurde. Ein weiterer klarer Beleg für die Einseitigkeit und die eindeutige Tendenz der Geheimdienste, rassistisch diskriminierende Vorurteile zu verstärken statt Fehleinschätzungen zuzugeben und zu korrigieren. Und so verwundert es nicht, wenn die Medien im September 2016 melden, dass auch Niedersachsen neue Erlasse vorbereitet:»Koran-Verteilaktionen im Land sollen verboten werden!«.[207]

In der Meldung heißt es, Niedersachsen wolle Koran-Verteilaktionen von salafistischen Gruppen in Innenstädten verbieten lassen. Da wohl auch im Innenministerium das Grundrecht der Religionsausübungsfreiheit bekannt ist, wonach Werbung, die auch Missionierung einschließt, erlaubt ist, (siehe hierzu S. 122.) soll offenbar versucht werden, dieses Problem mit einem Trick zu umschiffen: Verboten werden sollen solche Infostände oder solche Werbeaktionen dann, wenn sie von extremistischen, salafistischen Gruppen angemeldet werden. Der Innenminister soll also in Zukunft entscheiden, wer die Heilige Schrift einer Religion verteilen darf und wer nicht – die unheilige Inquisition lässt grüßen!

Auch andere Autoren weisen darauf hin, wie fragwürdig die Sorge um die jungen Moslems und die Angst vor »IS-Rückkehrern« ist: So führt der Leitartikel von »MiGAZIN« vom 5.12.2014 – also zwei Jahre früher (!) – aus, dass es eine große Zahl verschiedenartiger Kämpfer gibt,»die sich ohne Auftrag oder Wissen unserer Regierung auf den Weg machen, um irgendwo in der Welt als Freiwillige an Kampfhandlungen teilzunehmen«; so ein deutscher Elitesoldat, der sich im Oktober 2014 »mitsamt seiner Bundeswehr-Gefechtsausrüstung auf den Weg machte in die Ukraine, um die dortigen prorussischen Separatisten zu unterstützen«, während auf der anderen Seite das »berüchtigte rechtsextreme Asow Bataillon (,das bekanntlich von Amnesty International beschuldigt wird, Verbrechen gegen die Zivilbevölkerung zu begehen) sich über mangelnden Zulauf aus der EU nicht beklagen (kann). Unter den Ausbildern der Freiwilligen sollen sich auch Deutsche befinden«, einer sei Schwede, ehemaliger

---

[206] Ebd.: S. 105
[207] Heiko Randermann, in: *Hannoversche Allgemeine* Nr. 218, 156. Jg., (s.a. Handakten des Autors)

Scharfschütze und Mitglied der Nationalgarde. Diese Entwicklung sei keineswegs neu, ähnliche Erscheinungen habe es bereits im Balkankrieg Anfang der 1990er Jahre gegeben, als »deutsche Freiwillige auf der Seite der rechtsextremen paramilitärischen Miliz ›Kroatische Verteidigungskräfte‹« gekämpft hätten; in den achtziger Jahren seien Sandinisten in Nicaragua von Freiwilligen auch aus Deutschland unterstützt worden, bereits Ende der 1930er Jahre hätten Freiwillige auch aus ganz Europa im spanischen Bürgerkrieg gegen die Franko-Faschisten gekämpft, alleine mehr als 2.000 aus Deutschland, während die Gegenseite durch die Hitler-Faschisten unterstützt worden sei; und bereits im amerikanischen Bürgerkrieg in den 1860er Jahren hätten deutsche Freiwillige auf beiden Seiten mitgekämpft. »Ja, selbst während des griechischen Unabhängigkeitskrieges im Jahr 1821 kämpften deutsche Freiwillige.« Zu Recht wird abschließend darauf hingewiesen: »Gut 40% der Deutschen fühlen sich mittlerweile von ›Islamisten‹ bedroht, ohne auch nur einen einzigen Berührungspunkt mit ihnen zu haben. Es gibt keinerlei eigene Erfahrungen, auf denen das diffuse Gefühl der Bedrohung fußt. Syrien-Rückkehrer gelten als Gefährder, obwohl bisher niemand von ihnen negativ aufgefallen ist. Über Rückkehrer aus der Ukraine lesen wir dagegen nichts in der Presse. Was sagt uns das nun? Dass ›Islamisten‹ gefährlicher sind als Rechtsextreme? Dass Massenerschießungen von syrischen Zivilisten anders zu werten sind als Massenerschießungen von ukrainischen Zivilisten?«[208]

Angesichts dieser Doppelstandards kann also bei aller Empörung über geschilderte Gräueltaten kein Zweifel daran bestehen, dass bei der völlig einseitigen Verteufelung der »IS-Kämpfer für das Kalifat« antimuslimischer Rassismus am Werk ist.

Und so ist es kein Wunder, dass sich parallel zu den Horrormeldungen in allen Massenmedien auch in Deutschland eine neue Formation rechtspopulistischer rassistischer islamfeindlicher Strömungen artikuliert, deren Gewaltbereitschaft gegenüber den Sicherheitskräften offenkundig ist, und die daher als Vorboten einer neuen Stufe von Pogromhetze und Gewalt gegen Moslems und muslimische Einrichtungen in Deutschland eingeschätzt werden müssen:

■ In Köln fand am 26.10.2014 die erste große Demonstration von Hooligans gemeinsam mit Neonazis und Rechtspopulisten statt, die sich stundenlange Schlachten mit der Polizei lieferten, gewaltsam gegen sie vorgingen und dutzende Polizisten verletzten. Kurzzeitig war das Entsetzen groß, die Kritik entlud sich aber hauptsächlich gegenüber den mangelhaften Vorkehrun-

---

[208]   MiGAZIN vom 5.12.2014, »Vor IS-Rückkehrern haben wir Angst, vor rechtsextremen Ukraine-Rückkehrern nicht?«, www.migazin.de/2014/12/05/vor-is-rueckkehrern-haben-wir-angst-vor-rechtsextremen-ukraine-rueckkehrern-nicht/

gen der Sicherheitsbehörden, von Forderungen nach Vereinsverboten, Terroristenverfahren oder ähnlichem, wie bei den sogenannten Salafisten, war selbstverständlich nirgendwo die Rede.

- Am 5.12.2014 widmet die Berliner Zeitung diesem neuen Phänomen eine ganze Seite unter der Überschrift »*Dresdens Retter des Abendlandes* – mit dem Ruf ›Wir sind das Volk‹ demonstrieren Tausende jede Woche gegen eine angebliche Islamisierung Deutschlands«.
- Seit Oktober 2014 machen tausende sogenannte Patrioten auf Montagsdemonstrationen in Dresden und anderswo mobil. Von der Demonstration von »Pegida« am 9.12.2014 werden zehntausend Teilnehmer gemeldet. »Pegida« heißt »Patriotische Europäer gegen die Islamisierung des Abendlandes«.
- Im *Tagesspiegel* vom 9.12.2014 wird mitgeteilt, es sei »mittlerweile schwierig, einzelne Neonazis in der Masse der ›Pegida‹-Demonstranten ausmachen zu wollen. Zu sehr ist hier der unpolitische Wutbürger mit dem strammen Rechtsradikalen verschmolzen. (…) Vor allem die Forderung nach Abschiebung ›krimineller Ausländer‹ macht auf den Demonstrationen die Runde« – besonders makaber angesichts der Tatsache, dass der Anmelder und Wortführer der Dresdener Demonstrationen mehrfach vorbestraft sein soll, von der Bild-Zeitung 1996 den Titel »Panzerknacker von Dresden« erhielt und sich ein Jahr später nach Südafrika abgesetzt haben soll; er habe vierzehn Monate seiner Strafe abgesessen, den Rest auf Bewährung, dürfe keine öffentlichen Ämter übernehmen, keine Jugendlichen beaufsichtigen oder beschäftigen. »(D)er gibt lauthals den Retter des Abendlandes«, kommentiert die *Berliner Zeitung*.[209]

Wenn aber der CDU-Innenpolitiker Bosbach mit den Worten zitiert wird, »Man sollte sich nicht für extrem politische Ziele instrumentalisieren lassen, die man selbst nicht teilt«, erweckt dies eher den Eindruck des Diebes, der lauthals ruft: »Haltet den Dieb!«. Ist es doch der immer neu aufgeladene institutionelle antimuslimische Rassismus, der den Boden für die Rechtspopulisten bereitet.

Anti-Terror-Krieg und Fluchtwelle

Neben die Terrorwarnungen traten dann im Sommer 2015 Meldungen über eine neue »Flüchtlingswelle«, die Nachrichten über immer neue Erfolge der »Willkommenskultur« auf der einen und immer neue Brandanschläge auf der anderen Seite wechselten sich ab. Und es war die Ärztevereinigung »IPPNW« (Internationale Ärzte für die Verhütung des Atomkrieges – Ärzte in sozialer Verantwortung e.V.), die den Zusammenhang zwischen der »Flüchtlingswelle« und dem

---

[209] Berliner Zeitung vom 3.12.2014, S. 8

»Krieg gegen den internationalen Terrorismus« auf den Punkt brachte. Hier die Erklärung in der Form, die von *n-tv* verbreitet wurde:

»Krieg gegen den Terror« – Die wahre Ursache der Flucht
Ein Gastbeitrag von Christoph Krämer

Der »Krieg gegen den Terror«, den die USA nach dem 11. September 2001 entfachen, ist nicht nur blutig und erfolglos. Er stürzt auch eine ganze Region ins Chaos. Die Folge: die Fluchtbewegungen, die derzeit Europa erreichen. Tagtäglich berichten die Medien über die Tausende von Flüchtlingen, die nach Europa fliehen. Doch ein Aspekt fehlt nahezu komplett: Hintergründe über die Fluchtursachen. 14 Jahre sind nach den Terroranschlägen vom 11. September vergangen. Der sogenannte »Krieg gegen den Terror« ist das teuerste und zugleich zerstörerischste politische Projekt seit dem Zweiten Weltkrieg. Sein Ziel, Terrorismus zu bekämpfen, wurde verfehlt, ja sogar konterkariert. Die Militärintervention brachte den Terrorismus erst in den Irak und dann nach Syrien. In Gestalt des »Islamischen Staats« hat er sich in bedrohlicher Ausprägung etabliert.

Wirtschafts-Nobelpreisträger Joseph Stiglitz rechnet in seinem Buch »Die wahren Kosten des Krieges« vor, dass allein die Kosten des Irakkrieges etwa drei Billionen US-Dollar betragen – das Sechzigfache dessen, was die Bush-Regierung dafür ursprünglich im Kongress veranschlagt hatte. Die im Irak angerichteten Schäden sind darin noch gar nicht enthalten. Griechenland ließe sich für diese Summe fast 20 Mal komplett entschulden.

Noch unfassbarer sind die menschlichen Kosten: Als Journalisten US-General Tommy Franks im März 2002 in Afghanistan danach fragten, antwortete er: »We don't do body counts«, wir zählen keine Leichen. Nachdem Bundeskanzler Gerhard Schröder den USA »uneingeschränkte Solidarität« zugesichert hatte, müssen wir aber genau das tun, auch hier in Europa. Denn auch die menschlichen Kriegskosten sind kaum bekannt – weder der Bevölkerung noch den Entscheidungsträgern. Publiziert werden allenfalls die Zahlen, die die britische Nichtregierungsorganisation »Iraq Body Count« (IBC) veröffentlicht.

Dieses Jahr haben die deutsche, die kanadische und die US-Sektion der Ärzteorganisation »International Physicians for the Prevention of Nuclear War« (IPPNW) eine Analyse zu den tatsächlichen Opferzahlen nach zehn Jahren »Krieg gegen Terror« veröffentlicht, die jetzt auch auf Deutsch vorliegt. Die IPPNW-Untersuchung »Body Count« kommt aufgrund wissenschaftlicher Auswertungen auf das Zehnfache der IBC-Angaben.

Die IPPNW schätzt, dass der »Krieg gegen den Terror« bereits in den ersten zehn Jahren 1,3 Millionen Menschen das Leben gekostet hat. Da Untersuchungen zu den Todesopfern mit den Schwächen der verfügbaren Quellen zu kämpfen haben, liegt die Dimension der Todesopfer des Krieges wahrscheinlich über zwei Millionen. Hinzuzurechnen sind im Grunde auch die inzwischen weit über 200.000 Toten in Syrien, denn auch sie sind mittelbare Folge des »Krieges gegen den Terror«.

Anlässlich des Jahrestages der Terroranschläge vom 11. September und einer seit dem Zweiten Weltkrieg nicht mehr dagewesenen Zahl von Flüchtlingen dürfen Politik und Medien den Zusammenhang von Kriegsstrategie des Westens und der anschwellenden Massenflucht aus den betroffenen Ländern nicht länger ausblenden. Dabei sind diejenigen, die nach Europa gelangen, nur ein kleiner Teil der tatsächlichen Zahl der Flüchtlinge. Fliehen können meist nur diejenigen, die Geld haben. Damit gehen den betroffenen Ländern gut ausgebildete Kräfte verloren – was sie ökonomisch und ideologisch noch instabiler macht und damit noch anfälliger für Al-Kaida, IS & Co.«[210]

Exkurs: »IS-Terrormiliz« – US-Staatsterrorismus?

Auf dem ersten Höhepunkt der internationalen Verteufelung von IS/ISIS als »schlimmste Terrororganisation, die es je gab« im November 2014 veröffentlichte der wohl bekannteste kritische US-amerikanische Intellektuelle *Noam Chomsky* einen Artikel unter der Überschrift »Die lange, beschämende Geschichte des amerikanischen Terrorismus«, der hierzulande selbstverständlich keinerlei Erwähnung wert war. Angesichts der völlig einseitigen und heuchlerischen Doppelmoral, die sich in der gegenwärtigen Verteufelung des »dschihadistischen Terrors« austobt, halte ich es für wichtig, darauf an dieser Stelle einzugehen.

Noam Chomsky zum US-Staatsterrorismus

Chomsky schreibt: »›Es ist offiziell: Die USA ist der führende Terror-Staat in der Welt und stolz darauf.‹ Das hätte die Überschrift des Hauptartikels in der New York Times am 15. Oktober sein müssen, der höflicher tituliert war mit ›CIA Studie über verdeckte Hilfsaktionen gab der skeptischen Einschätzung Nahrung, den syrischen Rebellen geholfen zu haben‹. Der Artikel berichtet über eine Untersuchung von Geheimoperationen mit dem Ziel, ihre Effektivität zu verbessern. Das Weiße Haus kam zur Schlussfolgerung, dass unglücklicherweise der Erfolg so selten war, dass ein Überdenken dieser Politik auf der Tagesordnung stehe.«

Es ging um verdeckte Geheimdienstaktivitäten in Angola, Nicaragua und Cuba: »In der Tat, jeder Fall war eine größere terroristische Operation durchgeführt von den USA.« Nach der Zusammenfassung der Aktivitäten in diesen drei Ländern beziehungsweise Kontinenten (Südafrika und Lateinamerika) kommt Chomsky zu dem Schluss: »Der CIA hat sich auch zum Weltmeister beim Hervorbringen von Terror entwickelt.«

Der frühere CIA-Analyst Paul Pillar warne vor den geplanten US-Schlägen in Syrien, die weitere Dschihad-Organisationen hervorbringen bezie-

---

[210] »Krieg gegen den Terror«. Die wahre Ursache der Flucht, Christoph Krämer, http://www.n-tv.de/politik/Die-wahre-Ursache-der-Flucht-article15893101.html, 9. September 2015

hungsweise ihnen helfen könnte, gegen die US-Intervention Kampagnen zu starten, indem sie als Krieg gegen den Islam dargestellt würden. Weiter Chomsky: »Das ist schon jetzt eine Konsequenz von US-Operationen, dass sie halfen, den Dschihadismus von einer Ecke in Afghanistan in einem großen Teil der Welt auszubreiten.« Und zur ISIS, die ihr »mörderisches Kalifat in großen Gebieten von Irak und Süden etabliert habe«, zitiert er den früheren CIA-Analysten Graham Fuller: »Die Vereinigten Staaten haben zwar nicht die Gründung von ISIS geplant, aber ihre zerstörerischen Interventionen im mittleren Osten und der Krieg im Irak waren die Grundvoraussetzungen für die Geburt von ISIS.«

Und Chomsky schließt mit den Worten: »Hierzu können wir die weltgrößte terroristische Kampagne hinzufügen: Obamas globales Projekt der Terroristen-Ermordung (…). Die ›Unmut erzeugende Auswirkung‹ solcher Anschläge mit Drohnen und Spezialkräfte sollte allzu bekannt sein, als dass sie eines weiteren Kommentars bedarf. Das ist eine Bilanz, die mit einiger Aufmerksamkeit betrachtet werden sollte.«[211]

Bereits in der Strafanzeige, die ich im Namen von Mitgliedern der Bundestagsfraktion *DIE LINKE* gegen Mitglieder der Bundesregierung und andere wegen Kriegsverbrechen nach dem Völkerstrafgesetzbuch und Tötungsverbrechen nach dem Strafgesetzbuch durch Unterstützung eines Einsatzes von Kampfdrohnen durch die USA im August 2013 erstattet habe, heißt es zu den Auswirkungen der Kampfdrohneneinsätze:

»Trotz der Versuche, die genauen Voraussetzungen, die Konsequenzen der Kampfeinsätze ebenso wie deren genauen Ablauf und Voraussetzungen geheim zu halten, sind inzwischen zahlreiche Einzelfälle und Zahlen dokumentiert.

Es gibt keine exakten Zahlen über die zivilen Opfer von ›gezielten Tötungen‹. Das ›Bureau of Investigative Journalism‹ recherchiert und sammelt seit mehreren Jahren Erkenntnisse zu US-Drohnenangriffen: Von 2004 bis Ende Mai 2013 gab es demnach allein in Pakistan 369 Drohnenangriffe (317 davon in der Amtszeit von Barack Obama), bei denen insgesamt zwischen 2.541 und 3.530 Menschen, darunter vermutlich 411 bis 884 Zivilisten (davon über 160 Kinder) getötet wurden.

Wiederholt wurde über Einsätze von Kampfdrohnen auf Hochzeitsfeiern, Beerdigungen und anderen Zusammenkünften berichtet. Hier einige ausgewählte Beispiele: Im März 2011 gab es im Ort Datta Khel einen Drohnenangriff auf eine Zusammenkunft von Männern, die sich – so wird in der erwähnten Studie berichtet – zu einer Jirga (einem Treffen regionaler Würdenträger, auf dem öf-

---

211 Noam Chomsky, The long, shameful history of American Terrorism, inthesetimes.com/ article/17311/noam_chomsky_the_worlds_greatest_terrorist_campaign

fentliche Entscheidungen getroffen und interne oder externe Konflikte gelöst werden sollen) versammelt hatten, um einen Disput über eine nahe gelegene Chromitmine beizulegen; unter ihnen befanden sich einerseits Regierungsmitarbeiter und 35 von der pakistanischen Regierung ernannte öffentliche Streitschlichter (so genannte Maliks), aber auch vier Angehörige einer örtlichen Talibangruppe, die erschienen waren, weil der aufgetretene Konflikt sich nur unter ihrer Beteiligung klären ließ. Die Maliks hatten das örtliche Militär sogar einige Tage zuvor über die geplante Jirga informiert. Bei diesem Drohnenangriff wurden mindestens 42 Menschen getötet und 14 weitere verletzt.«[212]

Im November 2013 haben Christian Fuchs und John Goetz die Beschreibung eines Augenzeugen über einen Drohneneinsatz als Einleitung zu ihrem Buch »Geheimer Krieg – Wie von Deutschland aus der Kampf gegen den Terror gesteuert wird« wiedergegeben:

Augenzeugen eines Drohneneinsatzes

»›Ich hörte einen lauten Knall. Die Tür flog zu uns rein, sie war nur aus Holz. Meine Augen waren voll mit Erde, da die Häuser aus Lehm waren‹, erinnert sich Emrah Erdogan später an den Raketeneinschlag, der sein Gehöft gegen 19:30 Uhr erschütterte.

Es regnete aus der Hölle. Zwei Hellfire-Geschosse schlugen vor dem Haus ein. Der laute Knall der Bomben mischte sich mit dem Ruf des Muezzins auf dem nahe gelegenen Minarett, der zum Abendgebet aufforderte.

Leichenteile lagen überall auf der Erde und klebten an den eingestürzten Wänden. Die Drohnenrakete hatte kaum etwas von den Gebäuden und Menschen übriggelassen, die sie traf. Erde flog in der Luft herum; alles und jeder wurde mit einer Staubschicht bedeckt wie mit einem leichten Handtuch.

Emrah Erdogan verlor für wenige Sekunden das Bewusstsein. Als er wieder zu sich kam, wollte er sofort aus dem Haus rennen. Aber ein Pakistani hielt ihn zurück: ›Bruder, halt warte! Wenn du jetzt rausgehst, schießen sie noch mal.‹

Manchmal verharren die Drohnen auf ihrer Position und starten nach kurzer Zeit einen zweiten Luftangriff.

Nachdem sie vier Minuten gewartet hatten, schlich Emrah durch den Hinterausgang aus dem Haus. Er hörte ein leises Stöhnen, wusste aber nicht, ob das die Stimme seines Bruders war. ›Bünyamin, Bünyamin, Bünyamin‹, rief er laut. Doch er bekam keine Antwort. Dann sah er einen Mann auf dem Boden liegen, mit dem Gesicht unter der Erde. Er zog ihn heraus. Als Emrah ihn umdrehte, erkannte er seinen Freund Shahab aus Hamburg. Der Mund war voll mit Erde. Es fehlte ein Bein. Shahab war tot.

---

[212] www.menschenrechtsanwalt.de/2013/09/strafanzeige-gegen-die-bundesregierung-u-a/

Dann rannte Emrah weiter, auf der Suche nach seinem kleinen Bruder. Er sah einen zweiten Körper auf dem Boden liegen. Er zog ihn hoch und fing an zu weinen. Er versuchte seinen Bruder aufzuwecken, aber Bünyamin reagierte nicht. Dann sah Emrah den Splitter in seinem Kopf. Er sah, wie das Gehirn seitlich aus dem Schädel quoll. Er begann zu schreien.«[213]

Es gibt zahlreiche derartige Berichte und Bilder, keiner bzw. keines davon erreichte je die Titelseiten der hiesigen Medien, geschweige denn wurden Kampagnen oder Demonstrationen inszeniert. Und das nicht etwa nur, weil die Auswirkungen nur in fremden Ländern direkt zu spüren sind: Ich hatte schon darauf hingewiesen, dass der offen rassistische Mordanschlag auf die aus Ägypten stammende Marwa El-Sherbini in Dresden im Jahre 2009 in Deutschland überhaupt erst Beachtung fand, nachdem es in Ägypten zu Protesten gekommen war (siehe S. 155ff.). Und erst recht drohen die Hinweise auf diesen Zusammenhang in der veröffentlichten Meinung im Zuge von »Wir sind Charlie« vollends unterzugehen, obwohl aller Anlass bestünde, die blutige Spur von Massenmord und systematischer Folter im Zuge des »Krieges gegen den internationalen Terrorismus« kritisch aufzuarbeiten. Erschien doch ebenfalls im Januar 2015 die deutsche Übersetzung des »CIA-Folterreports«, des offiziellen Berichts des US-Senats mit Internierungs- und Verhörprogramm der CIA. Dieser gibt einen Einblick in das, was US-Regierung und Geheimdienste bereit sind, zu veröffentlichen, also öffentlich zuzugeben – wie Sascha Pommrenke in seiner verdienstvollen Zusammenstellung »Staatsterrorismus, Tyrannei und Folter«[214] betont: »Der Folterbericht des US-Senats spricht nie von Folter, dafür aber von ›verschärften Verhörmethoden‹ bzw. ›verschärfter Vernehmung‹. Dass sich die Gestapo desselben Begriffes bediente und teilweise auch derselben Methoden, scheint weniger zu stören.«[215]

Die Videos dieser systematischen Folterpraktiken wurden bisher nicht veröffentlicht. Anzumerken bleibt, dass sich alle ernstzunehmenden Experten darüber einig sind, dass derartige Folter keine »nützlichen Informationen« bringt und die Geheimdienstaktivitäten entgegen den pauschalen, nicht nachprüfbaren Behauptungen der US-Geheimdienste in keinem einzigen Fall Anschläge oder Terrorakte verhindert hätten, wie ein US-Senator nach gründlichen Recherchen bekräftigt hatte.

---

[213] Christian Fuchs und John Goetz: »Geheimer Krieg. Wie von Deutschland aus der Kampf gegen den Terror gesteuert wird«, Reinbek bei Hamburg, 2013, S. 14f.

[214] Sascha Pommrenke: Staatsterrorismus, Tyrannei und Folter, Telepolis vom 8.2.2015; www.heise.de/tp/artikel/44/44047/1.html

[215] Ebd., S. 14

Selbstverständlich verstoßen die Enthauptungen, öffentlichen Hinrichtungen und ähnliche Aktionen im Rahmen des Bürgerkriegs gegen das humanitäre (Kriegs-) Völkerrecht, insbesondere die Genfer Konventionen von 1977, und sind schon aus diesem Grunde entschieden zurückzuweisen – aber eben genauso stellen der Drohnenkrieg, die systematische Folter, Verschleppungen und Tötungen im Rahmen des unerklärten »Krieges gegen den internationalen Terrorismus« schwere Verstöße gegen das humanitäre Völkerrecht dar und sind als Kriegsverbrechen zu verfolgen. Zusätzlich unerträglich ist aber die Doppelmoral und die postkoloniale Attitüde, die sich in der veröffentlichten Meinung, den Kampagnen »Wir sind Charlie« usw. breit macht und droht, bisher selbstverständliche menschenrechtliche und völkerrechtliche Standards im Rahmen eines neuen »Kreuzzuges« endgültig auch bei uns zu schleifen.

Es braucht hier nicht betont zu werden, dass der reflexartige Ruf nach Gesetzesverschärfungen hilflos und kontraproduktiv ist – diese sind in Frankreich längst Realität und haben die Anschläge nicht verhindert. Dazu ist das Nötige gesagt und bekräftigt worden. Ich möchte auf eine andere gefährliche Dimension der jetzt forcierten Anti-Terror-Debatte hinweisen: die Gefahr, dass durch die weit verbreitete Meinungsfreiheits-Heuchelei verbunden mit der systematisch geschürten Angst vor weiteren Terroranschlägen, die »jeden von uns bedrohen«, mit einem verschärften antimuslimischen Rassismus eine Ausweitung auch des institutionellen Rassismus vor dem Hintergrund rassistischer Bürgerkriegs-Szenarien auch in Westeuropa ins Haus steht.

Die Einseitigkeit dieser Kampagne war von Anfang an offensichtlich:

■ Als die *Berliner Zeitung* am 8.1.2015 auf S. 1 mit einem schwarz unterlegten Schriftzug »Angriff auf die Freiheit« aufmachte und dabei u.a. das Titelblatt einer früheren Ausgabe von »Charlie Hebdo« mit einer antisemitischen Karikatur (unter der Überschrift »Shoah Hebdo«) abdruckte, dauerte es nicht lange, bis sich die Redaktion offiziell dafür entschuldigte!

■ Tatsächlich betreiben Rassisten, die die »Mohammed-Karikaturen« öffentlich verbreiten – ebenso wie PEGIDA u.a. mit einer Reihe islamfeindlicher Äußerungen –, strafbare Volksverhetzung und verletzen internationale, völkerrechtlich auch in Deutschland verbindliche Normen, wie die UNO-Konvention gegen rassistische Diskriminierung, entsprechende Vorschriften der Europäischen Menschenrechtskonvention, das Gleichheitsgebot des Grundgesetzes und Paragraph 130 des Strafgesetzbuches (»Volksverhetzung«). Dies ist in der Entscheidung des Anti-Rassismus-Ausschusses der UN gegen Deutschland zur Notwendigkeit der strafrechtlichen Verfolgung Sarrazins wegen seiner rassistischen Thesen ausdrücklich festgestellt worden. Diese Entscheidung aus dem Jahre 2013 ist, wie oben dargelegt, bis heute in Deutschland nicht umgesetzt worden. Anders stellt sich die Rechtslage bei vergleichbaren Beschimpfungen christlicher Religionsvertreter dar, hier wird eine Strafbarkeit wie selbstverständlich in der Rechtsprechung gefordert (siehe hierzu S. 186f.).

Dazu kann nicht oft genug betont werden: Die Verfolgung terroristischer Anschläge ist Aufgabe der Strafverfolgungsbehörden, also von Polizei und Staatsanwaltschaft, und nicht etwa des Militärs sowie – hinzuzufügen aus aktuellem Anlass wegen der NSU-Katastrophe – auch nicht der Geheimdienste. Auch wenn im »internationalen Krieg gegen den Terror« bereits wichtige Grundsätze des Völkerrechts und unserer Verfassung verletzt wurden, müssen wir daran festhalten.

Der pensionierte Richter am Bayerischen Verwaltungsgerichtshof *Peter Vonnahme* hat einem Beitrag für »Telepolis« unter der Überschrift »Charlie und die Heuchler – Doppelmoral ist der Nährboden des Terrorismus« veröffentlicht, den ich auszugsweise dokumentiere:

Muss jeder rechtschaffene Mensch Charlie sein?

»Meine Antwort vorweg: nein! Doch vermutlich ist das eine Mindermeinung. Seit dem Anschlag hat die westliche Welt ihr Herz für Charlie Hebdo entdeckt. Das ist keineswegs selbstverständlich. Denn anstößige Bilder über Jesus und den Papst werden im christlichen Abendland üblicherweise in der Luft zerrissen – vor allem von denen, die beim Marche Républicaine in der vordersten Reihe standen. Warum darf man Mohammed lächerlich machen und Jesus nicht?

Es riecht nach Heuchelei.

Die Morde an den Journalisten sind grauenvoll und Zeichen heilloser geistiger Verirrung. Wer immer die Täter waren, es waren Verrückte, fernab von ihrer Religion.

Die Freiheit der Presse ist ein hohes Gut. Das gilt auch dann, wenn wesentliche Teile der Medien hierzulande von ihrer verfassungsrechtlich verbürgten Freiheit nur noch unzulänglich Gebrauch machen und sich stattdessen zum Büttel der Staatsmacht erniedrigen. Der Verlust an verlässlicher Information ist schmerzlich. Charlie Hebdo ist nicht eingeknickt. Das Magazin zeigte immer Zähne, oft auch Geifer, es war bissig und provokant, was ihm letztlich zum Verhängnis wurde.

Natürlich gibt es auch ein Recht auf religiöse Satire. Ihr muss es erlaubt sein, scheinheiligen Glaubensgemeinschaften, kriminellen Klerikern und bigotten Gläubigen schonungslos den Spiegel vorzuhalten. Nach meinem Verständnis gibt es aber kein Recht auf Verletzung religiöser Gefühle.

Es ist nicht Aufgabe der Satire, zentrale religiöse Symbole wie Jesus oder Mohammed verächtlich zu machen. Auch Menschen, die – wie ich – auf keine religiöse Stimme hören, wissen, dass es eine Grenze gibt, wo Spaß aufhört. Sie wissen, dass es für Gläubige einen Kernbereich gibt, der ihnen heilig ist. Diese Grenze muss man auch in einer libertären Gesellschaft nicht überschreiten. Und genau das tat bzw. tut Charlie Hebdo. Seine Karikaturen sind häufig verletzend. Wer gläubige Muslime kränken will, muss nur den Propheten oder den Koran verächtlich machen. Die Redakteure von Charlie Hebdo wussten das. Sie haben absichtsvoll Muslime weltweit tief getroffen und heftige Reaktionen in Kauf genommen. Der Hinweis der Charlie-Verteidiger, dass die Redakteure mit anderen Religionen nicht schonender umgegangen seien, mag richtig sein, aber das macht die Sache nicht besser. Die unterschiedliche Reaktion auf Beleidigungen liegt darin, dass in der westlichen Welt die religiöse Verankerung nicht mehr so fest ist und dass man deshalb mit solchen Verletzungen im Regelfall gelassener umgeht.

Wenn man der größeren Verletzbarkeit der muslimischen Welt mit mehr Empathie begegnen würde, wäre das nicht Ausdruck von Feigheit oder gar Kapitulation. Es wäre nur Respekt vor anderen Überzeugungen. Kluge Selbstbeschränkungen sind uns nicht fremd: Kein halbwegs normaler Mensch findet Witze über den Holocaust lustig. Dies ist zwar nicht religiösen Gefühlen geschuldet, wohl aber der Rücksichtnahme auf die Verletzbarkeit anderer. Da Charlie Hebdo zu diesem Feingefühl offensichtlich nicht fähig ist, lautet meine Antwort: Je ne suis pas Charlie.

(...)

Falsche Bilder
Politik und Medien vermitteln uns seit Jahren den Eindruck, dass wir einer zunehmenden islamistischen Bedrohung ausgesetzt sind. Die Zahlen sprächen für sich, sagen sie. Tatsache ist jedoch, dass Täter mit christlichem oder jüdischem Glaubenshintergrund seit Jahrzehnten weltweit ungleich mehr Muslime töten als Christen und Juden durch muslimische Gewalttäter umkommen. Im ersteren Fall nennen wir das Verteidigung oder gerechter Krieg, im letzteren Fall islamistischen Terrorismus. Denn wir sind die Guten.

Die Meinungsmacher sind zu Heuchlern geworden, nicht alle, aber viele der Mächtigen. Ihre Richtschnur ist die Doppelmoral. Unter ihrer Anleitung haben wir uns heillos verrannt. Denn auch falsche Bilder sind wirkmächtig. Entscheidend ist nämlich nicht, was ist, sondern woran man glaubt.

Die Doppelmoral der Guten
Wenn wir eine bessere Welt anstreben, dann müssen wir aufhören, mit zweierlei Maß zu messen. Doppelmoral ist der Nährboden des Terrorismus.

Es ist doppelbödig, wenn wir Anschlagsopfer muslimischer Täter im Herzen des europäischen Kontinents öffentlich betrauern, die Millionen Opfer westlicher Weltordnungskriege aber als unvermeidlich hinnehmen.

Es ist doppelbödig, wenn nach Verbrechen muslimischer Täter reflexartig an die muslimischen Verbände appelliert wird ›Distanziert euch, andernfalls werdet ihr in Mithaft genommen!‹. Gab es entsprechende Distanzierungsaufrufe an christliche Gemeinden bei Bekanntwerden der NSU-Morde an Immigranten?

Es ist doppelbödig, wenn wir arabische Diktaturen, die weitab von unserem Menschenrechtsverständnis leben, mit modernsten Waffen beliefern, obwohl wir wissen, dass mit ihnen dschihadistische Organisationen ausgerüstet werden, die unsere Werte brutal bekämpfen. Dass wir dafür Öl und blutverschmiertes Geld bekommen, macht den Deal nicht besser.

Es ist doppelbödig, wenn wir den das Völkerrecht verachtenden Staat Israel mit atomar ausrüstbaren U-Booten beschenken und bei seinen Rechtsbrüchen wegschauen. Schwerste eigene Schuld aus dunklen Zeiten kann dieses Verhalten nicht rechtfertigen.

Es ist doppelbödig, wenn wir der USA bei völkerrechtswidrigen Kriegen Beistand gewähren. Es ist unverantwortlich, weil wir um die Gräuel von Abu Ghraib, Guantanamo und sonstiger Foltergefängnisse sowie um die garantierte Straflosigkeit der politisch Verantwortlichen wissen.

Es ist doppelbödig, wenn wir den grauenvollen Massenmord des christlich-fundamentalistischen Psychopathen Anders Breivik, der Europa vor dem Islam schützen wollte, anders bewerten als Gewaltakte muslimischer Terroristen. Damals gab es nämlich trotz der 77 Mordopfer keinen internationalen Trauermarsch vergleichbar dem von Paris. Was wäre aber gewesen, wenn kein Norweger, sondern ein Araber den Massenmord begangen hätte? Die Hysterie wäre vermutlich grenzenlos gewesen.

Und ja, es ist auch doppelbödig, wenn wir terroristische Attentäter stereotyp als feige und hinterhältig bezeichnen. Ist es etwa mutiger, wenn ein Todesvollstrecker im sicheren Befehlsstand auf einen Knopf drückt, um einen in großer Entfernung vermuteten Gotteskrieger mittels Drohne zu ermorden? Im Übrigen ist das, was bei uns als feige und hinterhältig eingestuft wird, die Folge davon, dass die terroristischen Einzeltäter weder über Drohnen noch über Jagdflugzeuge und Kampfpanzer verfügen. Es ist zu vermuten, dass sie ihre zur Selbstvernichtung führenden Sprengstoffgürtel gerne gegen modernes Kriegsgerät austauschen würden. Auch Sprache ist kennzeichnend für Doppelmoral.

(…)

Fehlende Strategie

Selbst wenn man zugunsten des Westens unterstellen würde, dass es ihm in den letzten Jahrzehnten nicht zuvörderst um militärische Vorherrschaft und Ressourcensicherung gegangen ist, kommt man an einer ernüchternden Feststellung nicht vorbei: Der aufgeklärte Westen hat keine tragfähige Strategie für den Frieden entwickelt. Reaktion prägt sein Denken. Wo Weltinnenpolitik gefragt wäre, wird in militärischen Zusammenhängen gedacht.

Die politischen und medialen Schnellschüsse nach Charlie Hebdo sind bezeichnend: mehr Polizei, bessere Überwachung, Informationsaustausch, Vorratsdatenspeicherung, Geheimdienst, Militäreinsatz, Hubschrauber, Waffen, Straßensperren. Kurzum: Terrorabwehr mit Hardware. Der Chef des Springer-Konzerns, Döpfner, brachte es auf den Punkt. Er machte den Tag der Pariser Attentate zum europäischen 9/11. Das ist ein Fanal zum neuen war on terror. Die Pariser Morde werden benutzt, um die eigene Bevölkerung auf mehr Kampfbereitschaft einzustimmen. Angemahnt wird die Bereitschaft, Freiheit zugunsten von mehr Sicherheit zu opfern. Schon Benjamin Franklin wusste, dass man bei diesem Geschäft am Ende beides verlieren wird. Im Wortschatz der Mächtigen fehlen die Worte Ursachen- und Konfliktforschung, Psychologie, Dialog, Respekt, Verständigung, Ausgleich. Der Mangel an kreativer Phantasie ist bedrückend und verspricht nichts Gutes. Natürlich muss verantwortliche Politik für die Sicherheit der Menschen alles tun, was möglich ist. Aber das darf nicht bei polizeistaatlichem Denken enden. Friedenspolitik ist auf lange Sicht die einzig erfolgversprechende Option. Solange wir glauben, wir könnten unsere sogenannten westlichen Werte mit Panzern und Drohnen schützen, werden wir keine Ruhe bekommen.

Neben einer Langzeitstrategie ist Mut zur Ehrlichkeit vonnöten. Sicherheitspolitiker dürfen nicht müde werden, den Menschen zu erklären, dass es einen absoluten Schutz vor durchgeknallten Straftätern nicht geben kann – und zwar auch dann nicht, wenn man bereit ist, wesentliche Teile der persönlichen Freiheit abzugeben.

Beiläufig muss auch das von konservativen Staatsrechtlern herbeigeschriebene ›Grundrecht auf Sicherheit‹ auf der Müllhalde der hartnäckigen Irrtümer entsorgt werden. Unser Grundgesetz verbürgt ein Grundrecht auf Freiheit, aber nicht auf Sicherheit. Grundrechte sind Abwehrrechte gegen Übergriffe des Staates. Sie können keinen Schutz gegen Verbrechen à la Charlie Hebdo gewährleisten. Wirklichen Schutz kann nur gute Politik geben.

Ein Nachwort zum Journalismus

Der ›Qualitätsjournalismus‹ hat (von ein paar Ausnahmen abgesehen) rund um Charlie Hebdo das geleistet, was kritische Beobachter von ihm erwartet haben, nämlich nichts. Er hat die Erklärungsmuster und Rezepturen der Politik treulich nachgebetet. Er war unkritisch bis hin zur Servilität. Wo Nachfragen am Platz gewesen wäre, duckte sich die Journaille bequem ab.

Nur weil zwei Vermummte ›Allahu akbar‹ riefen und einer von ihnen im Fluchtauto seinen Personalausweis vergessen hatte, war für die Polizei die Täterfrage rasch geklärt. Diese Hochgeschwindigkeitstäterermittlung erinnert an 9/11, wo auf den qualmenden Trümmerhaufen der Twin Towers der Ausweis eines Attentäters gefunden worden ist. Duplizität der Ereignisse, irgendwie merkwürdig, nicht wahr? Kontrollfrage: Wie oft habe ich in den letzten 20 Jahren meinen Ausweis im Auto liegen lassen, vergessen, verloren? Investigativem Journalismus hätte es auch gut angestanden nachzufragen, weshalb die Täter beim Verlassen des Hauses, in das sie geflüchtet waren, erschossen worden sind. Hätte man ihrer nicht auch lebendig habhaft werden können? Das entspräche rechtsstaatlichen Standards und hätte Antworten auf viele interessante Fragen erwarten lassen.

Doch solche Feinheiten sind nicht Sache des real existierenden Journalismus. Er schmiegt sich geschmeidig an die herrschenden politischen Zerrbilder. Im Fall Charlie Hebdo sah er seine Aufgabe darin, vorhandene

Islamfeindbilder beflissen aufzunehmen und zu verstärken sowie der Weltöffentlichkeit das Bild von inniger Geschlossenheit zwischen dem Volk und seinen Führern zu vermitteln. Man könnte den Eindruck haben, dass manch bekannter Journalistenmime Angst vor den dunklen Abgründen hat, die eigenständiges Denken sichtbar machen kann.«[216]

Die ersten Konsequenzen der Justiz auf die »Bedrohung durch den IS« und »dschihadistische Islamisten« aus Deutschland

Mitte März 2015 meldete die *Süddeutsche Zeitung* unter der Überschrift »Ausreise, Rückkehr, Haftbefehl – Die Justiz hat im Umgang mit Islamisten, die im Terror-Krieg waren, Routine entwickelt«. In dem Artikel heißt es unter anderem: »Die Rückkehrer aus dem Reich des Terrors werden in nahezu geräuschloser Routine abgefangen und eingesperrt. Die Grundlage für die Karlsruher Verfahren wird oft in den Ländern gelegt, häufig wegen des Verdachts der Vorbereitung einer schweren staatsgefährdenden Gewalttat. (…) Sobald sich, etwa aus einem abgehörten Telefonat, ein Anhaltspunkt dafür ergibt, dass sich ein Syrienreisender einer terroristischen Vereinigung angeschlossen hat, reichen die Länder den Fall an die Bundesanwaltschaft weiter. (…) Hinter der Routine aus Festnahme und Anklage verbirgt sich freilich ein permanenter Alarmzustand. (…) Range, obwohl Chef einer Straf*verfolgungs*behörde, sieht das engmaschige Abfangnetz für die Syrienrückkehrer daher eindeutig im Dienste der *Verhütung* von Anschlägen: ›Vorrangiges Ziel der Bundesanwaltschaft ist es, die Mittel des Terrorismusstrafrechts so effektiv einzusetzen, dass die Bevölkerung vor Anschlägen geschützt werden kann.‹ Ein Ziel, für das der Bund nun erhebliche Mittel freimachen will: Für Bundespolizei, Bundeskriminalamt und Verfassungsschutz sollen insgesamt 750 neue Stellen geschaffen und 328 Millionen Euro ausgegeben werden, kündigte Bundesinnenminister Thomas de Maizière an.«[217]

Dass damit das verfassungsrechtliche Trennungsverbot unterlaufen wird, scheint im Zeitalter des »globalen Krieges gegen den IS-Terror« normal. Wie sich diese neue Stufe der Vorverlagerung des Strafrechtsschutzes, der massiven öffentlichen Vorverurteilung und des Abbaus der Beschuldigtenrechte auswirken wird und wie der Widerstand hiergegen entwickelt werden kann, bleibt abzuwarten.

---

[216] Peter Vonnahme: »Charlie und die Heuchler«, Telepolis am 31.1.2015, www.heise.de/tp/artikel/44/44015/1.html

[217] Süddeutsche Zeitung vom 18.3.2015, S. 7

Ausweisung und Kontaktverbot wegen Mitgliedschaft in einem kurdischen Verein

Zunächst soll der Fall eines Kurden aus der Türkei angeführt werden, der nicht als »Islamist«, sondern als »PKK-Unterstützer« mit einer Ausweisung und einem Kontaktverbot wegen seiner Mitgliedschaft in einem Verein von Kurden überzogen wurde – auch um zu zeigen, dass die am »Feindbild Islam« entwickelten dubiosen Restriktionen auch auf andere Gruppen angewandt werden. Der Betroffene konnte wegen seines familiären Zusammenlebens mit Frau und Kindern mit deutscher Staatsangehörigkeit zwar noch nicht abgeschoben werden. Ein strafrechtliches Ermittlungsverfahren wegen der Unterstützung einer ausländischen terroristischen Vereinigung nach §129b StGB gab es nicht, auch der Verein, der in der ausführlich begründeten Ausweisungsverfügung als »PKK-Unterstützer« hingestellt wird, ist weder verboten, noch ist etwas von einem laufenden Verbotsverfahren bekannt. Trotzdem wurde dem Mandanten ausdrücklich verboten, Kontakt zu anderen Vereinsmitgliedern aufzunehmen. Dazu das Zitat aus einem Schriftsatz in dieser Sache:

Vollends grotesk wird es, wenn im Zusammenhang mit dem nach §46 Abs. 4 AufenthG erforderlichen Vorliegen einer »erheblichen Gefahr für die innere Sicherheit« abgeleitet wird: »(D)ie mit der Meldepflicht der Aufenthaltsbeschränkung und dem Kontaktverbot verbundenen Unannehmlichkeiten haben Sie durch Ihre Aktivitäten zugunsten der ausländischen terroristischen Vereinigung PKK selbst zu verantworten.«[218]

Die mit der Verfügung verbundenen »Unannehmlichkeiten« – besser: massiven Repressionen – soll sich der Betroffene, dem nichts Verbotenes zur Last gelegt wird, selbst zuzuschreiben haben.

Die Zerstörung der bürgerlichen Existenz von verdächtigen »Salafisten«

Inzwischen mehren sich die Fälle, in denen muslimischen Vereinen (die keineswegs verboten sind oder gegen die Verbotsverfahren laufen) von Banken und Kreditinstituten, einschließlich Sparkassen, die Konten gekündigt bzw. Kontoeröffnungen verweigert werden, zum Teil mit der offiziellen Begründung, der Verein sei im Verfassungsschutzbericht erwähnt, zum Teil einfach nach negativen Zeitungsberichten – Vorstufen der Rechtloserklärung und der Rückkehr zur mittelalterlichen Vogelfreiheit im Rahmen des globalen Antiterrorismus (siehe hierzu auch Teil 1).

Ein Moschee-Verein, der bei sämtlichen Banken und Sparkassen der Umgebung vergeblich versucht hatte, ein Konto einzurichten, berichtet, ein Banker habe ihm mit der Bitte um vertrauliche Behandlung mitgeteilt, dass es ei-

---

[218] Handakte des Autors, Ausweisungsverfügung, S. 30

nen »Sperrcode« gebe mit dem Namen des Moschee-Vereins und einem Zusatz, dass dort Verdacht auf Geldwäsche bestehe. Das sei der wahre Grund, warum kein Konto eingerichtet würde.

In den von mir angestrengten Eilverfahren, das Konto trotz Kündigung vorläufig weiterzuführen, haben verschiedene Gerichte einen Hinweis auf ihren Rechtsstandpunkt erteilt: Danach musste zunächst einmal detailliert dargelegt und glaubhaft gemacht werden, dass der Verein bei allen möglichen Kreditinstituten vergeblich versucht hat, ein Konto zu erhalten – praktisch (fast) ein Ding der Unmöglichkeit.

Was sich im Falle der »Kehrtwende von der Abschiebungspraxis zur Ausreise-Untersagung« schon andeutete, hat inzwischen feste Konturen angenommen. Die »Salafisten« werden nicht nur öffentlich an den Pranger gestellt, wenn sie es wagen, ihre Vorstellung vom Islam in der Öffentlichkeit darzustellen und zu verbreiten, ihnen werden offenbar auch zunehmend Arbeit und Existenzgrundlagen entzogen.

Jedenfalls hatte ich in den letzten Jahren eine Reihe von Fällen zu bearbeiten, in denen es nicht mehr »nur« um aufenthaltsrechtliche Nachteile, Eintragungen in Verfassungsschutzberichte, das Persönlichkeitsrecht verletzende Darstellung in den Medien oder strafrechtliche Ermittlungsverfahren ging, sondern um Berufsausübung und Arbeit auch in nicht-religiösen Zusammenhängen. Das soll an zwei Fällen aus Niedersachsen gezeigt werden, nicht ohne vorherige Fälle aus Berlin und Bremen zu erwähnen.

Von den Inhabern bzw. Betreibern von Flüchtlingsunterkünften wurden Mandanten aus mehrjährigen Beschäftigungsverhältnissen ohne irgendwelche Beanstandungen insbesondere im Flüchtlingsbereich plötzlich buchstäblich »rausgeschmissen«. Die erstaunte Nachfrage nach dem Grund ergab – wenn überhaupt etwas Konkretes – eine ultimative Aufforderung seitens des Verfassungsschutzes beziehungsweise Staatsschutzabteilungen der Polizei an die Betreiber der Einrichtungen, den Betroffenen zu entlassen, ohne dass er als »Gefährder« oder gar Straftäter in Erscheinung getreten wäre. Besonders krass ist der Fall eines Mandanten aus Bremen, der im Zusammenhang mit der Durchsuchung des IKZ ins Visier der politischen Polizei geraten war. Er wurde nach jahrelanger allseits gelobter Tätigkeit in einem Flüchtlingsheim nicht nur 2015 plötzlich entlassen, sondern erhielt sogar ein Hausverbot und sein Foto wurde überall aufgehängt – besonders krass ist dies deshalb, weil zu seinem Freundeskreis nicht etwa nur Moslems gehörten, sondern auch Menschen christlichen und jezidischen Glaubens. Die Betreiber der Flüchtlingsunterkunft versicherten bedauernd, sie könnten leider nichts dagegen machen.

VW-Arbeiter »wegen Salafismus« fristlos entlassen

Noch während die Manipulation der Abgaswerte bei VW-Diesel-Motoren für internationale Schlagzeilen sorgte, betrieb die Personalabteilung des Autokonzerns in Wolfsburg die Entlassung eines jungen Arbeiters. Er hatte nach seiner Ausbildung bei VW insgesamt 18 Jahre dort gearbeitet; aufgrund von mit der körperlich schweren Arbeit verbundenen gesundheitlichen Einschränkungen hatte er einen Antrag auf Anerkennung als Schwerbehinderter gestellt und die ihm daraufhin angebotene Beendigung des Arbeitsverhältnisses gegen Zahlung einer Abfindung abgelehnt. Als dann ein Urteil des Verwaltungsgerichts Braunschweig bekannt wurde, wonach ein Ausreiseverbot der Stadt Wolfsburg gegen den VW-Arbeiter wegen angeblicher »Gefährdung als Salafist« abgesegnet worden war, erhielt er eine fristlose Kündigung mit der Begründung, auch die Sicherheit von VW zu gefährden – obwohl ich das Urteil des Verwaltungsgerichts nach Übernahme des Mandates angefochten und auch gegenüber VW die Vorwürfe gegen ihn entschieden zurückgewiesen hatte.

Gegen die Kündigung habe ich eine Kündigungsschutzklage erhoben und später in einer ausführlichen Begründung die angeblichen Indizien für die »Gefahr für das VW-Werk« bestritten und widerlegt. Daraufhin hat VW die Flucht nach vorne angetreten und kurz vor dem anberaumten Gerichtstermin vortragen lassen, der moslemische Arbeiter schrecke ja nicht einmal davor zurück, andere Menschen als »Ungläubige zu töten«, was nicht einmal im verwaltungsgerichtlichen Verfahren behauptet worden war.

Dazu passte auch die Inszenierung der Verhandlung beim zuständigen Arbeitsgericht in Braunschweig. Zum ersten Mal in meiner jahrzehntelangen Tätigkeit als Anwalt in Arbeitsrechtsstreitigkeiten – davon zwei Jahrzehnte lang als Fachanwalt für Arbeitsrecht in Bremen – durfte ich erleben, dass auch beim Arbeitsgericht Einlasskontrollen mit Metalldetektoren und der Abnahme von Handys stattfanden. Nicht nur sein zur Begleitung mitgekommener Vater, auch der Mandant selbst musste sich in einem besonderen Raum dann noch einer Leibesvisitation unterziehen, obwohl die auf meinen Protest von den Justizwachtmeistern vorgezeigte Verfügung des Vorsitzenden derartige Untersuchungen ausdrücklich nur für »Zuschauer« vorsah und ich vergeblich darauf bestand, dass mein Mandant kein Zuschauer sei. Der Unterschied zwischen Zuschauer und Partei war den Justizwachtmeistern und ihrer Vorgesetzten, die ich verlangte, angeblich nicht klar, dazu musste ich erst den Vorsitzenden aus dem Gerichtssaal holen. Wen wundert es, dass auch bei den regionalen Medien diese Inszenierung Wirkung zeigte und der Mandant vorverurteilt wurde?

Obwohl der Vorsitzende in Aussicht gestellt hatte, dass ich zu dem letzten Schriftsatz von VW noch die Gelegenheit erhielte zu erwidern, und die Gegenseite vorsorglich einen Hilfsantrag gestellt hatte, das Arbeitsverhältnis gegen

Zahlung einer Abfindung aufzulösen – für den Fall, dass der Kündigungsschutz-klage stattgegeben würde –, wurde noch am gleichen Nachmittag das Urteil ver-kündet: Die Klage wurde abgewiesen.

Nach Erhalt des ausführlich auf 35 Seiten schriftlich begründeten Urteils traute ich meinen Augen nicht. Es war für mich ein klarer Fall von Vorverurteilung durch Institutionellen antimuslimischen Rassismus. Ich hatte dem Mandanten geraten, das Urteil anzufechten. Auch den Arbeitsrichtern in Braunschweig dürfte die bis-herige höchstrichterliche Rechtsprechung bekannt gewesen sein. Diese hält eine sogenannte Verdachtskündigung selbst bei schwersten Kapitalverbrechen (z.B. Mord) nur dann für wirksam, wenn sie eine Beziehung zum Arbeitsverhältnis hat; auch die nahe verwandtschaftliche Beziehung zu einem »Terroristen der RAF« reichte nach einer Entscheidung des Bundesarbeitsgerichts aus dem vergangenen Jahrhundert nicht. Wenn die Braunschweiger Arbeitsrichter dennoch die fristlose Kündigung abgesegnet haben, fragt sich, ob dies an dem Einfluss des nahegelegenen größten Automobilkonzerns Europas liegt oder an Vorverurteilungen aufgrund diskriminierender Einstellungen. Das Gericht hält die fristlose Kündigung als so genannte Verdachtskündigung für wirksam. Das wird aus dem »unstreitigen Sachverhalt« abgeleitet, dem angeblich unstreitigen Reiseverhalten, das ist aber allenfalls hinsichtlich der Reisedaten und Reisewe-ge unstreitig. Die Reisegründe sind zum Teil sehr wohl streitig.

Außerdem wird der Verdacht auf das Urteil des Verwaltungsgerichts gestützt, ohne zu würdigen, dass dieses angefochten wurde und die diesseitige umfassen-de Begründung Gegenstand auch des arbeitsgerichtlichen Verfahrens war. Letzt-lich beruht das Urteil also auf der Vorverurteilung durch die Geheimdienste, wo-nach der Mandant angeblich als »dschihadistischer Salafist« einzustufen war.

Das Berufungsverfahren ist bei Redaktionsschluss noch nicht abgeschlossen. Schon jetzt aber kann eine Konsequenz gezogen werden: Auch Fabrikarbeiter in großen Industriebetrieben laufen in Deutschland Gefahr, wegen des bloßen, auf vage Indizien und Kontakte gestützten Verdachts, ein »Dschihadistischer Salafist« zu sein, entlassen zu werden. Bei dem »bösen Moslem« steht auch die bürgerliche Existenz auf dem Spiel – wie in den Ausgangsthesen aufgeführt.

Die Bewegung gegen die »Islamisierung des Abendlandes« und institutionelle Reaktionen

Die Situation erschien nach der Kampagne der »Pegida« und den Anschlägen gegen »Charlie Hebdo« in Paris zwiespältig und explosiv. Für eine endgültige Auswirkung auf die Entwicklung des Rassismus, speziell des institutionellen Rassismus, scheint es zu früh. Trotzdem will ich versuchen, hierzu einige vor-läufige Thesen aufzustellen, bevor ein Ausblick skizziert werden soll. In der kri-tischen Öffentlichkeit herrscht weitgehend Einigkeit über den rassistischen und rechtspopulistischen Charakter von Pegida – seit den terroristischen Anschlägen von Paris und der vorherrschenden Reaktion darauf in den westlichen Staaten droht ein neuer »Schulterschluss« alle kritischen, antirassistischen Positionen in der massenmedialen Öffentlichkeit wieder wegzuspülen. Diese müssen aber aufrechterhalten und weiterentwickelt werden, sonst drohen eine Ausweitung des internationalen Anti-Terrorkriegs mit dem weiteren Abbau demokratischer Rechte und der Ausbau rassistischer Bürgerkriegs-Szenarien. Bis zu den Anschlägen waren immer mehr Menschen gegen Pegida & Co. aufgestanden, außer in Dresden waren die Gegendemonstrationen größer und stärker und über Parteigrenzen und Ideologien hinweg wurde die Kampagne verurteilt.

3. Die »salafistische Gewalt in Deutschland«

Die – soweit ersichtlich – einzige Gewalttat, die jugendlichen »Salafisten« in Deutschland bis zu dem Zeitpunkt zugerechnet werden könnte, ist die Attacke im Zusammenhang mit einer Gegendemonstration gegen Rechtspopulisten mit den sogenannten Mohammed-Karikaturen in Nordrhein-Westfalen, die allgemeinkundig sind und bei jeder Gelegenheit angeführt und als Videoclip gezeigt werden. Die weit überwiegende Mehrzahl von Gegendemonstrationen und Protesten muslimischer Gemeinden und Gruppierungen, die dem »Salafismus« zugerechnet werden, gegen die Provokation mit Mohammed-Karikaturen sind demgegenüber vollkommen friedlich verlaufen. Wenn es also am Rande einer einzigen Kundgebung bei einer Gesamtzahl von mehreren Dutzend Demonstrationen zu einer gewaltsamen Auseinandersetzung mit der Polizei kommt, ist dies marginal und kann weder Veranlassung für Beobachtungen durch den Verfassungsschutz noch erst recht für Vereinsverbote sein.

Hinzu kommt, dass die Provokationen durch das Zeigen der Mohammed-Karikaturen von Rechtspopulisten tatsächlich nach hätten verboten werden müssen, wie dies bei weitaus geringeren Anlässen – etwa Beleidigungen von christlichen Institutionen – selbstverständlich wäre (siehe dazu S. 186f.). Wenn also Moslems die in diesem Zusammenhang von den Medien und der Politik an den Tag gelegte Doppelmoral beklagen und diese zurückweisen, stellt dies keine Rechtfertigung von Gewalttaten dar und ist kein Indiz für eine »Gewaltaffinität von Salafisten«, sondern Ausdruck einer tief empfundenen Empörung, die auch in der Mehrheitsgesellschaft nachvollziehbar sein müsste.

Im öffentlichen Diskurs wird immer wieder darauf gepocht, dass das provokative Zeigen der sogenannten Mohammed-Karikaturen vielleicht geschmacklos und populistisch, aber wegen der vom demokratischen Rechtsstaat zu schützenden Meinungs- und Kunstfreiheit zu akzeptieren und notfalls polizeilich zu schützen sei. Diese Argumentation ist jedoch falsch und offenbart juristische Doppelstandards, die wohl auf antimuslimischen Rassismen und dem partiellen eurozentristischen Universalismus beruhen. Deshalb sei hier kurz auf diese wichtige straf- und verfassungsrechtliche Frage aus menschenrechtlicher Sicht eingegangen.

Entgegen einigen verwaltungsgerichtlichen Entscheidungen stellt eine rechtspopulistische Provokation mit dem Zeigen der sogenannten Mohammed-Karikaturen durchaus eine strafbare Volksverhetzung dar, die konsequenterweise zu einem Verbot derartiger Kundgebungen bzw. des demonstrativen Mitführens jener Karikaturen führen müsste, weil die Erfüllung von Straftatbeständen die Berufung auf die Grundrechte der Meinungsfreiheit und der Kunstfreiheit ausschließt. andelt es sich doch beim demonstrativen Zeigen der Karikaturen eindeutig um eine »Beschimpfung« im Sinne des Verächtlichmachens des religiösen Bekenntnisses, wie es der Straftatbestand des §166 StGB erfordert. Ebenso unbestritten ist, dass ein Angriff gegen eine Religionsgemeinschaft auch darin liegen kann, dass einem Repräsentanten derselben ein nicht nur persönliches, sondern der Religionsgesellschaft zurechenbares Fehlverhalten vorgeworfen wird.[219] Dies ist bei der »Mohammed-Karikatur«, die den Propheten als Terroristen mit einer Bombe und bereits angesteckter Zündschnur unter dem Turban zeigt, offensichtlich der Fall.

Es geht daher keineswegs nur darum, ob es sich um harte, ironische oder geschmacklose Kritik handelt, die angesichts der Bedeutung des Grundrechts der Meinungsfreiheit und der Kunstfreiheit hinzunehmen sein könnte. Nach allgemeiner Meinung wird selbst eine bloße verbale Äußerung im Sinne der Volksverhetzung strafrechtlich relevant, wenn es sich um eine besonders verletzende Kundgabe von Missachtung handelt, einschließlich gravierender Verleumdungen, unabhängig davon, ob sie als Tatsachenbehauptung oder in einem Werturteil bestehen (so ausdrücklich Hörnle ebd., Rdn. 16). Wörtlich heißt es im Münchner Kommentar dazu: »Das Nachsagen schimpflichen Verhaltens zentraler Figuren im jeweiligen Bekenntnis (Abs. 1) bzw. von Vertretern der Religionsgemeinschaft und das Nachsagen schimpflicher Zustände (Abs. 2) ist die unproblematische Variante des Beschimpfens, etwa wenn eine Religionsgemeinschaft als Verbrecherorganisation bezeichnet wird oder Maria als Prostituierte.«[220]

Hierzu eine Entscheidung des Oberlandesgerichts (OLG) Nürnberg zu den T-Shirts einer Punkrock-Band, auf denen als Motiv ein ans Kreuz genageltes

---

[219] Münchner Kommentar zum StGB – Hörnle §166, Rnd. 15 unter Bezugnahme auf LG Bochum vom 25.8.1988, NJW 1989 S. 727f.
[220] Hörnle ebd.: Rdn. 17 unter Bezugnahme auf OLG Celle vom 8.10.1985, NJW 1986, S. 1275f.

Schwein abgebildet war: Das OLG Nürnberg hat dies für strafbar gehalten, ausgerechnet mit der Begründung, das Ausbleiben einer strafrechtlichen Sanktion sei geeignet, bei Dritten die Intoleranz gegenüber Anhängern der katholischen Kirche zu fördern, weil sie annehmen könnten, sie dürften sich ähnliche Beschimpfungen erlauben, ohne staatliche Sanktionen fürchten zu müssen; schließlich zeige der Protest vieler tausender katholischer Christen gegen die ursprüngliche Einstellung des Ermittlungsverfahrens, dass es zu einer Störung des öffentlichen Rechtsfriedens gekommen sei und dass die Protestierenden befürchten müssten, vom Staat nicht mehr vor derartigen bösartigen Beschimpfungen ihres Bekenntnisinhalts geschützt zu werden.[221] Diese Entscheidung wird kritisiert, weil damit vom Kriterium der objektiven Eignung und des toleranten Verhaltens abgerückt wird.

Warum die Bezeichnung des Vatikans als »kriminelle Vereinigung« oder die der »Jungfrau Maria« als Prostituierte eine strafbare Volksverhetzung sein soll, das Zeigen der Mohammed-Karikaturen aber nicht, lässt sich rational nicht erklären. Hier sind offenbar tiefsitzende Vorurteile maßgeblich – ganz zu schweigen von der notwendigen Strafbarkeit von rassistischen Diskriminierungen von Moslems aufgrund gültiger völkerrechtlicher Verträge und der Rechtsprechung des Europäischen Gerichtshofs für Menschenrechte (EGMR) (siehe hierzu S. 124f.).

Ein weiterer Meilenstein zur Befeuerung des antimuslimischen und auch des institutionellen Rassismus waren die als »Silvesterereignisse in Köln« in die Geschichte eingegangenen Vorkommnisse (2015/2016). Die Dramaturgie der Ereignisse glich einem Krimi. Hieß es zunächst, es sei alles im Wesentlichen ruhig und ohne besondere Vorkommnisse verlaufen und die Polizei habe alles im Griff gehabt, war am Ende die Rede von einer »Horde« von Hunderten, ja Tausenden wild gewordenen Männern arabischer nordafrikanischer Herkunft, die bei der zentralen Feier am Dom/Hauptbahnhof mehrere Hundert (deutsche) Frauen sexuell belästigt, ja zum Teil vergewaltigt hätten. Auffällig war die teilweise hysterisch geführte mediale Debatte in mehrerer Hinsicht:

- Frauen, die berichteten, sie selbst seien auch in der Gegend unterwegs gewesen, hätten aber keinerlei sexuelle Angriffe erlebt oder mitbekommen, wurden mit Hassmails und Todesdrohungen bedacht;
- es fehlte die Einstufung als »Verdacht«, es war nur noch von sexualisierten nordafrikanischen muslimischen Männern die Rede – erst recht fehlte jeder kritische Vergleich mit sexualisierter Gewalt bei ähnlichen Großveranstaltungen durch weiße deutsche Männer, wie etwa auf dem Münchner Oktoberfest (bei dem regelmäßig mehr als 20 Strafanzeigen allein wegen Vergewaltigungen gemacht werden, von anderen sexuellen Übergriffen ganz zu schweigen,

---

[221] Vgl. NStZ-RR 1999, Heft 8, S. 239ff.

und deren Dunkelziffer nach Ansicht von Experten das Zehnfache betragen soll), den Karnevalsveranstaltungen oder vergleichbaren Events. Selbst Bundesjustizminister Maas sprach von »nordafrikanischen Horden«, und so war es kein Wunder, dass die jahrelang geführte Debatte um eine Neuorientierung des Sexualstrafrechts mit der Schließung von Strafbarkeitslücken zu einer Gesetzesverschärfung führte, die zu Recht von verschiedenen Seiten kritisiert wird.

So kommt *Joachim Renzikowski* in einer Analyse des neuen Sexualstrafrechts zum Ergebnis: »Man fragt sich, warum bei BnJV (Justizministerium) eine Expertenkommission zur – überfälligen – Reform des Sexualstrafrechts eingesetzt wird, wenn dieses Problem handstreichartig durch eine Tischvorlage erledigt wird, ohne die Ergebnisse der Fachleute abzuwarten. Die §184j StGB zugrundeliegende Vorstellung, dass man für alles, was irgendeiner Person angetan wurde, unbedingt einen Sündenbock verurteilen muss, führt in ein totales Strafrecht. Es ist zu hoffen, dass das BverfG diesem Wahn Einhalt gebietet.«[222] *Hengameh Yaghoobifarah* hat dies in einem Debattenbeitrag für *die taz* bereits am 6.1.2016 sehr treffend auf den Begriff gebracht: »Gewalt gegen Frauen. Willkommen in der Hölle, Ladys. Seit der Kölner Silvesternacht wird einer sexismusfreien Zeit hinterhergetrauert. Die hat es in Deutschland nie gegeben.«[223]

Es wurde also die Gelegenheit verpasst, sexualisierte Gewalt im öffentlichen Raum im Zusammenhang mit ähnlichen Großevents zu thematisieren und kritisch zu untersuchen. Stattdessen wurden der Islam im Allgemeinen und sexualisierte nordafrikanische Männer im Konkreten als Hassobjekt genutzt, um reflexartig nach schärferen Gesetzen und vereinfachten Möglichkeiten zu rufen, Menschen bei Straftaten auszuweisen und abzuschieben, und somit wurde auch der antimuslimische und institutionelle Rassismus befeuert. Wie dürftig die bisherige strafrechtliche Ausbeute war, wird in einigen Medien im Oktober 2016 berichtet. Ganze zwei Menschen aus Nordafrika wurden verurteilt, die 33 extra hierfür beim Amtsgericht Köln neu eingestellten Richter (!) waren zu über 90% mit anderen Aufgaben befasst.

Die Entwicklung im Vorfeld von Silvester 2017 in Köln ist eine beunruhigende Entwicklung, die zeigt, dass überhaupt nichts aus den vorangegangenen Silvesterereignissen gelernt wurde. Vielmehr wurde die Methode des »Racial Profiling« weiter verfolgt und noch offen rassistischer in der Bezeichnung »NAFRI« in die Formel gegossen, die die verdächtigen Nordafrikaner als »Intensivtäter« vorverurteilt. Dem entsprechend gibt es eine Reihe massiver Proteste von Bürger- und Menschenrechtsorganisationen.

---

[222] Joachim Renzikowski: NJW 2016, S. 3554-3558
[223] Hengameh Yaghoobifarah: »Willkommen in der Hölle, Ladys«, in *taz,* 6.1.2016

Auch alle diese Fakten hindern verantwortliche Politiker nicht, Rettungsversuche für das »christliche Abendland« mit Alltagsweisheiten und diskriminierenden Vorurteilen zu unternehmen.

Ewige Leid(t)kultur des Bundesinnenministers de Maizière

Nachdem aus Bayern bereits 2016 verschiedene Anläufe auch für eine Neuauflage der deutschen »Leitkultur« Richtung Berlin durch die Medienlandschaft waberten, blieb es dem Bundesinnenminister Thomas de Maizière vorbehalten, mit seinen »zehn Thesen« Ende April 2017 die öffentliche Debatte zu diesem Thema zu bereichern. Massenmedien haben umfangreich darüber berichtet, nicht ohne zu betonen, wie umstritten dieser neue Vorstoß des Innenministers sei.

Die Bundestagsabgeordnete der Linkspartei, *Azize Tank*, hat in einem Beitrag bei Facebook einen besonders neuralgischen Punkt dieser Leitkultur-Debatte herausgegriffen und geschrieben: »Von der einwöchigen Reise mit dem Bundestagsausschuss für Bildung, Forschung und Technikfolgenabschätzung aus Jordanien, Palästina und Israel (mit vielen positiven Erlebnissen und Informationen) zurück, werde ich von der erneuten Leitkulturdebatte kalt erwischt. Wie Innenminister de Maizière, der offenbar in Wahlkampfzeiten zum neuen deutschen Leit-Kultur-Hammel avancieren will, verkündet, geben ›wir uns zur Begrüßung die Hand‹ – wir im Gegensatz zu ›den Moslems‹, für die die Burka stehen soll. Wirklich alle, die ›wir‹ uns im neu entdeckten ›christlich-jüdischen Abendland‹ verorten sollen? Da muss ich an ein Reiseerlebnis bei dem Treffen unseres Ausschusses mit Knesset-Abgeordneten des Wissenschaftsausschuss denken: Bevor das Gespräch begann, wurde uns mitgeteilt, der Vorsitzende des Wissenschaftsausschusses gebe aus religiösen Gründen Frauen nicht die Hand und ich als einzige Frau solle es auch vermeiden, ihm die Hand geben zu wollen. Mich hat das weder schockiert noch irgendeinen Leitkultur-Reflex ausgelöst. Ich habe Respekt für derartige Haltungen.«

De Maizières Leitkultur richtet sich also auch gegen orthodoxe Juden – ein eventuell nicht bedachter Nebeneffekt, der jedenfalls kaum mit einem imaginierten »christlich-jüdischen Abendland« kompatibel sein dürfte.

Selbst im Feuilleton der FAZ schrieb *Jürgen Kaube* unter der Überschrift »Wenn Leitgedanken kranken«: »Was uns ausmacht, ist jenseits der Verfassung schwer festzulegen.«[224] Hierzu sei angemerkt, dass dies ein sehr verbreitetes Missverständnis ist: Die Grund- und Freiheitsrechte unserer Verfassung sind in erster Linie Abwehrrechte gegenüber dem Staat und gerade keine nor-

---

[224] www.faz.net/aktuell/feuilleton/debatten/leitkultur-thomas-de-maizieres-entfacht-diskussion-neu-14995718.html

mative oder jegliche Verpflichtung des/der einzelnen zu bestimmten Haltungen in den jeweiligen gesellschaftlichen Bereichen.

4. Vereinsverbot wegen »salafistischer Vereinigung«

Vereinsverbotsverfahren – »präventiver Verfassungsschutz« auf Verdacht?

Verbotsverfahren beginnen mit einem verwaltungsrechtlichen Ermittlungsverfahren, in dessen Rahmen oft Hausdurchsuchungen, Razzien und Beschlagnahmungen durchgeführt werden. Auch wenn der Verein dann zunächst weiterarbeiten kann, schwebt über ihm das Damoklesschwert des Vereinsverbots mit all seinen auch aktuellen Folgen: Stigmatisierung in der Öffentlichkeit, weitere Beobachtung durch den Verfassungsschutz, unangemeldetes Aufsuchen von Vorstandsmitgliedern durch die Staatsschutzabteilung der Polizei – z.t. während der Freitagsgebete und trotz ausdrücklichen Hausverbots, bzw. auf der Arbeitsstelle – und aus all dem folgende praktische Probleme bei der Religionsausübung und insbesondere den Spendensammlungen (Islamische Religionsgemeinschaften haben bekanntlich nicht das Privileg des staatlichen Einzugs einer Kirchensteuer!) bis hin zu regelmäßigen Kündigungen sämtlicher Bankkonten aufgrund bloßer negativer Berichterstattung in den Medien.

So scheint sich heute noch die kritische Analyse von *Helmut Ridder* zu bestätigen: Die Regelung der Vereinigungsfreiheit im Art. 9 GG sei »eine Erweiterung und keine Abschaffung des überkommenen sondergesetzlichen Polizeistatuts für Vereine«.[225] Die Regelung der Verbotstatbestände sei ein Beleg »für die ungeheure Tiefe und Breite einer alle rechtsnormativen Dämme unterspülenden ideologischen Systembildung von ›präventivem Verfassungsschutz‹, der offenbar in Zeiten des internationalen Krieges gegen den islamistischen Terrorismus« wieder zur vollen Blüte kommt.[226]

Islamische Organisationen stehen seit dem 11. September 2001 unter Generalverdacht. Im Grundgesetz war das Grundrecht auf freie Religionsausübung in Art. 4 zunächst ohne jede Einschränkung garantiert; auch als Konsequenz aus den Erfahrungen in der Zeit des Nationalsozialismus: Zum Beispiel war eine islamische Organisation 1933 in Berlin mit der Begründung verboten worden, dass sie »internationalen Juden gleiche Rechte einräumte«. Die Veränderung der religiösen, später der rechtsstaatlichen Landschaft infolge der Anschläge vom 11. September 2001 führte bereits wenige Monate nach den Anschlägen zur Streichung des Religionsprivilegs in der Verfassung. In Art. 9 Abs. 2 GG

---

[225] Alternativ-Kommentar zum GG, Darmstadt 1989, Rdnr. 16 zu Art. 9 Abs. 2
[226] 231 Ebd. Rn 33

wurde eingefügt, dass Vereinigungen, deren Zwecke oder Tätigkeit den Straf-
gesetzen zuwiderlaufen, oder die sich gegen die verfassungsmäßige Ordnung
oder den Gedanken der Völkerverständigung richten, verboten sind. Die Begründung des Gesetzentwurfes nennt als erste mögliche relevante Fallgruppe
islamistische Vereinigungen, die zur Durchsetzung ihrer Überzeugungen Gewalt gegen Andersdenkende nicht ablehnten. Die Konsequenz war absehbar:
Mit den Mitteln des Vereinsverbotes als »präventiver Verfassungsschutz« konnte die Axt an missliebige islamische Religionsgemeinschaften gelegt werden.

Seit Streichung des Religionsprivilegs waren bereits 2011 bundesweit acht
»islamistische« Gruppierungen verboten worden, hinzu kommen einige Verbote auf Landesebene und weitere laufende Ermittlungsverfahren. 2014 wurde das
Vereinsverbot des BMI gegen DawaFFM, eine Internetplattform zur Verbreitung
der Lehren eines Imams aus Frankfurt, durch das Bundesverwaltungsgericht bestätigt. Zentraler Verbotsgrund war die Verbreitung der Rede eines anderen islamischen Predigers auf der Internetplattform, in der dieser die Bundesregierung gewarnt hatte, und zwar aus Anlass von Angriffen jugendlicher Moslems
auf Polizeibeamte, die eine Demonstration rechtspopulistischer »Islamkritiker«
mit provokativem Zeigen der sogenannten Mohammed-Karikaturen geschützt
hatten. Er hatte davor gewarnt, diese weiter zeigen und schützen zu lassen, weil
derartige Aktivitäten zu weiteren Problemen führen könnten.

Dies interpretierte das Gericht als Rechtfertigung und Drohung und sah darin eine Missachtung des Gewaltmonopols des demokratischen Staates und des
Rechtsstaatsprinzips sowie ein aggressiv-kämpferisches Verhalten gegen die verfassungsmäßige Ordnung, das auch durch die Religionsfreiheit nicht geschützt
sein könne – ohne sich mit den Argumenten des Autors als Prozessvertreters der
DawaFFM ernsthaft auseinandersetzen zu wollen, vor allem mit den Hinweisen
auf die Doppelstandards in tatsächlicher und rechtlicher Hinsicht (siehe dazu die
Ausführungen zum Konstrukt des »Salafismus« als Hauptfeind der inneren Sicherheit in Teil 4, S. 140ff.). In der Pressemitteilung des BVerwG heißt es dazu:
»Gegen die verfassungsmäßige Ordnung richtet sich DawaFFM vor allem deshalb, weil der Verein vor dem Hintergrund seiner das Rechtsstaatsprinzip ab-
lehnenden Lehren die gewalttätigen Ausschreitungen, die Gegendemonstranten
nach dem Zeigen der sog. Mohammed-Karikaturen auf Veranstaltungen im Mai
2012 in Bonn und Solingen begangen haben, im Sinne gerechtfertigter Selbst-
justiz gebilligt und mit der Aufstachelung zu weiterer Gewalt gedroht hat. Diese DawaFFM zurechenbaren Drohungen richten sich, soweit sie sich auf deutsche Einrichtungen in islamischen Staaten und sich dort aufhaltende deutsche
Staatsbürger beziehen, zudem gegen den Gedanken der Völkerverständigung.«[227]

---

[227] BVerfG: Pressemitteilung vom 14.5.2014

Es nützte den Klägern auch nichts, dass sie ausdrücklich erklärten, etwa inkriminierte Reden oder Beiträge im Internet nicht mehr zu verbreiten, wie der Imam auch schon vorher von der Verbreitung eines Buches abgesehen hatte, nachdem die Behörden ihn darauf aufmerksam gemacht hatten, das Buch stehe auf der Liste der jugendgefährdenden Schriften – streng genommen fehlte es also offensichtlich an der Erforderlichkeit und Verhältnismäßigkeit eines Vereinsverbotes, aber all dies nützt dem »bösen Moslem« nichts. Eine mögliche Verfassungsbeschwerde konnte wegen des damit verbundenen Aufwandes und der Kosten leider nicht eingelegt werden.

Ermittlungsverfahren und Beschlagnahme wegen »IS-Zeigefinger« am Hauptbahnhof Berlin

Welche absurden Blüten die moderne Hexenjagd gegen den »Islamismus« inzwischen treibt, lässt sich an einem Fall ablesen, der sich Mitte Januar 2017 am Berliner Hauptbahnhof ereignet hat. Ein Berliner mit indonesischer Migrationsgeschichte hat mit einem Verwandten, der auf Berlin-Besuch war, am und um den Hauptbahnhof eine Reihe von Erinnerungsfotos gemacht und zum Teil dabei die Arme ausgestreckt, die Hände gehoben, das Victory-Zeichen gemacht usw., bis die 23. Einsatzhundertschaft einschritt. In der Ermittlungsakte, die ich später einsehen konnte, heißt es zum Sachverhalt: »Am 14.01.17 waren Teilkräfte der 23. EHu im Bereich der Direktion 3 im Rahmen von Raumschutzmaßnahmen zum Fußball Testspiel RB Leipzig vs. Glasgow Rangers eingesetzt. Gegen 13:30 Uhr konnten auf dem Washingtonplatz die zwei Tatverdächtigen durch eingesetzte Beamte in bürgerlicher Kleidung festgestellt werden. Diese konnten dabei beobachtet werden, wie sie den Zeigefinger gestreckt nach oben hielten und davon Fotos machten.

Bei der Geste der beiden Tatverdächtigen handelte es sich um den Gruß des Islamischen Staates (Hervorhebung v. Verf.). Durch diesen Umstand wurden uniformierte Beamte an die beiden Personen herangeführt und überprüften diese unterhalb der Moltkebrücke.«[228]

Das Handy mit den Fotos wurde beschlagnahmt, der Besucher aus Indonesien musste 300 Euro als »Sicherheitsleistung« einzahlen. Ich habe mich daraufhin zur Akte gemeldet, der Beschlagnahme des Handys widersprochen und Herausgabe sowie Akteneinsicht verlangt. Sechs Wochen später erhielt ich die Mitteilung, dass das Ermittlungsverfahren nach §170 Abs. 2 StPO eingestellt ist. Der Akteneinsicht war zu entnehmen, dass die bearbeitende Dienststelle der Kripo nach gründlichem Studium zur Ansicht gekommen ist, dass die Fotos wohl doch keine Werbung für den »IS« darstellen – glücklicherweise waren auch Bil-

---

[228] Aus den Handakten des Autors.

der mit anderen Grußformeln und Gesten bei den Fotos zu sehen, die schwerlich dem »Islamischen Staat« zuzuordnen sind, wie etwa das Victory-Zeichen. Das beschlagnahmte Handy erhielt der Mandant zurück, die 300 Euro zunächst nicht, weil die sichergestellten Banknoten entgegen dem Vermerk nicht bei der Akte waren, sondern versehentlich anderswo eingezahlt worden seien (…). Da behaupte noch einer, die zur Begleitung von Fußballspielen abgestellten Einsatzhundertschaften der Berliner Polizei seien nicht wachsam! Ob sie allerdings genauso energisch gegen rassistische Äußerungen rechter Hooligans vorgehen, darf nach den Berichten antifaschistischer Gegendemonstranten zu den Montagskundgebungen von »Bärgida« bezweifelt werden.

Teil 5
Von Terrorwarnungen zum Ausnahmezustand
in Zeiten der »Flüchtlingskrisen«

1. Polizeiüberfall auf die Moschee des »Islamischen Kulturzentrums« Bremen

Im Januar 2015 nach dem Anschlag in Kopenhagen eskalierten auch hierzulande die Terrorwarnungen und Forderungen nach härterem Durchgreifen, neuen Gesetzen usw.:

- In Dresden wurde ein totales Demonstrationsverbot (sowohl für Pegida als auch für die Gegendemonstrationen) erlassen, in Braunschweig der alljährlich stattfindende größte Karnevalsumzug Norddeutschlands untersagt, ohne dass belastbare Fakten oder auch nur Indizien für die angebliche »Terrorwarnung« bekannt gemacht worden wären.

- Es verging kein Tag, an dem nicht auf einem der meistbesuchten Fernsehsender zur besten abendlichen Sendezeit eine Talkshow zum Thema »Islamismus und Terrorismus« stattfand, in der darüber debattiert wurde, wie sich Deutschland besser gegen drohende Anschläge, Islamismus und »Salafismus« schützen könnte und welche Rolle dabei die muslimischen Gemeinden in Deutschland zu spielen hätten.

- Ein vorläufiger Höhepunkt waren die »Enthüllungen« eines selbsternannten »Terrorismusexperten«, dass die IS auch an »Chemiewaffen« arbeite, die dann in Deutschland eingesetzt werden könnten. Das will der Experte von einem jungen Chemiker erfahren haben, der sich aus Deutschland kommend dem IS angeschlossen habe, wie die Bild-Zeitung in einem groß aufgemachten Interview herausbrachte.[229] Im Gegensatz zur Vorbereitung des völkerrechtswidrigen Aggressionskrieges der USA und der »Koalition der Willigen« bedurfte es diesmal keines US-Verteidigungsministers, der derartige Geheimdienstinformationen über die »Produktion von Massenvernichtungswaffen« zur Vorbereitung von UN-Resolutionen in die Öffentlichkeit lancierte. Auch so wurden alle Länder verpflichtet, geeignete Maßnahmen zur Unterbindung der Reisemöglichkeiten von »IS-Terroristen« zu treffen (siehe hierzu S. 160ff.).

---

[229] Viktoria Dümer: »Terrorismusexperte Bruno Schirra war in Syrien und dem Irak. ›ISIS produziert Chemiewaffen‹«, www.bild.de/politik/ausland/isis/interview-mit-journalist-bruno-schirra-39513012.bild.html

■ Am Wochenende des 28.2./1.3.2015 erlebten dann die BewohnerInnen Bremens und mit ihnen die gesamte Republik den vorläufigen Höhepunkt mit Bildern von vermummten Sondereinsatzkräften in Kampfanzügen und Maschinenpistolen, die gesamte Bremer Innenstadt wurde zum »Gefahrengebiet« erklärt und befand sich tagelang im Belagerungszustand. Grund für die »Terrorwarnung«: Angebliche Hinweise darauf, dass im »Islamischen Kulturzentrum« (IKZ) Terrorverdächtige Kriegswaffen versteckt haben könnten. Deswegen fand eine Durchsuchung der Räume des IKZ einschließlich der Moschee mit Dutzenden von vermummten und hochgerüsteten Einsatzkräften in den Abendstunden des 28. Februars statt, über die ausführlich berichtet wurde, wobei immer wieder Bilder des IKZ gezeigt wurden.

Zunächst ist daran zu erinnern, dass bereits seit den Reaktionen auf 9/11, auch im Zusammenhang mit der Abschaffung des Religionsprivilegs (siehe zu den Vereinsverboten S. 190f.), die Zahl der Durchsuchungen von Moscheen dramatisch zugenommen hat.

Bereits im Juli 2004 beklagte der Vorsitzende des Zentralrats der Muslime, *Nadeem Elyas*, die große Zahl unnötiger Durchsuchungen von Moscheen in Deutschland mit den Worten: »Die Hemmschwelle vor den muslimischen Gotteshäusern sinkt. Seit dem 11. September und der Abschaffung des Religionsprivilegs gab es bis zu 70 Razzien in Moscheen und über 1400 Büro- und Hausdurchsuchungen: Fast alle endeten ergebnislos. Es gab Fälle, wo Moscheen während des Freitagsgebets durchsucht oder Menschen stundenlang festgehalten wurden, um Personalien zu kontrollieren. Wir haben bisher von keinem Ergebnis gehört, das diesen Aktionismus rechtfertigen würde. (…) Politiker sagen ganz offen: Wir wollen der Bevölkerung ein Gefühl der Sicherheit vermitteln. Das heißt, wir machen das nur, damit der Bürger ein Gefühl der Sicherheit bekommt. Dagegen muss man protestieren. Wie würde die Öffentlichkeit reagieren, wenn eine Synagoge in dieser Art und Weise durchsucht werden würde?«[230]

Hierzu dokumentiere ich auszugsweise aus meiner Beschwerde gegen die Durchsuchung, verbunden mit einem Antrag auf richterliche Entscheidung:

Beschwerde gegen die Durchsuchung des Bremer Islamischen Kulturzentrums (IKZ)

»Die Durchsuchungsanordnung enthält hinsichtlich des Tatvorwurfs keine ausreichend konkretisierten Angaben bzw. es bestehen Zweifel an der für den Anfangsverdacht erforderlichen rechtmäßig erlangten Tatsachengrundlage. In der Begründung ist lediglich von ›den vom Landesamt für Verfassungsschutz übermittelten Hinweisen vom 22.10.2014, 17.11.2014 und 09.01.2015 sowie von den seither durchgeführten weiteren polizeilichen Ermittlungsmaß-

---

[230] *taz*, 30.7.2004

nahmen‹ sowie einem ›Quellenvermerk vom 10.01.2015‹ die Rede, also von vagen, nicht überprüfbaren Geheimdienstangaben, die gerade im Bereich des sogenannten ›islamistischen Extremismus‹ besonders fragwürdig sind (siehe unten). Wohl im Bewusstsein dieser Unzulänglichkeit werden weiter die ›zuletzt in Frankreich verübten Attentate‹ angeführt, aus denen sich ergebe, ›dass die radikalisierten Täter verdeckt agieren und ihre Taten unter Nutzung von Maschinengewehren oder Maschinenpistolen verüben‹ – ohne jede Angabe von überprüfbaren Beweismitteln.

Den Gipfel eines Zirkelschlusses enthält das zusätzliche ›Argument‹, das konspirative Verhalten sei ›durch die Vorbereitung und Abwicklung der Übergabe einer Tüte unbekannten Inhalts an eine Person im Inneren des Islamischen Kulturzentrums‹ belegt: Soll etwa die insoweit offenbar ergebnislose Überwachung (›unbekannter Inhalt‹) der Beleg für das konspirative Verhalten sein?!

Fehlende hinreichend konkret beschriebene Angabe der Durchsuchungsobjekte sowie der Art und des Inhalts denkbarer Beweismittel
■   In dem Durchsuchungsbeschluss ist lediglich von ›der Räume des Islamischen Kulturzentrums, Breitenweg 5 in 28195 Bremen‹ die Rede, ohne dies zu konkretisieren.
■   Vor allem aber wird die Durchsuchung damit begründet, es lägen Tatsachen dafür vor, ›dass die zu suchenden und bislang nicht identifizierten französischen männlichen Personen sich seit dem 27.02.2015 in den genannten Räumen aufhalten‹ – ohne diese in der Anordnung oder ihrer Begründung in irgendeiner Weise näher zu beschreiben. Auch in der Begründung heißt es lediglich an einer Stelle: ›die namentlich noch nicht identifizierten, nach polizeilichen Erkenntnissen im IKZ aufhältigen Personen festzustellen, die nach den Ermittlungen gleichfalls bewaffnet sind und mit dem namentlich bekannten Beschuldigten M. in Kontakt stehen. Ferner dient die Durchsuchung dem Auffinden der Waffen.‹
Es gibt also nur zwei Merkmale, ›männlich‹ und ›französisch‹, darüber hinaus stellt sich also die Frage, was unter ›französischen Personen‹ zu verstehen ist – etwa französische Staatsangehörige, französische Herkunft, französische Muttersprachler; ansonsten Fehlanzeige betreffend welchen Alters, welcher Größe, welcher besonderer Merkmale – geschweige denn werden Namen genannt, Bilder angeführt oder ähnliches.
■   Auch die Kriegswaffen werden nirgendwo näher konkretisiert, bekanntlich fallen eine ganze Reihe von Waffen unter das Kriegswaffenkontrollgesetz.
Schließlich ist der Durchsuchungsbeschluss insbesondere vollkommen unverhältnismäßig und stellt sich als schwere Verletzung der Grundrechte des Vereins, namentlich der Menschenwürde nach Art. 1 GG, der Glaubens- und Religionsausübungsfreiheit nach Art. 4 GG und des Schutzes vor rassistischer Diskriminierung nach Art. 3 GG, 14 EMRK und des Willkürverbots nach Art. 3 GG, dar.

Bekanntlich handelt es sich bei den Räumen des IKZ vor allem um eine Moschee mit den Gebetsräumen, also dem geschützten Raum einer islamischen Religionsgemeinschaft. Der angefochtene Beschluss setzt sich mit keinem Wort damit auseinander, geschweige denn werden die Grenzen der von der Polizei offenbar uferlos verstandenen Durchsuchungsanordnung gerade im Hinblick auf die Religionsausübungsfreiheit aufgezeigt. (…)

Die Art und Weise der Durchsuchung war nicht durch die Vorschriften der Strafprozessordnung gedeckt und verletzt insbesondere die bereits angeführten Grundrechte. Hierzu ist vorläufig – vor Akteneinsicht – vorzutragen:

■ Es wurden unverhältnismäßige Zwangsausübungen ausgeübt hinsichtlich der Dauer der Durchsuchung, der Erstürmung in voller Ausrüstung mit Maschinenpistolen und Helmkameras, durch gewaltsames Aufbrechen von insgesamt sechs Türen unter anderem mit einem Rammbock, obwohl der Hausmeister angeboten hatte, die Türen zu öffnen, ebenso wurde bei den Schränken verfahren.

■ Die Gläubigen wurden daran gehindert, das Nachtgebet zu verrichten; die sich noch in den Gebetsräumen befindlichen Besucherinnen und Besucher wurden gefesselt sowie die Betenden auf dem Boden fixiert und gefesselt, unter ihnen auch Minderjährige, und erst zwischen 20.30 Uhr und 20:50 Uhr nach draußen gebracht und ausdrücklich aufgefordert nach Hause zu gehen; diejenigen, die zum Nachtgebet kamen, standen vor der Absperrung und durften nicht hinein, um zu beten.

■ Ein über 70-jähriger Besucher wurde trotz Hinweis auf seine schweren gesundheitlichen Beeinträchtigungen gefesselt und zunächst auf dem Boden liegen gelassen und wie alle anderen auf dem Bauch fixiert, zwei erlitten Kreislaufprobleme.

Es fand eine unzulässige Durchsicht von Papieren, trotz Protestes des Vorsitzenden des Vereins, statt.

Trotz ausdrücklicher Aufforderung des Vereinsvorsitzenden wurde ihm kein Negativattest nach Beendigung der Maßnahme ausgestellt (Verstoß gegen §107 Abs. 2 StPO).

Das Gotteshaus wurde entweiht, indem die Einsatzkräfte mit ihren Straßenschuhen überall hineingingen, und darüber hinaus Spürhunde eingesetzt, wodurch die meisten Flächen entweiht wurden, sodass dort nicht mehr gebetet werden konnte.

Insgesamt stellt sich also auch die Art und Weise der Durchführung als schwere Verletzung des Grundrechts der Religionsausübung dar.«

Bekanntlich werden selbst in England, wo seit langem verschärfte »Anti-Terror-Maßnahmen« gelten, Durchsuchungen in Moscheen nicht mit Straßenschuhen durchgeführt, geschweige denn Hunde eingesetzt.

■ Diese Kritik wurde in den überregionalen Medien kaum thematisiert. Berichtet wurde demgegenüber über offenbar widersprüchliche Erklärungen von Innenbehörde und Justiz zur Vorgeschichte und Ablauf der Durchsuchung, bei der keine der Kriegswaffen gefunden wurden – es soll sich immerhin um sechzig verschiedene automatische Maschinengewehre handeln, die in der seit Jahren von Verfassungsschutz und Geheimdiensten streng überwachten Moschee gelagert gewesen sein sollen.

■ Die Polizeigewerkschaft forderte aus Anlass der Bremer Einsätze, endlich nicht länger von »einer abstrakten Terrorgefahr« in Deutschland zu reden, sondern von »konkreten Terrorgefahren«, und verlangt mehr Polizisten.

■ Angesichts dieser Kritik ging der Bremer Innensenator in die Offensive und erklärte öffentlich, trotz der fehlenden Waffenfunde habe man immerhin »eine Verunsicherung der islamistischen Szene erreicht« (!).

Schwere staatliche Repressionsmaßnahmen sollen also, auch wenn sie rechtswidrig sind, dadurch gerechtfertigt sein, dass sie die zum Feind erklärte »Szene verunsichert haben«? Damit sind wir bei den in Teil 1 aufgeführten Grundzügen des neuen »Anti-Terrorismus« nach den Anschlägen vom 09/11 angelangt.

Inzwischen hatte das Landgericht Bremen die Rechtswidrigkeit der Durchsuchung festgestellt, nachdem das Amtsgericht nicht bereit war, auf die Argumente einzugehen. Zur Begründung wird u.a. ausgeführt: Es habe keine konkreten Hinweise auf Waffen oder »Terroristen« im IKZ gegeben. »Allein der – lt. OStA Sch.– am 28.02.2015 noch nicht verschriftete Hinweis einer VP [Vertrauenperson – Anm. v. Verf.] vom 27.02.2015, dass sich vier Franzosen mit zwei Maschinenpistolen und mehreren Faustfeuerwaffen im IKZ aufhalten, die am Waffenhandel des Beschuldigten beteiligt gewesen sein sollen (I BI. 99) (...), stellt einen Bezug zwischen dem Beschuldigten und der ihm vorgeworfenen Straftat einerseits und dem IKZ andererseits her. Diese mündliche Äußerung des ermittelnden Staatsanwalts ist damit die tragende Grundlage für den angefochtenen Durchsuchungsbeschluss. (...) Die Kammer hat im Beschwerdeverfahren um Vorlage des Hinweises in verschrifteter Form gebeten, was nach Mitteilung der Staatsanwaltschaft von der nicht näherbezeichneten › VP – Führung‹ mit Hinweis auf die heftigen › Auseinandersetzungen der verschiedenen Lager in Bremen-Nord‹ und anhaltende Bestrebungen zur Enttarnung der Vertrauensperson abgelehnt worden sei. Für die Kammer ist in keiner Weise nachvollziehbar, warum der mündlich gegenüber der Ermittlungsrichterin mitgeteilte (und von ihr niedergeschriebene) Sachverhalt in Form einer dienstlichen Äußerung des für die Entgegennahme und Weitergabe verantwortlichen Beamten zu einer Gefährdung der Vertrauensperson führen könnte. Bei dieser Sachlage muss vielmehr die Möglichkeit in Betracht gezogen werden, dass niemand als Verantwortlicher bezeugen kann, dass es tatsächlich einen Hinweis mit dem vom Staatsanwalt an die Ermittlungsrichterin übermittelten Inhalt gegeben hat. *Diese Möglichkeit erscheint auch deshalb nicht ausgeschlossen, weil sich auch weitere angebliche Hinweise im Verfahren bei nachträglicher Überprüfung nicht bestätigt haben, wie der Hinweis auf einen geplanten terroristischen Anschlag in Bremen (vgl. II Bl. 58) und der Hinweis, bei den unbekannten Personen im IKZ handele es sich um Franzosen (...).«* (Hervorhebung v. Verf.)

Dies ist eine »schallende Ohrfeige« für die Amtsrichterin, die die Durchsuchung angeordnet hatte, und die Staatsanwaltschaft und Polizei als Ermittlungsbehörden. Dem tagelang andauernden polizeilichen Ausnahmezustand in der Bremer City aufgrund der dubiosen »Terrorwarnung«, die bereits öffentlich kritisiert worden ist, ist damit der Boden entzogen. Der Vorsitzende des IKZ erklärt zu der Entscheidung: »Durch die Durchsuchung ist unsere Gemeinde verunglimpft und die Bremer Bevölkerung verunsichert worden. Das muss personelle Konsequenzen bei allen beteiligten Behörden haben, wir wünschen uns eine Aufklärung durch den parlamentarischen Untersuchungsausschuss.«

Der Innensenator hat die geforderte Erklärung nicht abgegeben, das Gericht wurde eingeschaltet. Der Eilantrag wurde vom Verwaltungsgericht Bremen weitgehend abgelehnt, die Beschwerde wurde zurückgewiesen, die erhobene Verfassungsbeschwerde wurde nicht zugelassen, über eine Beschwerde zum UN-Ausschuss gegen rassistische Diskriminierung ist (bei Redaktionsschluss) noch nicht entschieden.

Nachdem das strafrechtliche Verfahren wegen der Durchsuchung des IKZ positiv mit der Feststellung der Rechtswidrigkeit wenigstens teilweise abgeschlossen werden konnte, dauern die negativen Nachwirkungen auf verschiedenen Ebenen an. Besonders die massive öffentliche Vorverurteilung aufgrund der bundesweiten Berichterstattung in den Massenmedien, zum anderen in parallelen Strafverfahren wirkt nach.

Der Verein hatte versucht, der öffentlichen Vorverurteilung durch eine eigene Pressekonferenz entgegenzutreten. Daraufhin kam es zu einem weiteren strafrechtlichen Ermittlungsverfahren gegen einen Imam der Moschee wegen verbotener Mitteilungen von Gerichtsverfahren. Ihm wurde vorgeworfen, er habe vom Durchsuchungsbeschluss des Amtsgerichts Bremen »im Rahmen einer von Ihnen in den Räumen des IKZ (...) abgehaltenen Pressekonferenz Ablichtungen (...) an die eingeladenen Medienvertreter (verteilt).«

Nach Abschluss der Ermittlungen, in deren Rahmen die Staatsanwaltschaft u.a. im Internet recherchiert hat, zum Stichwort »was verdient ein Imam/Religionen im Gespräch« ließ sie es sich nicht nehmen, in dem beantragten Strafbefehl ausdrücklich zu betonen: »In ihrer Funktion *als Imam des Islamischen Kulturzentrums (IKZ) verteilten sie (...)«.*

Einige Monate später erhielt ich einen Beschluss der zuständigen Amtsrichterin, mit dem sie den Antrag auf Erlass des Strafbefehls ablehnte. In der Begründung wird u.a. darauf abgestellt, dass der Angeschuldigte die Kopien des Durchsuchungsbeschlusses an die Medienvertreter verteilt hat, »um zu der umfangreichen öffentlichen Darstellung Stellung zu beziehen«; hierbei müsse auch die Pressemitteilung des Senators für Inneres vom 3.3.2015 berücksichtigt werden, auf die ausdrücklich Bezug genommen wurde: »Darin wird der vorletzte Abschnitt aus dem Durchsuchungsbeschluss des Amtsgerichts Bremen wortwörtlich zitiert (…). Wenn der Senator für Inneres aus dem Durchsuchungsbeschluss wörtlich zitiert und dieses über die Senatspressestelle im Internet verbreitet, ist es kaum verständlich, dass sich nun der Angeschuldigte, der diesen Durchsuchungsbeschluss den Medienvertretern zur Kenntnisnahme gibt, was also ein weniger darstellt, strafrechtlich verantworten soll. Durch ihn ist nach jetziger Aktenlage keine Veröffentlichung des Wortlauts erfolgt. (…) Des Weiteren sollte nicht unberücksichtigt bleiben, dass dieser an die Journalisten ausgegebene Durchsuchungsbeschluss nachträglich durch das Landgericht Bremen (…) für rechtswidrig erklärt wurde.«

2. Gesetzesverschärfungen im Anti-Terrorismus-Bereich

Fast zeitgleich zu der oben angeführten Entscheidung des Bundesverfassungsgerichts gab es eine Reihe von Gesetzesverschärfungen im »Anti-Terrorismus-Bereich«, die ich hier schon aus Platzgründen nicht ausführlich behandeln kann. Exemplarisch scheinen mir die Änderungen von Strafvorschriften im Staatsschutzbereich. Mit dem am 22.4.2015 von der Großen Koalition gegen die Stimmen der Opposition verabschiedeten Gesetz zur »Verfolgung der Vorbereitung von schweren staatsgefährdenden Gewalttaten« (GVVG) hat der Gesetzgeber den schon lange eingeschlagenen Weg einer Vorverlagerung der Strafbarkeit noch einen großen Schritt weitergegangen, wie Thomas Uwer zu Recht schreibt.[231] Anstelle einer Strafbarkeit der Verletzung eines konkreten Rechtsgutes ist endgültig der Gesinnungsjustiz Tür und Tor geöffnet.

Geändert wurden die Vorschriften über die »Verfolgung und Vorbereitung von schweren staatsgefährdenden Gewalttaten«, §89a StGB. Die Strafbarkeit wird dahingehend ausgeweitet, dass »das Reisen sowie der Versuch des Reisens als weitere Vorbereitungshandlung einer terroristischen Tat unter Strafe gestellt werden«; zusätzlich wird ein §89c StGB eingeführt, der die Finanzierung terroristischer Straftaten zusammenfasst und dabei auch die Finanzierung der Vorfeldhandlung »Reisen« einbezieht, zugleich entfällt die bisher vorgesehene Erheblichkeitsschwelle bei der wirtschaftlichen Zuwendung. Tatbestandlich erfasst werden soll, dass der Versuch der Reise in einen Staat, »in dem Unterweisung von Personen im Sinne des Unterweisens und sich Unterweisenlassens

---

[231] Thomas Uwer: »Strafbare Möglichkeiten«, in: *Freispruch*, September 2015, S. 9ff.

auch in ›sonstige Fertigkeiten‹ kriminalisierbar ist, wie etwa die Chemienach-hilfe oder der Sprachunterricht oder das Erlernen des Steuerns eines Kfz«, wor-auf Uwer und andere zu Recht hinweisen. Zukünftig kann also bestraft werden, wenn muslimische Syrienreisende dort vom Krieg betroffenen Kindern helfen wollen, mit der Unterstellung einer Gesinnung, heißt es in dem Gesetzentwurf doch ausdrücklich:»Dabei wissen sie bei der Ausreise mitunter noch nicht, ob und welcher terroristischen Vereinigung sie sich anschließen werden.«[232]

Dies kommentiert Uwer mit den Worten:»Wenn die Strafbarkeit aber bereits im Vorfeld der deliktischen Absicht einsetzt, bleiben als Tatbestandsmerkma-le nur rein subjektive, weiche Merkmale des ›Täters‹: religiöse Überzeugun-gen, der Umgang mit Bekannten, soziales Verhalten, Äußerungen im privaten E-Mail- oder Postverkehr, persönliche Interessen (wie bspw. bevorzugte Litera-tur), Internetspuren – mithin Lebensäußerungen, die allesamt dem privaten In-nenbereich der Person zuzuordnen sind, die von den Ermittlungsbehörden auf eine mögliche Gefährdung hin ausgedeutet werden, und das möglicherweise be-reits bevor der ›Gefährder‹ selbst sich der in ihm schlummernden deliktischen Absicht bewusst wird. Das nennt man Gesinnungsstrafrecht.«[233]

Wenn es noch eines Beweises bedurft hätte, dass der institutionelle Rassis-mus die unselige Tradition des»partiellen europäischen Universalismus« (Wal-lerstein, siehe S. 33ff.) fortschreibt, der die Barbarei den – konstruierten – An-deren zuschreibt, um ihn für mutmaßliche eigene antidemokratische Absichten zu nutzen, dieses Gesetz liefert ihn. Und es ist zugleich ein Musterbeispiel für den Rückfall in mittelalterliche Instrumente bei der Feindbekämpfung wie das Gesinnungsstrafrecht, von wo der Weg zur Rechtfertigung von Foltermetho-den nicht weit ist – auch wenn diese vorläufig noch von»befreundeten Staa-ten« übernommen werden.

Kein Wunder, dass damit auch die polizeilichen und nachrichtendienstlichen Informationssysteme an Bedeutung gewinnen und ausgebaut werden. Was dies konkret für die Betroffenen bedeuten kann, bedarf anhand der hier dokumen-tierten Fälle keiner großen Phantasie. Darauf wird auch noch einmal im Zu-sammenhang mit den aktuellen Maßnahmen gegen»Gefährder« zurückzukom-men sein. Hinzu kommt, das die Staatsschutzklausel des §89 a StGB auch in der Neufassung unverändert erhalten bleiben soll, das heißt, dass die Verfolgung der Taten von einer»Verfolgungsermächtigung« durch das Bundesministerium der Justiz abhängig ist, sich also nicht anhand objektiver Umstände bestimmt, mit der Folge, dass»für den Einzelnen schlicht unmöglich geworden (ist) abzu-schätzen, ob die von ihm geleisteten Spenden oder die von ihm geplante Reise

---

[232] BT-Drs. 18/4087, S. 6
[233] Ebd., S. 11

als strafbare Vorfeldhandlung angesehen wird oder nicht«.[234] Die Verfolgungsermächtigung aber richtet sich nach politischen Opportunitätsgesichtspunkten, was von Kritikern als »kriminalpolitische Ungeheuerlichkeit« bezeichnet wird, weil damit »das Staatsschutzstrafrecht zugleich vollständig politischen Opportunitätserwägungen der deutschen Außen- und Sicherheitspolitik unterworfen wird. Vom Schutz legitimer Widerstandshandlungen und von Befreiungsbewegungen gegen Unrechtsstaaten kann beim Rechtsgut des Schutzes irgendeines Staates keine Rede sein. Damit wird das Staatsschutzstrafrecht »letztendlich unmittelbar der internationalen (Anti-Terror-)Politik und den damit verwobenen außen- und wirtschaftspolitischen Interessen und Koalitionen unterworfen«, wie Uwer zu Recht betont.[235]

Dies schließt den Kreis zu den Ausgangsthesen (im Vorwort und in Teil 1), wonach der institutionelle Rassismus in der Form des antimuslimischen Rassismus ein wesentlicher Faktor und gleichzeitig Instrument eines »endlosen Krieges« nach innen und außen werden kann, also zu einem Totengräber unserer Demokratie, wenn er nicht rechtzeitig erkannt und bekämpft wird.

Überblick über die wichtigsten Anti-Terror-Gesetze von 2001 bis 2017

Im Eröffnungsvortrag zum Strafverteidigertag 2017 in Bremen hat die Rechtsanwältin *Gabriele Heinecke* die wichtigsten Gesetze und Gesetzesverschärfungen im Bereich des »Anti-Terrorismus« zusammengefasst und kommentiert. Das liest sich so:

»Ein unvollständiger Überblick für den Bereich des Staatsschutzes seit ›nine eleven‹:

- Sicherheitspaket I 2001 (Einführung des §129b StGB)
- Sicherheitspaket II 2002 (Otto-Katalog) mit Ausweitung der Befugnisse der Geheimdienste; flächendeckende Einführung der Rasterfahndung;
- Strafrechtsverschärfungen im ›Anti-Terror-Strafrecht‹;
- Errichtung div. sog. ›Anti-Terror-Zentren‹ mit grenzenlosem Datenaustausch von Bund und Ländern, 2004;
- Zuwanderungsgesetz 2004 mit Regelungen zur leichteren Ausweisung ›terrorverdächtiger Ausländer‹;
- Luftsicherheitsgesetz 2005 (in §14 Abs. 3, der Abschussbefugnis [ist] vom BVerfG als verfassungswidrig verworfen worden)
- biometrischer Reisepass 2005;
- Antiterrordatei 2006 (nach BVerfG 2013 ebenfalls in Teilen verfassungswidrig);

---

[234] Thomas Uwer: »Strafbare Möglichkeiten«, in: *Freispruch*, September 2015, S. 11
[235] Ebd.: S. 11f.

- Terrorismus-Ergänzungsgesetz 2006;
- Vorratsdatenspeicherung 2008 (vom BVerfG aufgehoben, siehe auch EuGH 2016); die BKA-Novelle 2008 mit präventiven Befugnissen für das BKA in der Gefahrenabwehr; §89 a Abs. 2 a StGB – die Strafbarkeit des Besuchs im Terrorcamp (2009);
- Errichtung des ›Nationalen Cyber-Abwehrzentrums‹;
- Verlängerung der Antiterror-Gesetze (2011 – der Evaluationsbericht 2013, der terrorismusverhindernde Auswirkungen der Gesetze nicht feststellen konnte);
- Errichtung des ›Extremismus- und Terrorabwehrzentrums‹ (2012)
- Schaffung der ›Verbunddatei Rechtsextremismus‹ (2012);
- Verlängerung und Verschärfung der Antiterror-Gesetze gegen die Erkenntnisse der Evaluation (2015) u.a. mit der Möglichkeit zum Entzug des Personalausweises zur Verhinderung der Ausreise und Strafe für Finanzierung von Terrorismus; Antierror-Gesetz 2016 mit u.a. neuen Befugnissen für Bundespolizei (verdeckte Ermittler) und Ausweitung des Austauschs geheimdienstlicher Erkenntnisse mit ausländischen Diensten; Gesetz zur Änderung der Verfolgung der Vorbereitung von schweren staatsgefährdenden Gewalttaten (2016);
- Datenaustauschverbesserungsgesetz (2016) zum präventiven Erkennen von ›potenziellen Terroristen‹;
- ein weiteres Antiterror-Gesetz im Juni 2016 (der Verfassungsschutz darf jetzt 14-Jährige überwachen, beim Kauf einer Prepaid-Karte ist ein Ausweis vorzulegen);
- Gesetz zur Neustrukturierung des Bundeskriminalamtes (das ist ein neues Antiterror-Gesetz, noch in der Beratung);
- die Staatsschutzparagraphen 86ff. StGB sollen auch im Ausland gelten (im Inland ist ›Mein Kampf‹ jetzt wieder erlaubt – 85.000 Verkäufe im Jahr 2016, natürlich kritisch kommentiert)

Spätestens mit dem Anschlag des Anis Amri auf den Weihnachtsmarkt an der Gedächtniskirche am 19. Dezember 2016 hat sich erwiesen, dass die immer weiteren Verschärfungen der Antiterror-Gesetze nichts mit Sicherheit zu tun haben, die sie der Bevölkerung bieten könnten. Gegen Terroranschläge kann man sich nicht schützen, Gesetze sind gegen Terror wirkungslos.«[236]

---

[236] Gabriele Heinecke:»Schrei nach Freiheit«, 24.3.2017, Bremen [unveröffentlichtes Manuskript]

Neue Gerichtsentscheidung zum Kopftuchverbot 2015 und erste Folgen

In einem Beschluss vom 27. Januar 2015 hat der Erste Senat des Bundesverfassungsgerichts (BVerfG) entschieden, dass Lehrerinnen das Tragen eines muslimischen Kopftuchs nicht pauschal verboten werden dürfe.

Vor dem BVerfG geklagt hatten zwei Pädagoginnen aus Nordrhein-Westfalen, die eine arbeitete als Lehrerin für muttersprachlichen Unterricht und die andere als Sozialpädagogin an einer Schule. Beide trugen zunächst ein Kopftuch, die Sozialpädagogin ersetzte das Kopftuch jedoch durch eine Art Baskenmütze. Aufgrund des seit 2005 in NRW geltenden Verbotes religiöser Bekundungen im Schuldienst wurde die eine gekündigt und die andere abgemahnt. In allen Vorinstanzen waren sie mit ihren Klagen gegen die Kündigung gescheitert.

Das BVerfG entschied nun, dass das Kopftuchtragen im Schuldienst nur verboten werden könne, wenn der Schulfrieden oder die staatliche Neutralität konkret gefährdet seien – etwa bei Konflikten über das richtige religiöse Verhalten unter Schülern und Eltern. Eine solche Einschränkung des Verbotes nur auf konkrete Gefahren gebiete die Glaubens- und Bekenntnisfreiheit der Pädagoginnen, die durch Artikel 4 Grundgesetz (GG) geschützt wird. Die entsprechende Vorschrift im Nordrhein-Westfälischen Schulgesetz (§57 Absatz 4) müsse deshalb verfassungskonform ausgelegt werden. Zugleich erklärte das Gericht die Regelung des nordrhein-westfälischen Schulgesetzes, wonach die »Darstellung christlicher und abendländischer Bildungs- und Kulturwerte« von dem Verbot religiöser Bekundungen ausgenommen ist, für mit dem Gleichheitsgebot des Grundgesetzes (Art. 3 Abs. 3 S. 1; Art. 33 Abs. 3 GG) unvereinbar und nichtig. Das BVerfG räumte den Ländern aber weiterhin die Möglichkeit ein, in bestimmten Fällen religiöse Bekundungen im Schuldienst pauschal zu unterbinden.[237]

So positiv diese Entscheidung für die unmittelbar und mittelbar Betroffenen zunächst ist, so bleibt abzuwarten, wie sie umgesetzt wird. Kaum waren diese Sätze niedergeschrieben, meldet die Süddeutsche Zeitung unter der Überschrift »Bayerns Regelung hat sich bewährt«: »Nach dem Urteil gegen ein pauschales Kopftuchverbot sieht die Bayerische Regierung keinen Grund zum Handeln. Lehrer und Grüne reagieren empört.« In dem Artikel wird einleitend dargelegt, wie das Kopftuchverbot in Bayern bisher gesetzlich umgesetzt worden ist, nämlich als Verbot äußerer Symbole und Kleidungsstücke, die als Verstoß gegen die Verfassung verstanden werden können, wörtlich werden dabei »christlich abendländische Bildungs- und Kulturwerte« ausdrücklich den Verfassungs-

---

[237] Beschluss des 1. Senats des BverfG v. 27.1.2015 – 1 BvR 471/10 und 1 BvR 1181/10; die Humanistische Union weist in ihrer Pressemitteilung vom 16.3.2015 zu Recht darauf hin, dass auch diese positive Entscheidung die grundsätzliche im Grundgesetz geforderte Trennung von Staat und Kirche nicht konsequent umsetzt.

zielen zugerechnet; deswegen fällt ein Kreuz in Bayern nicht unter das Verbot, ein »Kopftuch« aber sehr wohl, weil es als Symbol weiblicher Unterdrückung aufgefasst werden könne. Aufgrund der Entscheidung des Bundesverfassungsgerichts sei das Bayerische Kabinett in umfangreichen Beratungen zu dem Ergebnis gekommen, es bestehe »kein Änderungsbedarf«. Vielmehr müsse »jeder Einzelfall konkret geprüft« werden; ein entscheidendes Kriterium werde »dann auch das Alter der betroffenen Kinder sein«. Das sei selbst dem bayerischen Lehrer- und Lehrerinnenverband (BLLV) zu viel, er habe enttäuscht auf den Kabinettsbeschluss reagiert. Die Lehrer hätten jedenfalls »die Erfahrung gemacht, dass Antworten, die integrieren und zusammenführen, hilfreicher sind als Antworten, die spalten«.[238]

In einer Situation, in der die öffentliche Debatte um die Frage tobt, ob der Islam zu Deutschland gehört oder nicht, bzw. ob nur »dschihadistische Salafisten« zum »Feindbild Islam« zu zählen sind, lässt sich die Entscheidung des Bundesverfassungsgerichts auch – so ist zu fürchten – instrumentalisieren, wenn es den Stimmungsmachern der rassistischen Diskriminierung gelingt, eine »Gefährdung des Schulfriedens« durch Kopftuchträgerinnen zu inszenieren. Und noch weitergehender: selbst wenn »nur« der »dschihadistische Salafismus« offiziell und institutionell in Zukunft zu den »bösen Moslems« gezählt werden sollte, diese nicht zu Deutschland gehören und sie die »ganze Härte des Gesetzes treffen soll«, bleibt wegen der »islamkritischen These von den fließenden Grenzen« (siehe Teil 1) die Möglichkeit, jederzeit wieder »den Islam« und alle Moslems unter das Feindbild zu fassen, denn mahnende Stimmen, die trotz IS, »konkreter Terrorgefahr« und von polizeilichen Notständen aufgeheizter Stimmung darauf beharren, dass selbstverständlich auch dschihadistische Salafisten zu Deutschland und nicht zu »den anderen«, »den Feinden« oder ähnlichem gehören und nicht auszugrenzen sind, sind gering, und die Bereitschaft, sich mit ihnen ernsthaft auseinanderzusetzen, politischer Gesinnungsjustiz zu entsagen und erst bei konkreten Rechtsgutverletzungen die Instrumente des Polizei- und Strafrechts einzusetzen, tendiert erneut gefährlich gegen Null. Dies lässt sich am Beispiel der Gesetzesverschärfungen im »Anti-Terrorismus-Bereich« genauer erläutern.

Zuvor aber ist ein arbeitsgerichtliches Urteil zu erwähnen: Eine positive Entscheidung des Landesarbeitsgerichts Berlin vom 9.2.2017 hat sich auf die Entscheidung des Bundesverfassungsgerichts gestützt und das »Berliner Neutralitätsgesetz« in deren Sinne ausgelegt und ausgeführt. In der Pressemitteilung der Berliner Arbeitsgerichtsbarkeit wird das so zusammengefasst:

---

[238] *Süddeutsche Zeitung* vom 18.3.2015, Seite 30

Nach der hiernach vorgegebenen erheblichen Bedeutung der Glaubensfreiheit sei ein generelles Verbot eines muslimischen Kopftuchs ohne konkrete Gefährdung nicht zulässig. Eine konkrete Gefährdung durch die Klägerin mache auch das beklagte Land nicht geltend![239] Das Landesarbeitsgericht hat aber die Revision zugelassen, über die bei Redaktionsschluss noch nicht entschieden war.

Fußfessel oder Abschiebung für »islamistische Gefährder«

Mitten in der Phase der politischen, medialen und praktisch alle gesellschaftlichen Bereiche durchdringenden Debatte zur inneren Sicherheit im Zuge der Aufarbeitung des Anschlages an der Berliner Gedächtniskirche vom Dezember 2016, der Anis Amrin zugeschrieben wird, und rechtzeitig vor Beginn der heißen Phase des Bundestagswahlkampfes hat die große Koalition Nägel mit Köpfen gemacht. Meldete die regierungsnahe »Deutsche Welle« noch aus Anlass der Verabschiedung eines weiteren Gesetzes im Bundestag: »Bundestag beschließt elektronische Fußfessel für Gefährder«,[240] so wurde aus dem gleichen Gesetz anlässlich der Verabschiedung durch den Bundesrat schon in der Überschrift »Fußfessel für *islamistische Gefährder*«[241] – damit ist wenigstens der Feind klar benannt. In dem Artikel wird dann zusammengefasst: »Ihnen (den »islamistischen Gefährdern« – d. Verf.) kann künftig zur besseren Überwachung eine elektronische Fußfessel angelegt werden. Demnach kann das Bundeskriminalamt (BKA) potentielle Gefährder zum Tragen des Ortungsgerätes verpflichten. Diesen Verdächtigen kann verboten werden, sich von ihrem Wohnort zu entfernen (...). Der Bundesrat verständigte sich auch auf ein Burka-Verbot für bestimmte Bereiche des öffentlichen Dienstes.«[242]

Ebenfalls im Mai 2017 beschloss der Deutsche Bundestag einen Gesetzesentwurf »zur besseren Durchsetzung der Ausreise«, der unter anderem vorsieht, dass »Gefährder« leichter in Abschiebehaft genommen werden können, und dass sie verpflichtet werden können, eine elektronische Fußfessel zu tragen.

Was aber verstehen die Sicherheitsbehörden überhaupt unter dem Begriff »Gefährder«? Bekannt wurde der Begriff durch den früheren Bundesinnenminister Schäuble, der in einem SPIEGEL-Interview 2007 forderte, »Gefährder sollten wie Kombattanten nach dem Kriegsvölkerrecht behandelt und interniert werden«.[243] Wenn das ernst gemeint wäre, hätten die inhaftierten »Gefährder«

---

[239] www.berlin.de/gerichte/arbeitsgericht/presse/pressemitteilungen/2017/pressemitteilung.559809.php

[240] DW Themen, unter: p.dw.com/p/2c2IX

[241] DW Themen, unter: p.dw.com/p/2cqG6

[242] DW Themen, unter: p.dw.com/p/2cqG6

[243] de.wikipedia.org/wiki/Gef%C3%A4hrder

also mehr Rechte als Untersuchungshäftlinge (siehe im Teil 1 die Ausführungen zur Rechtlosigkeit der »Feinde« in der Nach-9/11-Ära). Deshalb drängt sich mir die Vermutung auf, dass hier eher dem Konstrukt des »irregulären Kämpfers« (enemy combattant) des US-amerikanischen Sonderrechts für Guantanamo-Häftlinge das Wort geredet werden soll.

Denn was bedeutet der Status des anerkannten Kriegsgefangenen in der Praxis?

Kriegsgefangene können das Internationale Komitee des Roten Kreuzes in Genf als Schutzmacht im völkerrechtlichen Sinne anrufen (Art. 45 Abs. 1 des I. Zusatzprotokolls). Sie können die besonderen Haftbedingungen entsprechend dem III. Genfer Abkommen von 1949 geltend machen (Art. 17f. dieses Abkommens), also praktisch ihre Zusammenlegung und freie Kommunikation verlangen sowie Vertretung durch gewählte Vertrauensleute, erhebliche Freizügigkeit und Informationsmöglichkeit, selbst im Falle der Verfolgung oder Verurteilung wegen einer Straftat (Art. 85 des III. Genfer Abkommens). Desweiteren können sich die Gefangenen auf die formellen Verfahrensgarantien des III. Genfer Abkommens berufen: Untersuchungshaft von maximal drei Monaten, Entlassung bei ernsthafter Erkrankung, Verbot von Isolation, ordentliche Gerichtsbarkeit, anerkannte Rechtsgarantien und Verteidigungsansprüche usw. Strafrechtliche Verfolgung ist überhaupt nur zulässig, soweit es sich um Vorwürfe handelt, die nicht durch das Kriegsrecht selbst gedeckt sind, also nicht im Rahmen zulässiger Kampfhandlungen liegen (vgl. Art. 22ff. des IV. Haager Abkommens von 1907 und Art. 48ff. des I. Zusatzprotokolls). Konkret bedeutet dies: Kriegsgefangene brauchen nur ihren Namen, Dienstgrad, das Geburtsdatum und die Personenkennziffer zu nennen. Es finden keine Verhöre oder ähnliches statt. Bei Beendigung der »Feindseligkeiten, also bei Kriegsende, sind sie freizulassen und zu repatriieren«. Genau diese Rechte nach dem völkerrechtlich verbindlichen Kriegsvölkerrecht also sind den »islamistischen Gefangenen auf Guatanamo« mit dem Konstrukt des irregulären Kämpfers vorenthalten worden (vgl. die Ausführungen in Teil 1).

Innenminister de Maizière erwähnte bei einer Rede im Bundestag im September 2016, dass man 360 Personen als relevante Personen führe. Relevant sei eine Person, »wenn sie innerhalb des extremistischen oder terroristischen Spektrums die Rolle (a) einer Führungsperson, (b) eines Unterstützers oder Logistikers, (c) eines Akteurs einnimmt und objektive Hinweise vorliegen, die die Prognose zulassen, dass sie politisch motivierte Straftaten von erheblicher Bedeutung, insbesondere solche im Sinne des §100a StPO, fördert, unterstützt, begeht oder sich daran beteiligt, oder (d) es sich um eine Kontakt- oder Begleitperson eines Gefährders, eines Beschuldigten oder eines Verdächtigen einer politisch motivierten Straftat von erheblicher Bedeutung, insbesondere einer solchen im Sinne des §100a StPO, handelt«.[244] So wird bei Wikipedia die Kritik an dem Begriff wiedergegeben, wonach »Gefährder« im juristischen Sinne nicht einmal Verdächtige sind, sodass der Begriff und die Unschuldsvermutung in Konflikt geraten. Doch unbeeindruckt hiervon führen die Sicherheitskräfte seit Jahren »Gefährderansprachen« durch, mit dem offiziellen Ziel, »deren weiteres Verhalten zu beeinflussen (…). Die individuelle Ansprache soll signalisieren, dass polizeiliches Interesse an seiner Person besteht, die Gefährdungslage bei der Polizei registriert wird und die Lage ernst genommen wird«. Dem potentiellen Täter soll ein erhöhtes »Entwicklungsrisiko deutlich gemacht werden; das Gespräch soll ferner Informationen liefern, die für das weitere polizeiliche Handeln von Bedeutung sind«.[245]

Die Soziologin Andrea Kretschmann hat dieses bisher kaum gründlich untersuchte Phänomen kürzlich in einem Beitrag des Themenhefts »Innere Sicherheit« für die Zeitschrift »Aus Politik und Zeitgeschichte« genauer dargestellt und anhand von Interviews herausgearbeitet: Die Polizei-Behörden praktizieren seit 2002 »Gefahrenermittlungen« systematisch im Rahmen eines »Gefährderprogramms«, um Personen der Kategorie des Gefährders zuordnen zu können. Sie interessieren sich hierbei für Personen, denen eine Nähe zu islamistischen Positionen oder islamistisch ausgerichteten Personen zugesprochen wird; die ein persönlich nahes Verhältnis zu anderen Gefährdern oder verurteilten Islamisten haben bzw. die sich an »radikal islamistischen Veranstaltungen beteiligen« oder zum Islam konvertiert sind.[246]

Im Zuge der Etablierung des »Gefährders« als polizeilicher Arbeitsbegriff zeige sich die Logik einer Aufhebung der Unterscheidung von legalem und illegalem Verhalten; es »interessierten nämlich bereits Faktoren, die für eine nicht näher konkretisierbare und sich nur möglicherweise in der Zukunft herausbildende diffuse Gefährlichkeit einer Person sprechen könnten«.[247] In einem abschließenden Exkurs mit dem Titel »von der Unschuldsvermutung zur Beweislastumkehr« spricht sie von einer Verdachtsstrafe unterhalb der Ebene der Verurteilung unter Aussparung des Prinzips der Unschuldsvermutung. Diese Verdachtsstrafe manifestiere sich in der »unbefristeten vorbeugenden Haft für Gefährder«, wie sie bereits in Bayern eingeführt sei und mit dem neuen BKA-Gesetz beabsichtigt werde. Abschließend erwähnt sie einen in der Poli-

---

[244] Zitiert nach BT-Drs. 18/11369, dipbt.bundestag.de/doc/btd/18/113/1811369.pdf. Vorbemerkung der Bundesregierung

[245] Birgit Müller: »Die Gefährderansprache: Begriff, Möglichkeiten, Grenzen, Fortbildungsinstitut der Bayerischen Polizei«. Abgerufen am 12.5.2017

[246] Andrea Kretschmann, soziale Tatsachen, eine wissenssoziologische Perspektive auf den »Gefährder«, APuZ, 32/33-2017, 7. August 2017, S. 11ff.

[247] Ebd., S. 14

zeipraxis entstehenden neuen Begriff der »relevanten Person« und schreibt hierzu: »Vielleicht handelt es sich dabei um den potenziell potenziellen Täter von morgen – im Vor-vor-vorfeld.«[248]

Angesichts dieser Kritik war es schwer nachvollziehbar, dass ausgerechnet das Bundesverfassungsgericht die Verfassungsbeschwerde eines »Gefährders« nicht zur Entscheidung angenommen hat, der von Bremen nach dem umstrittenen §58a Aufenthaltsgesetz abgeschoben werden sollte. Dies sei verfassungsrechtlich nicht zu beanstanden, obwohl die Bremer Behörden die Gefährdung für die Sicherheit lediglich aus der islamistischen Einstellung und einigen vagen Indizien begründet hatten, die nicht einmal für die Einleitung eines strafrechtlichen Ermittlungsverfahrens ausgereicht hätten. Nach der Entscheidung bestehen keine Bedenken gegen den »Gefährder-Paragraphen«: Er sei mit dem Bestimmtheitsgebot vereinbar, d.h. nach Inhalt, Zweck und Ausmaß hinreichend bestimmt und begrenzt. Die von der Norm Betroffenen könnten die Rechtslage erkennen und ihr Verhalten danach einrichten. In der Pressemitteilung wird das so zusammengefasst: »Insbesondere hat das Bundesverwaltungsgericht die vom Beschwerdeführer ausgehende terroristische Gefahr nicht allein aus seiner ideologischen Überzeugung abgeleitet, sondern seine Überzeugung in verfassungsrechtlich nicht zu beanstandender Weise als einen Baustein eines besonderen Gefährdungspotentials bewertet. Ferner ist die Bejahung einer in relevantem Umfang erhöhten Bereitschaft des Beschwerdeführers, seine religiös motivierten Ziele durch gewaltsame oder terroristische Methoden zu erreichen, auf der Grundlage der ausgewerteten umfangreichen Erkenntnismittel nicht zu beanstanden.«[249]

Was unter Bewertung als ein »Baustein eines besonderen Gefährdungspotentials« zu verstehen ist, bleibt auch in den Entscheidungsgründen im Dunkel. Ist dort doch die Rede von der »Verknüpfung dieser Überzeugung mit der zu Tage getretenen *Bereitschaft*, die aus seiner *extremen ideologischen Überzeugung* abgeleiteten Ziele mit *Mitteln der Gewalt* durchzusetzen.«[250]

Wie aber bemisst sich die bloße »Bereitschaft«, Ziele mit Mitteln der Gewalt versuchen durchzusetzen, wenn die angeführten Tatsachen nicht einmal zur Einleitung eines strafrechtlichen Ermittlungsverfahrens ausreichen? Ganz abgesehen davon, dass die Bewertung von Indizien als Tatsachen ohne genaue

---

[248] Ebd., S. 16
[249] www.bundesverfassungsgericht.de/SharedDocs/Pressemitteilungen/DE/2017/bvg17-063.html
[250] 2 BvR 1487/17 – Rn. 43 (die kurz vor Redaktionsschluss bekannt wurde), www.bundesverfassungsgericht.de/SharedDocs/Entscheidungen/DE/2017/07/rk20170724_2bvr148717.html

Faktenkenntnis ebenso wenig beurteilt werden kann wie die angebliche »extrem ideologische Überzeugung«. Dabei spricht allerdings die Vermutung nach meinen Erfahrungen dafür, dass bei dieser Haltung das Feindbild Islam mit dem Konstrukt des »dschihadistischen Salafisten« Pate gestanden hat.

Exkurs: Ausnahmezustand, seine Geschichte und Gegenwart in Deutschland und Frankreich

Die Gefahren der hier nachgezeichneten Entwicklung lassen sich am Beispiel des Ausnahmezustandes in Frankreich aufzeigen. Dieser markiert den vorläufigen Höhepunkt aufgrund einer Art Notstandsverordnung, die 2015 erstmals seit dem Algerienkrieg wieder angewandt und bis zum Redaktionsschluss wiederholt verlängert wurde. Es scheint, dass sich hier eine neue Qualität im Aufbau eines »autoritären Hochsicherheitsstaates« entwickelt, gerade mithilfe des institutionellen antimuslimischen Rassismus, die aus verschiedenen Gründen auch für Deutschland Vorbild werden könnte. Vorab sind die wichtigsten Meilensteine dieser historischen Entwicklung in Erinnerung zu rufen, die in der momentanen Debatte um den Ausnahmezustand in anderen Ländern immer wieder in Vergessenheit geraten und die *Tim Wihl* in einem ausführlicheren Beitrag der *Kritischen Justiz* zum Ausnahmezustand in Frankreich anführt. Er stellt fest, »im gesamteuropäischen Kontext fügt sich der französische nunmehr bis zum 15. Juli 2017 verlängerte Ausnahmezustand in ein vom Europarat beargwöhntes Muster von Ausnahmeregimes verschiedener Intensität (Türkei, Ukraine)«.[251] Er erinnert daran, dass das 1955 im sogenannten Algerienkrieg entwickelte Rechtsinstitut in der V. Republik bereits dreimal eingesetzt worden war, 1961/62, 1985 und 2005. In der Neuauflage werde »die Erosion der freiheitlichen Substanz der Verfassung billigend in Kauf genommen.« Ähnlich wie in der nicht restlos verarbeiteten Algerienproblematik bestimme das »soziale Elend von Teilen der Banlieue« die heutige politische Agenda, ohne dies offen zu thematisieren, in einem »fast bedrückenden kollektiven Schweigen« (obwohl die Fakten eine selten klare Sprache sprächen). Der ehemalige Staatspräsident Nicolas Sarkozy war 2016 im Kampf um eine erneute Präsidentschaftskandidatur für 2017 »bereit, Lager zu präsentieren, zur Internierung sogenannter ›Gefährder‹ aufzufordern.«[252]

Die übergreifenden Zusammenhänge und die daraus zu ziehenden Lehren hat der in Teil 1 (S. 54) erwähnte Theoretiker des Ausnahmezustands, Philosoph und Jurist Giorgio Agamben in einem Artikel beschrieben, aus dem ich zitieren

---

[251] Tim Wihl: »Der Ausnahmezustand in Frankreich«, *Kritische Justiz*, Heft 17/2017, S. 68-78

[252] Ebd., S. 77f.

möchte:»Zunächst gilt es die Aussage unverantwortlicher PolitikerInnen zurückzuweisen, wonach der Ausnahmezustand angeblich die Demokratie schützt. Die Geschichte hat gezeigt, dass das Gegenteil richtig ist (…). Deutschland hat bereits vor 1933 aufgehört, eine parlamentarische Demokratie zu sein. (…) Die erste Amtshandlung Hitlers nach seiner Ernennung bestand in der Ausrufung des Ausnahmezustands, der niemals zurückgenommen wurde. Wenn man sich darüber wundert, welche Verbrechen in Deutschland ungestraft durch die Nazis begangen werden konnten, vergisst man, dass diese Handlungen absolut ›legal‹ waren, weil das Land dem Ausnahmezustand unterworfen war und Grund- und Freiheitsrechte ausgesetzt waren. Es lässt sich nicht ausschließen, dass sich ein solches Szenario auch in Frankreich wiederholen könnte: Man kann sich mühelos eine rechtsextreme Regierung vorstellen, die sich zu ihren Zwecken eines Ausnahmezustands bedient, an den die sozialistische Regierung die BürgerInnen mittlerweile gewöhnt hat. In einem Land, das unter einem permanenten Ausnahmezustand steht und in dem polizeiliche Operationen zunehmend an die Stelle der Macht der Judikative treten, ist von einer raschen und nachhaltigen Beschädigung der öffentlichen Institutionen auszugehen.«

Anschließend beschreibt Agamben den Ausnahmezustand als Teil eines Prozesses:»Der Ausnahmezustand [ist] heute Teil eines Prozesses, der dabei ist, die westlichen Demokratien in etwas zu verändern, das man bereits als Sicherheitsstaat oder security state bezeichnen muss. Das Wort Sicherheit ist derart zum festen Bestandteil des politischen Diskurses geworden, dass man ohne Zweifel sagen kann: Sogenannte Sicherheitsgründe haben den Platz dessen eingenommen, was man früher Staatsraison nannte. (…) Bereits Foucault hat aufgezeigt: Als das Wort Sicherheit in Frankreich erstmals im politischen Diskurs auftauchte, nämlich mit den Regierungen der Physiokraten vor der französischen Revolution, ging es nicht darum, Katastrophen und Hungersnöten vorzubeugen. Vielmehr ging es darum, diese zuzulassen, um sie anschließend zum Gegenstand von Regierungshandeln zu machen und in eine Richtung zu lenken, die man als nutzbringend erachtete. Ebenso wenig zielt die Sicherheit, von welcher heute die Rede ist, darauf ab, terroristische Handlungen zu verhindern. Es geht vielmehr darum, eine neue Beziehung zwischen den Menschen herzustellen, die aus einer verallgemeinerten und grenzenlosen Überwachung besteht – deswegen das besonders starke Beharren auf Einrichtungen, die eine lückenlose Kontrolle von elektronischen und Kommunikationsdaten der Bevölkerung erlauben, einschließlich des vollständigen Kopierens sämtlicher Computerdaten.«[253]

---

[253] Giorgio Agamben:»Vom Rechtsstaat zum Sicherheitsstaat«, in: Le Monde vom 23.12.2015 (deutsche Übersetzung von Bernhard Schmidt in www.zeitschrift-luxemburg.de/vom-rechtsstaat-zum-sicherheitsstaat/)

In dem weiteren Artikel zeigt er drei Risiken auf, die zwangsläufig mit dem Ausnahmezustand zusammenhängen:»Das erste Risiko, das ich aufzeigen möchte, besteht im Abdriften in einen Zustand, in dem Terrorismus und Sicherheitsstaat eine symbiotische Beziehung eingehen: Wenn der Staat die Angst benötigt, um sich Legitimität zu verschaffen, muss er also im äußersten Fall den Terror hervorrufen, oder er darf seine Entstehung zumindest nicht verhindern. Man muss sich nur die Außenpolitik mancher Länder ansehen, die zunächst den Terrorismus befeuern, der dann im Inneren bekämpft werden muss, und die äußerst enge Beziehungen zu solchen Staaten unterhalten, von denen man weiß, dass sie terroristische Organisationen finanzieren.

Ein zweiter Punkt, den es unbedingt zu begreifen gilt, ist die Veränderung des politischen Status der BürgerInnen und des Volkes, das bis dahin als Inhaber der Souveränität betrachtet wurde. Im Sicherheitsstaat lässt sich eine unaufhaltsame Tendenz ausmachen, die auf eine zunehmende Entpolitisierung der BürgerInnen abzielt. Deren Teilhabe am politischen Leben wird immer mehr auf die Beteiligung an Meinungsumfragen im Vorfeld von Wahlen reduziert. Diese Tendenz ist umso beunruhigender, als sie durch Nazi-Juristen in theoretische Form gegossen worden ist: Sie haben das Volk als im Wesentlichen politisch ohnmächtiges Element definiert, dessen Schutz und dessen Wachstum der Staat garantieren muss. Diesen Juristen zufolge gibt es nur eine einzige Methode, diesem politisch ohnmächtigen Element zu politischer Wirkung zu verhelfen: durch den Bezug auf gemeinsame Abstammung und Rasse, durch die es sich vom Fremden und vom Feind unterscheidet. Es geht hier nicht darum, den Nazi-Staat und den zeitgenössischen Sicherheitsstaat miteinander gleichzusetzen. Was man jedoch verstehen muss, ist Folgendes: Wenn man die BürgerInnen entpolitisiert, dann können diese aus ihrer Passivität nur noch befreit und mobilisiert werden durch die Angst vor einem fremden Feind, der ihnen nicht allein äußerlich ist (das betraf die Juden in Deutschland, es betrifft die Muslime in Frankreich heute).

Ungewissheit und Terror (...)
Ein dritter Punkt, dessen Bedeutung nicht unterschätzt werden darf, betrifft die Kriterien, mit denen in der öffentlichen Sphäre heute Wahrheit produziert und bewertet wird. Hier hat eine radikale Verschiebung stattgefunden. Was einen aufmerksamen Beobachter bei den Beschreibungen terroristischer Verbrechen als Erstes frappiert, ist der totale Verzicht auf eine Tatsachensicherheit im juristischen Sinne. Während es in einem Rechtsstaat selbstverständlich ist, dass nur mithilfe eines gerichtlichen Verfahrens der Umstand eines Verbrechens offiziell festgestellt werden kann, hat man sich – unter dem Vorzeichen der Sicherheitspolitik – mit dem zu begnügen, was die Polizei verlautbart und die Medien

daraufhin berichten; also mit den Aussagen zweier Instanzen, deren Zuverlässigkeit zu Recht schon immer angezweifelt werden konnte. Daher rühren die unglaubliche Vagheit und die auffälligen Widersprüche in der Wiedergabe der Ereignisse, die meist überstürzt erfolgt und bewusst jede Möglichkeit der Überprüfung oder Widerlegung ausschließt. Man hat den Eindruck, es eher mit Gerüchten und Tratsch zu tun zu haben als mit ernsthaften Ermittlungen. Das bedeutet: Der Sicherheitsstaat hat ein Interesse daran, die BürgerInnen – für deren Sicherheit er zu sorgen hat – in der Ungewissheit darüber zu belassen, was sie bedroht, denn Ungewissheit und Terror gehen Hand in Hand. (…)

Entpolitisierung der BürgerInnen
Dieselbe Unbestimmtheit und dieselben Zweideutigkeiten kennzeichnen Erklärungen von PolitikerInnen, denen zufolge Frankreich sich im ›Krieg gegen den Terrorismus‹ befindet. Die Rede von einem ›Krieg gegen den Terrorismus‹ ist ein Widerspruch in sich, denn der Kriegszustand ist genau dadurch definiert, dass es möglich ist, den zu bekämpfenden Feind ohne Zweifel zu identifizieren. In der Vision des Sicherheitsstaates muss der Feind im Gegenteil schwammig bleiben, damit egal wer – im Inneren, aber auch im Äußeren – als solcher definiert werden kann.
　　Diese drei Grundzüge des Sicherheitsstaats – die Aufrechterhaltung eines verallgemeinerten Angstzustandes, die Entpolitisierung der BürgerInnen und der Verzicht auf jede Rechtsbestimmtheit – sollten uns zu denken geben. Denn der Sicherheitsstaat, auf den wir uns derzeit zu bewegen, tut das Gegenteil von dem, was er verspricht. Während Sicherheit die Abwesenheit von Sorge bedeutet, schürt er permanent Angst und Schrecken (Terror). Zum anderen ist der Sicherheitsstaat ein Polizeistaat, denn durch das Aushebeln der Macht der Judikative erhebt er die Entscheidungsfreiheit der Polizei – die in einem zum Alltag gewordenen Ausnahmezustand immer mehr wie der Souverän agiert – zum Normalfall.«[254]
　　Soweit die Analyse von Agamben. Was dies praktisch für die Betroffenen bedeutet, lässt sich dem Interview mit einem Pariser Rechtsanwalt entnehmen, der zahlreiche Opfer von polizeilichen Willkür-Maßnahmen vertreten hat (siehe Seite 215f.).

---

[254] Ebd.

3. Französischer Ausnahmezustand im Sommer 2016

Die Entwicklung im Sommer 2016 lieferte weiteres Anschauungsmaterial zum Thema Ausnahmezustand. Über 30 BürgermeisterInnen, vorwiegend an der Mittelmeerküste Frankreichs, erließen Verbotsverfügungen für Burkini-ähnliche Bekleidungsstücke an den Stränden ihrer Kommunen. Diese kommunalen Verfügungen wurden mit Begründungen versehen, die unter anderem behaupteten, nach dem mörderischen Anschlag von Nizza – am 14. Juli 2016 fuhr dort ein psychisch Kranker mit Dschihadisten-Kontakten, Mohammed Lahouaiej Bouhlel, mit dem LKW in die Menge und tötete 86 Menschen – herrsche eine angespannte Stimmung und Nervosität beim Anblick islamischer oder islamistischer Anzeichen.

Der Pariser Jurist Bernard Schmid kommentiert, hierdurch werde »eine absolut unzulässige Vermischung von Sachverhalten, die definitiv nichts miteinander zu tun hatten (der Amoklauf und/oder Terrorakt in Nizza einerseits und die Situation der betreffenden Frauen andererseits), betrieben. Gegenstand der Anordnungen respektive Verbote waren ›Kleidungsstücke, die auf ostentative Weise eine religiöse Zugehörigkeit zur Schau stellen‹ (wie in Cannes, wo bis zum 25. August d. J. insgesamt sechs Geldstrafen deswegen verhängt wurden und weitere fünfzehn Polizeieinsätze dazu stattfanden) respektive die ›gegen die guten Sitten und das Prinzip der Laizizät‹ verstießen. (…) Sarkozy erscheint als der große politische Hintermann dieser Verbotskampagne – die im Kern darauf abzielt, moslemische Frauen nach Möglichkeiten zu schikanieren, wie die inzwischen auch durch viele deutschen Medien gegangenen Bilder (aus der britischen Zeitung Daily Mail) von der durch vier Kommunalpolizisten erzwungenen Zwangsentkleidung einer Frau belegen. Diese hielt sich am 23. August allein am Strand von Nizza auf und trug keineswegs einen ›Burkini‹, sondern lediglich ein türkisgrünes Oberteil sowie ein Kopftuch; denn nach Ganzkörper- oder Halbkörper-Badeanzügen sind inzwischen längst auch einfache Kopfverhüllungen ins Visier geraten, wie die Pariser Abendzeitung Le Monde feststellt.«[255]

Nachdem ein Verwaltungsgericht eine Verbotsverfügung abgesegnet hatte, stellte das höchste Verwaltungsgericht Frankreichs am 26. August 2016 in einer Eilentscheidung fest, »die Verbotsverfügung der Kommune Villeneuve- Loubet sei rechtswidrig erlassen worden. Denn Grundrechte – dazu zählt u.a. die Ausübung der Religionsfreiheit – dürften nur dann Einschränkungen unterliegen, wenn es einen triftigen Grund dafür gebe und der Grundsatz der Verhältnismäßigkeit gewahrt bleibe, nicht aus rein subjektiven, emotionalen oder nicht auf

---

[255] Bernard Schmid: »»Burkini‹: Die neueste Auflage einer von Besessenheit geprägten Islam-Debatte. Nein, wie neu aber auch ...«, in: antifaschistische nachrichten, 17-2016, S. 6-8

öffentlichen Interessen basierenden Gründen. Innenminister Bernard Cazeneuve forderte daraufhin dazu auf, das Urteil zu respektieren. Hingegen hält der Großteil der betroffenen Bürgermeister, trotz des Urteils, auch weiterhin die bislang getroffenen Verbotsverfügungen aufrecht – unter ihnen auch der von dem Urteil unmittelbar betroffene Rathauschef Lionnel Luca.

Nicolas Sarkozy seinerseits forderte mehrfach, um dem Urteilsspruch respektive seiner Anwendung einen Riegel vorzuschieben, bedürfe es einfach einer Gesetzes- bzw., wie er nachschob, einer Verfassungsänderung. Ähnliches fordert auch der Front National; Marine Le Pen sprach dabei sehr viel allgemeiner von einem Verbotsgesetz für ›religiöse Zeichen im öffentlichen Raum‹.«[256]

Französische Regionalzeitungen berichten im Sommer 2016 auch darüber, dass offenbar das Zünden eines China-Böllers in der Nähe eines Restaurants zu einer Massenpanik mit einer Reihe von Verletzten geführt hat, dass der Freizeitkapitän einer Bootsyacht, der vom Hafen aus per Megaphon »Allahu akbar« gerufen hat, sich dafür vor Gericht verantworten muss und dass ein Gericht einen 19-jährigen Moslem zu drei Jahren Freiheitsstrafe verurteilt hat, weil er dschihadistische Internetseiten aufgesucht habe, offenbar ohne dass ihm sonst irgendwie eine konkrete Straftat vorgeworfen wurde. Damit scheint die Gesinnungsjustiz auch in Frankreich neue Nahrung zu erhalten.

Die Beispiele dafür, wie sich Angst und Schrecken ausbreiten, lassen sich auch hierzulande in den Medien fast täglich verfolgen. Im September 2016 berichten die Gazetten über neue Umfragen, wonach die Angst vor Terroranschlägen wieder an die erste Stelle aller Befürchtungen und Ängste der Bevölkerung gerückt sind – wie dies schon einmal im Anschluss an die Anschläge vom 11. September 2001 geschah. Hier schließt sich der Kreis von Anti-Terrorismus und antimuslimischem Rassismus auf neuer Stufe.

Der Pariser Anwalt Arié Alimi fragt in einem Interview der *taz:* »Ein jüdischer Anwalt soll keinen Muslim verteidigen dürfen?«, und weiter: »Die ganze Notstandsgesetzgebung sei eine große ›Lüge‹, schimpft er, und eine ›Kommunikationsstrategie‹, mit der die Regierung und allen voran der Innenminister ihr Versagen vor der Öffentlichkeit zu verschleiern versuchten.«[257]

Die *taz* schreibt einleitend, er zähle heute zu den bekanntesten Strafrechtlern der Pariser Anwaltskammer, weil er Klienten verteidigt, die angeblich wegen einer angeblichen islamistischen Radikalisierung in die Fänge der staatlichen Sicherheitsbehörden geraten seien.

Weiter heißt es: »Noch unter dem Schock des Attentats an der Promenade des Anglais in Nizza am 14. Juli 2016 haben die beiden Parlamentskammern

---

256 Ebd.
257 »Anwalt der Ausgespähten«, in: taz – die tageszeitung vom 30.8.2016

fast einstimmig diesen Ausnahmezustand um sechs Monate verlängert und sogar verschärft. Gegenstimmen gibt es in der Politik und in der Gesellschaft nicht viele – Arié Alimi ist eine Ausnahmeerscheinung. (…) Alimi kennt Hintergründe, hat Insiderwissen. Die Nachrichtendienste hätten der Staatsführung nach den Attentaten vom 13. November 2015 nicht mehr als eine Namensliste von Verdächtigen anzubieten gehabt, erzählt er. Diese vermeintlichen Dossiers von ›radikalisierten Islamisten‹ seien in vielen Fällen praktisch leer gewesen, sie hätten keinerlei materielle Beweise für irgendwelche Kontakte zu terroristischen Kreisen enthalten, sondern lediglich ›auf Denunzierung durch Arbeitgeber, Nachbarn oder Familienmitglieder‹ beruht. Dennoch wurden, gestützt auf die Notstandsgesetze, 3.400 Hausdurchsuchungen durchgeführt und rund 400 Personen unter Hausarrest gestellt. In mehr als 50 Fällen wurden diese Restriktionen anschließend rückgängig gemacht. (…) Alimi sieht darin keinen Anlass zum Triumphieren, eher ein Eingeständnis der Ohnmacht seitens der Behörden. Denn selbst die offiziellen Zahlen seit Ende 2015 belegten, dass in Sachen Terrorismusbekämpfung die ›Bilanz gleich null‹ sei. Ein paar Handfeuerwaffen wurden entdeckt, gerichtliche Ermittlungen wegen Drogenbesitz eingeleitet, aber keine Terroristen gefangen. Bezeichnenderweise werden heute keine neuen Hausarrestbefehle im Rahmen des Notstands mehr erlassen. Den Einwand, dass dennoch dank dieser präventiven Kontrolle eventuell gefährliche Leute daran gehindert wurden, Anschläge zu planen oder zu verüben, lässt Alimi nicht gelten. Ebenso gut könne man behaupten, diese Vorgehensweise schaffe überhaupt erst eine terroristische Bedrohung.«

Dass durch den Ausnahmezustand auch eine beträchtliche Zahl Unschuldiger von der Staatsmacht verdächtigt und verfolgt wird, will Alimi hingegen nicht als Kollateralschaden akzeptieren. Dazu kennt er die Folgen aus zahlreichen Einzelfällen zu gut:

»In den meisten Fällen hat das mit einer Hausdurchsuchung wegen des Überraschungseffekts mitten in der Nacht begonnen. Weil die Polizisten selbst Angst hatten, auf Terroristen mit Kalaschnikows und Bomben zu stoßen, schlugen sie die Tür ein. In den allermeisten Fällen trafen sie Familien an. Kann man sich vorstellen, was für ein traumatisches Erlebnis es für Kinder sein muss, wenn vor ihren Augen die Eltern mit Waffen bedroht, mit Handschellen gefesselt an die Wand gedrückt und manchmal auch misshandelt werden? Ganze Familien hat man so zerstört. Die meisten mussten umziehen, denn mit der Durchsuchung waren sie in den Augen der Nachbarn als ›Terroristen‹ abgestempelt.«

»›Assignation à résidence‹, auf Deutsch Hausarrest, ist für Alimi ein eher verharmlosender Begriff für das, was es eigentlich bedeutet: nämlich Freiheitsentzug. ›Damit wird das gesellschaftliche und berufliche Leben eingefroren. Wer bis zu drei Mal am Tag auf dem Polizeiposten stempeln muss und die

Wohnung zwischen 20 und 8 Uhr nicht verlassen darf, der verliert seine Arbeit und seine Freunde. Erklären Sie mal dem Arbeitgeber, dass Sie zu Unrecht unter Hausarrest stehen.‹«[258] Tim Wihl fasst seinem bereits erwähnten Beitrag zusammen, im Nachhinein habe sich herausgestellt, wie wenig greifbare Hinweise mithilfe der Ausnahmemethoden zu gewinnen gewesen seien; nach drei Monaten war unter 563 Verfahren von fünf ermittelten Terror-Projekten oder Terrordrohungen die Rede. Ganz im Gegenteil habe sich überraschend schnell herausgestellt, wie wenig anlassbezogen bestimmte Anwendungsakte der Innenbehörden ausgefallen seien; Aufsehen erregt habe insoweit nicht zuletzt die später gerichtlich bestätigte Anordnung von Hausarrest gegen verschiedene linke KritikerInnen der Weltklimakonferenz von Ende November 2015 (!).[259] Diese aufschlussreiche Lehre sei all jenen ins Stammbuch geschrieben, die immer noch meinen, Ausnahmezustandsregimes seien ein notwendiges Übel, das sich aber eben nur gegen die vom Feindbild Islam Betroffenen richte – das könnte ein verhängnisvoller Irrtum werden!

4. Vorläufiges Fazit und Ausblick

Der institutionelle Rassismus ist trotz der offiziellen Beteuerung, den tief verwurzelten Rassismus und Antisemitismus zu bekämpfen, bis heute vor allem in der Form des antimuslimischen Rassismus virulent und bestimmt nicht nur die Lebenswirklichkeit, die Ausbildungs- und Berufschancen und die Stellung der Betroffenen in der Gesellschaft, sondern hat auch in der Mehrheitsgesellschaft eine Spaltung und zwei scheinbar widersprüchliche Entwicklungen hervorgebracht:

- Zum einen zeigt sich eine starke Gegenbewegung der Betroffenen, der kritischen Teile der Gesellschaft, zahlreiche antirassistische Initiativen in vielen gesellschaftlichen Bereichen bis hin zu Fußballvereinen und Gesetzesinitiativen; Initiativen, die sich für die jahrzehntelang ausgegrenzten Flüchtlinge engagieren; die positive Aufnahme etwa der Flüchtlinge, die sich um das »Flüchtlingscamp Oranienplatz« in Berlin selbstbewusst und selbstbestimmt organisiert und ihre Rechte eingefordert haben, was bis hinein in die Springerpresse vor dem Hintergrund der»Flüchtlingstragödien« im Mittelmeer zunächst zu einer relativ positiven Berichterstattung geführt hatte; und ab 2015 die»Willkommensinitiativen«, eine sehr breite Basisbewegung, an der sich über zehn Millionen BundesbürgerInnen aktiv beteiligt haben. Sie haben zu

---

[258] Ebd.
[259] Tim Wihl, a.a.O. (siehe Anm. 108 auf S. 65), S. 73

einer großen Zahl von Einrichtungen für Migrantinnen und Migranten geführt, die kaum aus dem Alltag der meisten Kommunen wegzudenken sind.

- Auf der anderen Seite beobachten wir eine Gegenbewegung auf der Grundlage des rassistischen »Klassikers« Sarrazin, (Internet-)Aktivitäten sogenannter Islamkritiker sowie alter und neuer rechtspopulistischer und rassistischer Organisationen (von der NPD bis zu den Pro-Organisationen, den »Identitären« und der AfD) und seit Mitte 2014 ergänzt durch rassistische Kampagnen von Hogesa und Pegida usw., die ihrerseits verstärkte Angriffe gegen die muslimische Bevölkerung, Anschläge auf Moscheen usw. befeuert haben. Das Ganze wird flankiert von einer Debatte über gesetzliche Maßnahmen gegen den »Sozialmissbrauch«, über eine Verschärfung des Asylrechts (»sichere Drittländer«) und über ein »Burka-Verbot«, des Bundesinnenministers neue Leid(t)-kultur; seit den Anschlägen auf die Journalisten des Satiremagazins »Charlie Hebdo« von erneuten Vorstößen zu neuen Gesetzesinitiativen begleitet (Vorratsdatenspeicherung, Verschärfung des Ausländer- und Strafrechts, usw.). Beschlossen werden neue restriktive Maßnahmen und Gesetze, die Grund- und Menschenrechte unter dem Vorwand der Terrorismusbekämpfung abbauen. Und wir sehen Verfassungs- und andere Gerichtsentscheidungen, die zwar das generelle Verbot von Kopftüchern in bestimmten Bereichen als Grundrechtsverstoß ablehnen, aber die zukünftige Entwicklung von einem gesellschaftlichen Konsens (»Schulfrieden«) abhängig machen – ganz zu schweigen von der »Gefährder-Entscheidung« des Bundesverfassungsgerichts vom Juli 2017, mit dem der bis in konservative Kreise kritisierte Ausweisungs-, Abschiebungs- und Totalüberwachungsparagraph 58a des Aufenthaltsgesetzes gegen »Gefährder« als unbedenklich abgesegnet wurde. Dies wird den institutionellen und antimuslimischen Rassismus erneut weiter befeuern. Auch gegen diese Formen des institutionellen Rassismus formiert sich Widerstand, ebenso gegen die rassistischen Aufmärsche von Pegida und Neonazis, zum Teil mit großen Gegenkundgebungen und Demonstrationen gegen den Rassismus, für Vielfalt und Disparität.

Wie sich diese widersprüchliche Entwicklung in der nächsten Zeit fortsetzt, ist schwer vorherzusagen, zumal sie zum Teil ähnlich in anderen europäischen Ländern stattfindet, insbesondere in Frankreich, aber auch in osteuropäischen Ländern. Trotzdem lassen sich erste wichtige Aufgaben zur Überwindung des institutionellen und des antimuslimischen Rassismus skizzieren.

Unabdingbar erscheinen mir:

- Eine *Aufklärung über die neuen Formen des (antimuslimischen) Rassismus*, die Entdämonisierung des »Feindbildes Islam« und seiner Funktion, von den eigentlichen sozialen und anderen gesellschaftlichen Konflikten und ihren Ursachen abzulenken, ja diese teilweise zu verschärfen.

■ Eine *Bekämpfung der Wahnvorstellungen* einer drohenden »Islamisierung des Abendlandes«, d.h. auch Widerstand gegen HOGESA, PEGIDA, BERGIDA usw. und die Verweigerung jeglichen »Verständnisses für ihre Anhänger« (was nicht ausschließt, ihnen »MitläuferInnen« wieder abspenstig machen zu können); sowie eine Zurückweisung des Konstrukts, das zwischen »guten und bösen Moslems« unterscheiden will.

■ Auch sich mit dem *christlichen Fundamentalismus* gründlich auseinanderzusetzen – unabhängig von der Berechtigung ernsthafter Religionskritik und der Umsetzung des Postulats der Trennung von Staat und Kirche.

■ *Die kritische Aufarbeitung des »Feindbild Islam«* zusammen mit den Feindbild-Mechanismen und -Konstrukten; dazu bedarf es einer Dokumentationsstelle für antimuslimischen Rassismus, die unabhängig, kritisch und nach wissenschaftlichen Maßstäben arbeitet.

■ Den *gleichberechtigten Dialog zwischen den Religionen* und religiösen Vereinigungen zu führen und nicht mit angeblichen oder tatsächlichen Integrationsdefiziten abzulehnen oder zu vermengen; das Ziel ist nicht eine wie auch immer geartete Toleranz, sondern gegenseitiger Respekt.

■ *Dialoge und Trialoge mit allen von rassistischen Diskriminierungen Betroffenen und ihren Vereinigungen*; so können sie in der persönlichen Begegnung als Individuen und Menschen gesehen und begriffen werden; die Betroffenen und ihre Organisationen müssen wir als Subjekte begreifen und selbst für sich sprechen lassen, indem die Mehrheitsgesellschaft ihnen eine Plattform verschafft, nicht mehr und nicht weniger.

■ *Bekämpfung des Abbaus demokratischer Grund- und Freiheitsrechte* unter dem Deckmantel des »Kampfes gegen den internationalen Terrorismus« nach außen und innen.

■ Eintreten für die *gleichen Rechte von MuslimInnen, Geflüchteten* und benachteiligten Menschen mit Migrationsgeschichte – nicht nur aus Solidarität und um ihnen zu helfen, sondern vor allem auch aus Sorge um unsere eigene Demokratie.

■ *Gesetze und Verwaltungsmaßnahmen zu überprüfen* und *offensichtliche Diskriminierungen* von Moslems zurückzunehmen – von diskriminierenden Vorschriften im Ausländer- und Asylrecht, über diverse Formen des »Kopftuchverbots« bis zu den Vorschriften für sogenannte Hassprediger, Vereinsverbote abzuschaffen, die Überprüfung und Beendigung der praktisch uferlosen Kriminalisierung »ausländischer terroristischer Vereinigungen« nach §129b StGB bis hin zur Ablehnung erweiterter »Anti-Terror-Maßnahmen« im Rahmen von Vorratsdatenspeicherung, Totalüberwachung durch die Geheimdienste usw.

■ Die *Kriminalisierung, Diskriminierung, Repressionsmaßnahmen und Beobachtung muslimischer Religionsgemeinschaften* (die früher alle betraf, die mit den »Muslim-Brüdern«, gegenwärtig mit dem »Salafismus« in Verbindung gebracht wurden, insbesondere durch Verfassungsschutz und andere Geheimdienste) zu beenden und das Repressionsregime für »Gefährder« ersatzlos abzuschaffen;

■ Straftaten mit *antimuslimischem rassistischem Hintergrund* statistisch zu erfassen und auszuwerten; hierbei ist mit dem EGMR zu fordern, dass die Freiheit der politischen Diskussion auch bedeutet, Toleranz und gegenseitiger Respekt aller Menschen als Basis demokratischer und pluralistischer Gesellschaften zu akzeptieren: Rassistische Beleidigungen und Volksverhetzungen können nicht durch die Meinungsfreiheit gerechtfertigt sein.

■ Die Empfehlungen des UN-Ausschusses gegen rassistische Diskriminierung an die Bundesregierung endlich konsequent umzusetzen. Diskriminierungen durch antimuslimisch, rassistische Handlungsweisen und Äußerungen sind festzustellen und mit den im *Allgemeinen Gleichstellungsgesetz* und der *Europäischen Anti-Diskriminierungsrichtlinie* vorgesehenen Sanktionen zu belegen. Sobald antimuslimische rassistische Äußerungen und Verhaltensweisen strafrechtliche Tatbestände (insbesondere Volksverhetzung, §130, und Beschimpfung von Religion Gemeinschaften, §166StGB) erfüllen, sind sie systematisch strafrechtlich zu verfolgen, und wo nötig, spezialisierte Dezernate zu bilden – gegebenenfalls verbunden mit einer Dokumentationstätigkeit der OSZE; die Forderungen internationaler Gremien nach Einführung von »Hate Crimes« müssen endlich umgesetzt werden;

■ Die *Empfehlungen der Arbeitsgruppe* »Rassismus im Strafverfahren« des Strafverteidigertages 2016 sind umzusetzen, insbesondere RechtsanwältInnen und BeraterInnen zu ermutigen, Rassismus über rechtliche Argumentation ins Verfahren einzuführen und hierbei verstärkt auf die genannten nationalen und internationalen (Grund-) Rechtsvorschriften hinzuweisen. Das internationale Recht von Individualbeschwerden und Parallelberichten, Individualbeschwerden als Menschenrechtsbeschwerden bzw. an UN-Gremien müssen genutzt werden. Das gilt auch für die anderen Empfehlungen: Begleitung Betroffener bei gerichtlichen oder behördlichen Anhörungen durch Antidiskriminierungsbüros/Selbstorganisationen, Schaffung unabhängiger Beschwerdestellen, Thematisierung von Rassismus im gerichtlichen und behördlichen Verfahren und mithilfe von Beweisanträgen, Protokollierungsanträgen, Anträgen auf Verwertungsverbote, gegebenenfalls Befangenheitsanträge und Strafanträge; und Prozessbeobachtungen organisieren, Gegenöffentlichkeit mobilisieren und Bewusstsein schaffen durch Öffentlichkeit: Veröffentlichungen über rassistische Vorgehensweisen, Rassismen in Entscheidungen usw., auch durch Mithilfe der Strafverteidigervereinigung, des republikanischen AnwältInnenvereins (RAV), eigenen Blogs, Plattformen, Vernetzung usw.

- Die besondere Qualität und *Vorzüge vieler MigrantInnen* (Mehrsprachigkeit, Heimat in mehreren Kulturen qualifizierte Ausbildung usw.) müssen wir begreifen und anerkennen lernen, Ansätze und Projekte zum »Empowerment« der neuen selbstbewussten Elite von Menschen mit Migrationsgeschichte unterstützen sowie alle Ansätze und Projekte, die die Vielfalt in staatlichen, halbstaatlichen Organisationen und Betrieben fördern, unterstützen;
- Auch und gerade bei der *Bekämpfung terroristischer Anschläge* ist die bedingungslose *Einhaltung der Menschenrechte* und des *humanitären (Kriegs-) Völkerrechts* oberstes Gebot, *sie sind als Straftaten von Polizei und Justiz zu verfolgen* und dürfen kein Vorwand für die weitere Entfesselung eines »Kreuzzuges« im Rahmen eines Religionskrieges des 21. Jahrhunderts werden. Insbesondere muss der schleichenden Einführung polizeilicher Notstände aufgrund geheimdienstlicher »Terrorismuswarnungen« ein Riegel vorgeschoben werden, damit die Spirale des »Krieges nach außen und innen« nicht weitergedreht und begleitet werden kann von Ausnahmezuständen, mit denen Grund- und Verfassungsrechte außer Kraft gesetzt werden.[260]

Der Aufbau eines autoritären Hochsicherheitsstaates des 21. Jahrhunderts auf dem Boden antimuslimischen Rassismus nach Innen und Außen ist eine große Gefahr für die westlichen Demokratien und eine aktuelle Herausforderung für alle, die an den Idealen von Frieden und Demokratie festhalten. So werden sich zwar nicht alle Gewalttaten und Anschläge, die religiös-fundamentalistisch »begründet« werden, verhindern lassen, aber es lässt sich – zusammen mit notwendigen demokratischen und sozialen Reformen – ein Zusammenleben entwickeln, das perspektivisch auf derartige Feindbilder verzichtet und derartige Anschläge von vornherein verhindert.

Willkommenskultur und Fluchthilfebewegungen müssen sich daran messen lassen, ob sie sich für die universalen und unteilbaren Menschenrechte – die bürgerlichen Freiheits- und die sozialen Menschenrechte – für alle umfassend einsetzen. Besonders in Zeiten verschärfter Konflikte, ökonomischer, ökologischer und sozialer Krisen werden Nazis und Rechtspopulisten alles daran setzen, die Ausgrenzung mithilfe des »Feindbild Islam« in der Mehrheitsgesellschaft hoffähig zu halten und weiter zuzuspitzen, sodass sie in Zukunft wieder zu Pogromen, rechtsterroristischen Massenmorden oder schlimmstenfalls sogar zu staatlich sanktionierten Liquidierungen führen kann, wenn nicht alle fortschrittlichen und demokratischen Kräfte sich dem entgegenstellen. Ob der Kampf erfolgreich sein wird, hängt von einer Reihe weiterer wichtiger Faktoren ab. Den Versuch ist es allemal wert.

---

[260] Vgl. dazu die Erklärung der Féderation Internationale des ligues des droits de l'Homme (FIDH), die auch von der Internationalen Liga für Menschenrechte unterstützt wird.

Danksagung

Dieses Buch führt Überlegungen zusammen, denen ich in den letzten Jahrzehnten in einer größeren Zahl von Verfahren vor Gerichten und Behörden in Deutschland und anderswo nachgegangen bin, beauftragt von Mandantinnen und Mandanten, deren Interessen ich hin und wieder erfolgreich vertreten konnte. Dabei habe ich – »weiß« und männlich sozialisiert und nie persönlich von Rassismus betroffen – lernen können, wie wichtig es ist, ihre Rassismuserfahrungen wahrzunehmen und, wo immer möglich, ihnen zu helfen, ihre Interessen selbstbewusst zu vertreten. Mein Dank an die MandantInnen wäre unvollständig, wenn ich nicht die zahlreichen NachbarInnen, FreundInnen und UnterstützerInnen meiner MandantInnen würdigen würde. Viele von ihnen habe ich als ausgesprochen sensibel und hurmorvoll erlebt, z.b. wenn ich meine persönliche Vorstellung mit dem Satz eingeleitet habe:»Auch ich bin bei manchen als Fundamentalist verschrien – und zwar als fundamentaler Atheist.«

Als Referent konnte ich bei Parteien, Verbänden und Initiativen nicht nur über die Fälle berichten und die Bedeutung rassistischer Diskriminierung aus den verschiedensten Blickwinkeln diskutieren. Wir haben auch immer wieder neue Ansätze zur Überwindung der »Festung Europa« in den Köpfen der sogenannten Mehrheitsgesellschaft und der Realität besprochen. Ich danke auch meinen VorstandskollegInnen der Internationalen Liga für Menschenrechte für die lebhaften Diskussionen zu diesen Themen.

Besonders möchte ich mich bei Biplab Basu, Klaus J. Bade, Gün Tank und Jürgen Heiser auch für ihre wertvollen Hinweise zum Manuskript bedanken.

Last but not least gilt mein besonderer Dank meiner Frau Azize, die mich nicht nur mit Begeisterung und Energie unterstützt hat, sondern ohne die ich die Kritik am herrschenden antimuslimischen Rassismus nie so produktiv hätte machen können. Hat sie mir doch immer wieder vermittelt, wie sehr sie als nicht-weiße Frau mit Migrationsgeschichte selbst als Bundestagsabgeordnete noch immer rassistischen Diskriminierungen ausgesetzt ist, auch wenn manch eine Äußerung von Angehörigen der Mehrheitsgesellschaft gar nicht so gemeint sein mag.

Dieses Buch ist in mehr als zwei Jahren in einem ständigen Prozess von öffentlichen Auseinandersetzungen und Debatten, Reflexionen und Lektüre auf verschiedenen Ebenen entstanden. Möge es in diesem Sinne als Werkstattprodukt wirken und seine Thesen und ersten Perspektiven als Aufforderung zu Anregungen und Kritik weiterentwickelt werden – auch die von mir zitierten VordenkerInnen sollten uns anspornen, für eine solidarische, gemeinsame Zukunft einzutreten.

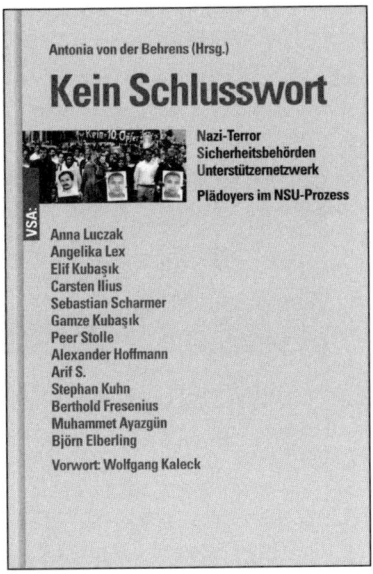